本套丛书由江苏高校优势学科建设工程资助
（项目代码 20110101）

Studies in American Civilization

美国文明研究论丛

美国的自治传统
——从殖民时期到进步时代

钱满素　主编
张　骏　著

中央编译出版社
Central Compilation & Translation Press

图书在版编目 (CIP) 数据

美国的自治传统：从殖民时期到进步时代 / 张骏著．
—北京：中央编译出版社，2016.3
（美国文明研究论丛 / 钱满素主编）
ISBN 978-7-5117-2931-6

Ⅰ.①美… Ⅱ.①张… Ⅲ.①政治－研究－美国 Ⅳ.① D771.2

中国版本图书馆 CIP 数据核字 (2016) 第 000384 号

美国的自治传统：从殖民时期到进步时代

出 版 人：刘明清
出版统筹：董　巍
责任编辑：韩慧强　王媛媛
责任印制：尹　珺
出版发行：中央编译出版社
地　　址：北京西城区车公庄大街乙 5 号鸿儒大厦 B 座 (100044)
电　　话：(010) 52612345（总编室）　(010) 52612363（编辑室）
　　　　　(010) 52612316（发行部）　(010) 52612317（网络销售）
　　　　　(010) 52612346（馆配部）　(010) 66509618（读者服务部）
传　　真：(010) 66515838
经　　销：全国新华书店
印　　刷：北京中兴印刷有限公司
开　　本：880 毫米 ×1230 毫米　1/32
字　　数：236 千字
印　　张：8.75
版　　次：2016 年 8 月第 1 版第 2 次印刷
定　　价：36.00 元

网　　址：www.cctphome.com　　邮　　箱：cctp@cctphome.com
新浪微博：@ 中央编译出版社　　微　　信：中央编译出版社（ID：cctphome）
淘宝店铺：中央编译出版社直销店（http://shop108367160.taobao.com）(010)52612349

本社常年法律顾问：北京嘉润律师事务所律师　李敬伟　问小牛
凡有印装质量问题，本社负责调换，电话：010-55626985

总序：探究文明的活力

钱乘旦

悠悠三十八亿年，地球上的生命形态从无到有、由低向高，终于进化出人类这一近乎奇迹的结果，对之我们不能不怀有敬畏之心。科学家估计，仅从早期智人进化到现代人就历经漫长的二三十万年，而现代人是惟一幸存的人属。当然，这些数字不可能那么确切，也不是生不满百岁的我们所能体验的。比较确定的是：可以称为文明的人类历史不过五千年，人类作为一个物种还很年轻。

在饥饿的驱使下，这个头脑发达、直立行走的裸猿不止一次地走出东非大裂谷，勇气非凡地散向全球各地。一切生物存在的不二法则就是适应环境，人类各群体在适应其所在自然环境的过程中，逐渐发展出了各自不同的生活方式——物质的、精神的，还有社会组织形式，这就是文明的孕育过程。所有的文明都是人类整体文明的一部分，具有某些共同的性质，否则就不能称其为人类了。人类是高智商的，但不是完美的，他智慧而狂妄，富于攻击性，动辄诉诸武力。各文明内部充满争斗，乃至残忍的杀戮；不同文明遭遇时也一样，虽有和平融合，更有暴力冲突、征服消灭，这是人类所继承的动物基因所决定的。好在越来越多有理性的人类正在试图摆脱这一宿命，以和平的方式来解决各种问题。

文明的分类颇为复杂，有的已经消亡，有的正在兴旺；有独立发展形成的，也有其他文明派生出来的"卫星文明"。美国文明一般被置于现代西方文明的大框架内，但还是有其鲜明的特点：它创建于启蒙时代，最具理性的构思设计；它没有需要甩掉的历史重负，而是充满好奇和活力地面向未来。这一人类最为年轻的文明自形成后一路高歌，发挥着日益扩大的全球影响。

　　对任何一种文明来说，最关键的是其初始阶段，即基因产生之际，这一点在欧洲人殖民南北美洲的历史中尤为明显。一旦胚胎形成，以后的发展便往往遵循最初刻下的轨道，除非外族入侵、自然灾害等猝然降临，才会诱发基因突变。文明基因的产生既有其必然，也有其偶然，美国文明是英国的基因在北美新大陆自由空间中的变异，而它形成的机遇则是15世纪末美洲新大陆的发现。

　　没有哥伦布发现新大陆，就不可能有美国，这是从时间上定义美国——它是一个产生于现代的国家，跳过了史前、古代、中世纪等历史阶段，直奔现当代而来。当然，哥伦布并非第一个进入美洲的人类，早在最后一次冰期，人类就从西伯利亚经白令海峡陆桥进入美洲，而且可能还不止这一个途径，基因研究表明，早期人类也有可能从欧洲和爪哇等地进入美洲，只是由于大陆板块的漂移，美洲与欧亚大陆彼此隔绝长达万年，相互不知对方的存在。这里重要的不是谁最早发现了美洲，而是谁的发现导致了最大的影响。毫无疑问，哥伦布在1492年踏上美洲大陆的意义绝非早期进入的人类可比，这次发现不仅打通了欧美两大洲，还将地球上各自为阵的人类整合成一个世界，从此改变了人类的视野和生活。究其原因，离不开文明发展的落差，地理大发现时的西欧文明已经强大到足以改变美洲，他们的知识结构和科技水平都远高于原住民。假设反过来，15世纪的美洲文明水平高于西欧，那么登陆后的哥伦布船队又会遭遇何种结果呢？也许就是美洲人来叩开欧洲的大门了。

　　英国并不是第一个殖民美洲的西欧国家。当时的海上霸主是西班牙，哥伦布是受了西班牙女王伊莎贝拉的赞助才发现了美洲，虽然他本人以为到达了目的地印度，于是便有了奇怪的"东印度、西印度"

之称，原住民也莫名其妙地成了印第安人。西班牙、葡萄牙，还有荷兰、法国，都争先恐后来到美洲开疆辟土，掠夺财富，横扫了中南美洲的印第安文明。西班牙和葡萄牙签订协议，狂妄地瓜分美洲，他们将本国的人口、君主制和天主教移植到此，开始直接的殖民统治。

直到1588年战胜西班牙无敌舰队，英国才有了更多插手美洲的机会，这时距离新大陆的发现已近一个世纪。有人问起：英国派了哪个将军、多少部队前往北美为殖民开道？学历史需要想象，而想象往往基于头脑中已经储存的信息，这一联想大概来于鸦片战争。答案是否定的：没有军队，因为没有这个必要。当时的北美大陆上不存在国家，不存在政府，当然也没有军队。原住民尚处于部落和部落联盟的组织形式，他们人数不详，估计不足千万，也就是不到今天北京人口的一半，想来是山南海北，踪迹难觅。他们散落在整个北美大陆上，主要以狩猎为生，逐水草而居。他们有语言而无文字，有陶器而无铁犁，也没有土地私有的概念。殖民者初到时和原住民一样，都只是随时准备自卫的平民小群体。

英国在北美的殖民与在印度不同，不是去统治原住民，那里也没有南美的财富，英国是放手让移民去荒原上开辟自己的居住区，从而扩大英国的海外领地。作为新教国家，英国的殖民也从一开始就与南美不同，新教具有权力分散的特点，陆续建立的十三个殖民地虽然成立时方式各不相同，有皇家特派的，有以公司名义建立的，还有作为领地的，但具体的治理方式都是地方自治。弗吉尼亚的第一拨殖民者创建了北美大陆上第一个议会，英国议会政治在此扎根。史称"朝圣者"的第二拨移民在到达普利茅斯前，就在五月花号船上签订公约，宣布了立约自治和依法治理的政治原则。第三拨移民是一批有组织有理想有纲领的清教徒，他们创制的"新英格兰方式"更是奠定了美国文明的基础。不同的文明基因就此在北美和南美分别播种、成长、发展，形成了如今南北美洲的不同景象。

但是，既然人类文明是适应环境的产物，英国文明就不可能在新环境下保持原样不变。适合人口密集区域的领主与佃农的土地契约关系，到了广袤的自由土地上便很难维持，谁能阻挡人们去一望无边的"无主土地"上开垦自己的家园呢？人口的分散使自上而下的教会管束变得不那么容易，牧师们对几十英里外的教徒鞭长莫及，而教会自治本来就是新教的信念。在这个自耕农占大多数的社会里，个人摆脱人身依附，自由自主被认为理所当然。随着社会等级的藩篱被打破，人们对自由平等的向往水涨船高。然而，在种种新关系的形成中，劳动力的匮乏导致了黑奴的输入，给这个原本比较健康的文明带来了严重的出生缺陷。

在长达一个半世纪的殖民时期里，大部分北美人享受了自治的权利，习惯了自治的方式，任何来自大洋彼岸的国王和国会的干预都变得越来越无法忍受。他们的政治思想日臻成熟，超越了王权专制，他们对共和的信念精炼地表达在1776年的《独立宣言》中。独立战争使他们最终挣脱了英国的统治和王权的束缚，赢得彻底的自治权。接着，他们将自己的理想付诸实现，成立了现代世界第一个超大型共和体制——美利坚合众国。

为了一个更完美的联邦，他们反复斟酌，精心制定宪法，作为新国家的根本大法。在限制政府权力和保障公民权利上，宪法设置了一系列巧妙的关卡来分权制衡，既要保证国家的稳定，又要保护公民的创造力。在19世纪结束前，新世界的美国人一直以代表未来的姿态反观旧世界，保持着警戒之心。

239年过去了，美国经历了无数次考验：西部开发既有拓荒者的艰辛，也包含对原住民的无情驱赶，还有耀武扬威的侵略战争；一场无比惨烈的内战结束了奴隶制，而南方的重建又伴随着尖锐的种族冲突；多次规模空前的移民潮冲击，大量身无分文的贫民从世界各地涌向这"穷人的乐园"，带来了不同性质的文化和生活方式，有待磨合相融；还有工业化、城市化、大萧条、世界大战等等。如今，它的疆土扩大了不止三倍，人口从三百万增加到三个亿，经济繁荣，科技发达,稳居世界榜首。美国人以四年重复一次的总统选举替代了王朝兴衰的重复,有效地避免了破坏性的社会震荡,这办法看似简单,却蕴含着巨大的智慧,体现了全社会高度的政治共识。于是我们看到一个似是而非的美国:表面上常现混乱,却并不妨碍它根基的稳定;内部的反对者层出不穷,却从无将其推倒重来的企图,因为天下已经为公。每次面对问题与挑战,美国人以实用主义的心态,寻找解决之法,也每每能有惊无险,继续前行。这一切的奥秘在于,自我更新所需的竞争与变革机制就设置在合众国宪法之内——人民的自决权、官员的竞选产生、宪法的修正案等。若无宪法对自由、开放、多元的保障,美国就不可能保持活力,也就不可能如此稳定,哪一个专制王朝能够在开国239年后不陷入内乱外患的颓势呢?事实上,美国建国后的体制与殖民时期一以贯之,如果加在一起,已经超过四百年。

汤因比在《历史研究》序言中剖露了自己作为一个史学家的良知:"在1915和1916年,我学校中的朋友、同事约有一半死于战争。在其他交战国当中,我的同代人死亡的比例也不亚于此数。我在世上活得越久,我对恶毒地夺走这些人生命的行为便越发悲痛和愤慨。我不愿我的子孙后代再遭受同样的命运。这种对人类犯下的疯狂罪行对我提出了挑战,我写这部书便是对这种挑战的反应之一。"汤因比活到了1975年,目睹第二次世界大战的浩劫后,想必他更加发奋著书。当我们将人类不同部分纳入一个整体来观察研究时,我们更容易超越国界,突破自身局限,摆脱自我中心,在平等的基础上客观对待其他文明,而不是那种妄自尊大,居高临下,以各种借口挑动文明斗文明,给人类造成灾难。历史上的教训已经太多了。

在研究各种文明的兴衰后,汤因比发现:"自决能力的丧失是判断文明衰落的最终标准。"任何文明在走向解体之前,必先经历停滞,而停滞的先兆就是封闭。当个体的自决权被取消,当一个社会统一到毫无异议,便意味着这个社会不再有创造力,也就失去活力。无论处于何种发展阶段,一种长期停滞的文明在具有活力的外来文明冲击下都是不堪一击的。美国文明还能走多久，完全在于它是否能保持其活力，继续容纳多样性，拒绝封闭。

　　文明研究，包括美国文明研究，在国内还是一个比较新的学术领域，有待大家的探索。本丛书是南京师范大学美国文明研究所的最新成果，它们跨越了美国四百年历史，涵盖多个重要题材：从美国的精神源头清教开始，延伸到社会的世俗化进程、自治传统的保持、政党政治的形成、对教育的高度重视，以及现代社会保障及福利制度的形成演变，试图对认识这一文明本身作一些深入的努力，希望能引起读者的兴趣和批评。

目录 Contents

总序：探究文明的活力	1
导论	001

第一章　美国自治传统溯源　　029

第一节　美国的政治文化基因　　029
第二节　美国的宗教文化基因　　036
第三节　殖民时期的自治　　045

第二章　政治体制的桎梏　　059

第一节　美国自治制度的创建：从《邦联条例》到《合众国宪法》　060
第二节　政党制：一种新的自治方式　　074
第三节　合法的对抗：自治的逻辑　　088

第三章　地域扩张的挑战　　103

第一节　不确定的西部　　104
第二节　如何管理西部？　　113
第三节　如何应对南部的分裂？　　131

第四章 工业化变革的挑战　　　　　　　　144

第一节　行业自治的考验　　　　　145
第二节　经济改革的考验　　　　　157
第三节　政府改革的考验　　　　　167

第五章 自治传统与公民社会　　　　　　　　192

第一节　爱默生的革命　　　　　　193
第二节　公民社会的精神　　　　　204
第三节　矛盾与统一的社会　　　　217

结语　　　　　　　　　　　　　　　　　　　224

参考书目　　　　　　　　　　　　　　　　　236

后记　　　　　　　　　　　　　　　　　　　252

索引　　　　　　　　　　　　　　　　　　　254

导 论

从十七世纪初英国移民登陆北美洲海岸开始计算，美国文化或美国文明的历史不过四百年。然而，历经殖民、贸易和开拓及不同种族移民之间的文化传承、冲突和融合，在打破旧世界的陈规旧习的过程中，一个新世界诞生了。如历史学家丹尼尔·布尔斯廷（Daniel Boorstin）所说，这个社会完全不是按照预先的计划和目标而产生。但是，这块当初与世隔绝、令人生畏的地方，却在一个半世纪的拓殖后形成了独立的民族概念，并以"美利坚速度"又仅用一个半世纪迅速实现了社会现代化。[1] 作为一个移民国家，美国社会的成就不仅仅在于物质的增长，还在于文化的交流、融合和创新促成的社会文明与进步。

本书的目的是梳理美国社会自治的观念与实践，探究美国社会治理的独特经验，以及美国政治文化的本质特征。正如托马斯·杰斐逊（Thomas Jefferson）所说，"世界上每一个人和每一个集体都有自治的权利。他们的这种权利是与生俱来的。"[2] 但他强调，"自治的能力并非与生俱来，而是千锤百炼、习与性成的结果"。[3] 美国社会的诞生和成长就

---

[1] 〔美〕丹尼尔·布尔斯廷：《美国人：开拓历程》，中国对外翻译出版公司译，三联书店1993年第1版，第1页。《美国人：建国历程》，中国对外翻译出版公司译，三联书店1993年第1版，扉页，第55—56，483页。

[2] Thomas Jefferson, Opinion on Residence Bill, 1790. *The Writings of Thomas Jefferson*, Memorial Edition (Lipscomb and Bergh, editors) 20 Vols., Washington, D.C., 1903-04. 3:60

[3] Thomas Jefferson, Thomas Jefferson to Edward Everett, 1824. *The Writings of Thomas Jefferson*, Memorial Edition (Lipscomb and Bergh, editors) 20 Vols., Washington, D.C., 1903-04. 16:22

是一场融合传统与创新的社会自治实验,是人类立足对自身的信心,通过自我组织,追寻自我实现梦想的历史。殖民时期开始的自治实践不仅是这一努力的起点,也提供了未来美国社会治理模式的原型。自美国诞生之日起,历经西进扩张、工业化、城市化,直至跨入现代社会,美国的国力和全球影响力有目共睹。客观了解美国才谈得上对美国经验的借鉴或批判。尽管伴随着危机和曲折,无论是观念或实践,美国社会治理中的冲突、矛盾和教训与其所取得的成就一样发人深省。本书通过追溯美国自治传统的形成与发展,探究美国社会自治文化的来源及其变革,讲述的是美国国家和社会自我治理的故事。

本书聚焦的问题是:通过自治实现社会治理可行吗?美国的自治传统从何而来,为何能够世代传承,并促进这个幅员广阔、移民为主的社会的现代化?

良善而自足的社会生活理应摆脱专制和奴役,促进社会共同福利,为每个成员实现自主、完善自我提供平等机会。但在生活方式和治理形式上历来存在差别,争议不断。关于政体形式,亚里士多德曾提出一人之治、少数之治和多数之治,即对应于君主制、贵族制和民主制的分类。而古典混合政府理论寄希望于恰如其分地融合每一种体制或原则的优点,构建一种"普遍的政治和谐"。[1] 于是,在大众参与治理和决策的条件、程度、范围上的分歧产生了各种名目的理论流派。但无论提倡间接的参与,如代议制或代表制,还是主张直接的参与,如雅典城邦的直接民主或当代参与民主,都离不开两大要素:作为治理主体和行为者的人和社会组织管理的机制。人性的弱点在多大程度上可以通过自治的体制和道德觉醒得到及时矫正?人与体制的互动决定了自我治理、自我完善的效度。

尽管人非天使,但诉诸理性,立足自治创造一个美好社会生活的努

---

[1] 亚里士多德,转引自〔美〕米歇尔曼:《自治的踪迹》,应奇编译,吉林出版集团有限责任公司2010年第1版,第50页。

力从未停止过。事实上，有文明以来，东西方社会的历史就是不断借鉴、创造、尝试、验证、孜孜求解社会自治和文明之道的过程。从古希腊雅典城邦的民主实践、欧洲国家代议制和联邦制的实践，到各类乌托邦理想及乌托邦社会实验运动，从古代中华帝国中央集权体制下的革新变法，如晚清的君主立宪，到日本的明治维新，人们关于理想国的定义丰富多样，探索社会善治与和谐共处的途径千差万别。东西方文明的差异也反映在各自不同的治理观念和模式上。就政治文化传统而言，西方学者提出中国为代表的东方社会注重宗法伦理而非法律；希腊为代表的西方社会则强调立法与施法。[1]也有学者进一步指出，东方社会强调稳定的文化传统常常抑制变革创新，而西方社会热衷变革扩张的文化传统往往制造冲突，有失和谐中庸。而无论是"民有、民享、民治"或"修身、齐家、治国、平天下"，不同的路径固然反映了迥异的国情文化，但求同存异，对普遍价值的探索、尊重和认同不仅促进了文化的交流、创新，更有益于共同的和平与繁荣。

那么，启蒙时代理性和自由必胜的乐观信念是否能在美国的自治实验中得到验证呢？"新大陆"围绕独立自治而演绎的光荣与梦想，堪称人类历史迄今最为宏大且超乎想象的一场实验。最初曾雄霸美洲、开天辟地的殖民帝国如西班牙、葡萄牙、荷兰、法国、英国，早已退出北美的舞台。从15世纪末地理大发现到20世纪初美国的崛起，令人瞩目的是英国移民虽是北美开拓殖民的迟到者，却最终在北美大陆立国兴邦，而年轻的美利坚民族则以其惊人的速度把美国带入了现代社会。"美国梦"不断召唤万千开拓者和移民在北美新大陆开辟新世界，缔造新生活。它张扬自立和自治的价值观念，激励并赋予普通人自我改善的希望，成为美国文化的一种象征。美国崛起进程中，外来文化的移植和融

---

[1] 〔德〕黑格尔：《历史哲学》，王造时译，上海书店出版社2003年第1版，第71，108-109，113-114，121-122，222页。
〔美〕弗雷德里克·沃特斯金：《西方的政治传统：近代自由主义之发展》，李丰斌译，新星出版社2006年第1版，第5页。

合、本土文化的创新,以及以此为基础的社会治理的观念和改革实践无疑也是人类文明共同的遗产。

西方的乌托邦有别于东方的桃花源,但人性的善恶相近,对自由、繁荣的要求共通。时代或文化的隔阂可以带来矛盾冲突,也可以激发交融革新的探索。在美国社会成长的各个阶段,许多来访者都曾立足自己的发现与直觉,就美国经验的得失著书立说。1835 年,法国学者托克维尔(Alexis De Tocqueville)在其著名的《论美国的民主》一书中为民主在美国展示的生机和活力而赞叹,同时也为美国民主的未来——多数的暴政而忧虑。[1] 1920 年,英国学者詹姆斯·布赖斯(James Bryce)称美国社会的治理是人民自我治理的模型,是前所未有的巨大规模上开展的多数统治的试验,并将为追求民治的国家提供美国经验。[2] 到 20 世纪末,无论国力和地位,美国已成为唯一的超级大国。

180 年前,面对欧洲的社会变革,尤其是法国大革命后社会治理出路的挑战,托克维尔断言,自然环境不足以决定一个国家的命运;法制,尤其是民情才是维护民主和自由的希望所在。"如果我们不能逐步建立绝大多数人的和平统治,我们迟早要陷于独夫的无限淫威之下"。[3] 180 年后,历史证明托克维尔当初关于美国社会的观察的确"超过了美国自身所持有的。"[4] 时代变迁,不可抗拒的民主革命一刻都没有停步。每一点社会变革最终都在促进民智,推进民主,有助于完善社会治理之道。从最初欧洲帝国在美洲大陆的一处农场到独立建国,美国稳健地一跃成为领先当今世界的现代化发达国家。美国社会的矛盾依然层出不穷,但美国的问题已是现代化后面临的挑战,也是人性内在矛盾带来的挑战。在现代化过程中,如何维护法治传统、促进自由和繁荣,美国的治理观念和实践有哪些值得后发国家认识和学习的经验?在幅员如此

---

1 〔法〕托克维尔:《论美国的民主》,董果良译,商务印书馆 2009 年第 1 版。
2 〔英〕詹姆斯·布赖斯:《现代民治政府》,张蔚慈译,吉林人民出版社 2003 年第 1 版,第 509 页。
3 〔法〕托克维尔:《论美国的民主》,(上卷 2:9)董果良译,商务印书馆 2009 年第 1 版,第 367 页。
4 〔法〕托克维尔:《论美国的民主》,(上卷 2:9)董果良译,商务印书馆 2009 年第 1 版第 16 页。

广大、成员如此复杂的国家进行的社会自治提供人们哪些启示?

什么是自治?

以弗吉尼亚州汉诺弗县（Hanover County）的小镇阿希兰(Ashland)发生的一件小事为例，我们或许可以直观地了解自治和自治传统究竟意味着什么。这个普通小镇的人口只有大约7000人，但在1990年却沸腾了，因为沃尔玛计划在小镇外围开设一家连锁商店。作为全球最大的连锁零售商，沃尔玛购物中心为大众提供日常生活所需几乎所有商品，以为中低收入的消费者带来极富竞争性的购物选择、服务和诱惑而颇受欢迎。但是，美国社会发端于小镇，传统的小镇文化和生活方式建立在小镇的小街、小店构成的舒缓宁静的氛围中。而沃尔玛则带来另一种生活方式，它代表了全球商业化时代的理性、竞争甚至冷漠。美国其他小镇的经验证明，接纳沃尔玛巨大的物质优势，意味着迎接更为便捷的现代生活，也意味着小镇传统的社区文化的寥落。阿希兰居民沸腾的争议声正是来自这种矛盾。何去何从的抉择过程完全体现了美国社会的自治传统。任何涉及公共利益的决策必须听取小镇民意并遵循预设的决策程序。

针对沃尔玛递交的申请，由居民选出的代表组成的阿兰希镇城镇委员会首先按照程序，召集了一系列听证会征求居民意见。会场内外，小镇上的支持和反对派通过报纸、舆论、示威、广告等纷纷陈述利弊，沃尔玛也针对反对派的意见主动在小镇教育、社区福利、交通设施等方面做出一系列承诺和捐款计划，以争取居民支持。第一次听证会召开之后，经过一年半的讨论和系列听证，城镇委员会最后组织了正式的公开投票表决。表决结果是批准沃尔玛在小镇外围地区开设新连锁店。该事件曾由美国公共电视台纪录片栏目制作成节目播出。在全美，共计已有3000家沃尔玛购物中心最终赢得当地居民的表决，但他们全部建在城镇外围而不是中心城区。此外，至今约有200个小镇在经过城镇委员会组织的居民公决后否决了沃尔玛的申请。无论沃尔玛的扩张计划指向哪个城镇，它都必须尊重小镇居民的民意和自治程序，遭遇同类听证辩论和居民公决。小镇的自治原则和程序来自殖民地时期以来的自治习惯和实践。这种全体居民参与有关本地公共事务决策的制度和程序既是乡镇自治的具体反映，也已成为美国社会自治传统的一部分[1]。

简单而言，自治就是"自己管理自己"，或"自己治理自己"。[2]如果说把管理的主要职能理解为指导，那么自我管理就"含有决定政策、目标，引导社会生活的意思"。"如果所有成员或大多数成员的确参与这一任务，我们完全可以把这种社会称之为一个自治的社会。"[3]一个社会的自治意味着这个社会的自我组织、自我管理和自我完善。就个体而言，自治是人确立其独立性的与生俱来的要求；就个人所归属的共同体而言，自治也是该共同体持久发展的内在动力和必要条件。人类社会从茹毛饮血到文明繁荣的发展正是人们确立自立精神，不断拓展自治能力，消除奴役和专制的过程。在一定意义上，社会自治程度反映了一个社会的文明程度。

殖民时期，自治既是殖民地得自母国的一种权力，也是殖民地存在和发展的方式。殖民地早期，在英王颁发的特许状的授权下，英属北美殖民地除了享有英国人的各种权利，还同时享有诸多殖民地的自治权。以南部的弗吉尼亚为例，1619 年夏，弗吉尼亚殖民地居民首次选举了自己的行政机构下议院（House of Burgesses），产生了北美殖民地史上第一个民选的政府，并召开了英属北美殖民地历史上第一次居民代表大会——大议会（The General Assembly）。[4] 弗吉尼亚议会的诞生标志北美自治的开端。此后，新英格兰各殖民地先后产生了自己的民选政府，代议

---

[1] 详见 http://www.pbs.org/ 或林达：《一路走来一路读》，湖南文艺出版社 2004 年 4 月第 1 版。
[2] 〔美〕乔·萨托利：《民主新论》，冯克利等译，东方出版社 1998 年第 1 版，第 73 页。
[3] 〔美〕卡尔·科恩：《论民主》，聂崇信、朱秀贤译，商务印书馆 2005 年第 1 版，第 9 页。
[4] Ordinance for Virginia, in Henry Steel Commager, ed., *Documents of American History*, NY: Meredith Corporation, 1973, 13—14. 弗吉尼亚议会第一次代表大会的正式文件据说已经遗失，《1621 年弗吉尼亚法令》据信其内容基本上是 1619 年大会文件内容的翻版。

制议会成为殖民地居民自我管理的具体形式。凡市镇本地事宜皆由市镇议会负责,殖民地区域性大事则由各地选举代表参加每年一度的大议会决定。1623年,弗吉尼亚议会提出只有经过代表同意,弗吉尼亚公司和其派驻的总督才可向居民征税的原则,进一步加强了自身的自治权。康涅狄格和罗得岛则通过自选议会议员和行政长官,实行完全的自治。一定程度上,殖民地的独立就是这种自治权和自治意识不断发展的结果。

《独立宣言》是美国社会的自治宣言,是殖民地人从精神上、政治上摆脱从属地位,成为独立自治的美国人的标志。尽管前途未卜,世事难料,美国人首先就自治政府的基本原则达成共识:"人民有权""改变或废除"任何对人民大众的共同利益造成破坏的政府形式;且人民有权"创立新的政府,其赖以奠基的原则、组织权力的方式务使人民认为唯有这样才最有可能获得他们的安全和幸福"。[1] 然而,在如何将自治原则和共识付诸实践的问题上,立国者们为响应现实先后经过了两次周折。第一次,独立伊始,各个殖民地国家前后花费4年时间(1777—1781)批准他们的第一部宪章——《邦联条例》。第二次,七年之后,一套全新的政治机制——《合众国宪法》取而代之,旨在克服《邦联条例》体制松散的弊端。[2] 通过宪法,美国社会确立了包括州政府和联邦政府在内的双重政府形式。《合众国宪法》正是秉持《独立宣言》所宣告的独立自治理念,为美国的未来发展而描绘的蓝图。

历史地看,殖民时期各殖民地的地方自治开启了美国社会的自治习俗,并奠定了自治的传统。那么,如何理解地方自治?如果说自治与集权专制相对立,是处于社会治理的两个极端的概念,那么地方自治则是相对于中央集权而言。以殖民时期的马萨诸塞为例,据英王1629年颁发的特许状,马萨诸塞海湾公司有权在规定区域内组建社会和政府,并

---

[1] The Declaration of Independence, in Henry Steel Commager, ed., *Documents of American History*, NY: Meredith Corporation, 1973, 100.

[2] 《合众国宪法》的起草经过了4个月的争辩。从1788年宪法获得批准之时起,国会议员先后提出一万余条修改意见,其中选取出的33条又正式呈报各州审批。至今先后有27条意见作为宪法修正案受到采纳(包括权利法案)。

在不违背英国法律的前提下制定所需法律法规，设置和任命官员。自由民（即公司股东）每年召开四次"大会"，其中一次选举来年的官员——正副总督和18名理事。这些官员上任后每月召开一次"理事会"，处理日常事务。[1] 据1630年10月，在查尔斯顿召开的第一次"大会"记录，"为组建殖民地管理机构，大会提议自由民有权参与选举理事，并由当选的理事在理事中选举出总督和副总督。他们与理事共同拥有制定法律、选举官员的权力"。[2] 据此，公司宪章转变为马萨诸塞殖民地宪章；公司的理事会变成了由居民投票选举的殖民地立法机构；自由人从专指公司股东扩大到拥有投票权和被选举权的教会会员。事实上该"大会"撇开特许状，自作主张将殖民地的自主权和自由民的范围大大扩展了。由于特许状本身的措辞含糊，在殖民地自身发展和公共事务决策上，马萨诸塞殖民地始终坚持行使自主管理的权力即地方自治。1661年，该殖民地发表的"自由宣言"（the Massachusetts Declaration of Liberties）相当于殖民地的权利宣言；1678年，针对英国贸易和拓殖局对殖民地自主立法的反对意见，殖民地"大会"给了答复和反驳。两份文件明确表明"英格兰的法律不适用于美洲"，[3] 强调的就是殖民地的地方自治权。独立建国后，地方自治则是相对于联邦和州政府而言的城镇和社区的自我管理。"在有权制定地方自治宪章（home-rule charters）的地方，公民拥有地方自主治理的明确权利"。而在无权制定地方自治宪章的地方，人们"通过州的宪法决策程序和州的立法行为"间接实现自主治理的权利。[4]

按照《简明不列颠百科全书》的解释，地方自治（home rule）属于

---

[1] The First Charter of Massachusetts, in Henry Steel Commager, ed., *Documents of American History*, NY: Meredith Corporation, 1973, 16—18.

[2] Edmond S. Morgan, *The Puritan Dilemma, The Story of John Winthrop*, Boston: Little, Brown and Company, 1958, 90-91.

[3] Henry Steel Commager ed., *Documents of American History*, NY: Meredith Corporation, 1973, 34-35.

[4] 〔美〕文森特·奥斯特罗姆等：《美国地方政府》，井敏等译，北京大学出版社2004年第1版，第13—14页。

"由中央或地方政府授予其下级政治单位的有限自主权或自治权"。是"多民族帝国或国家所具有的一种普遍特点"。在"对地方的活动予以一定的承认,并给予相当的自治权"同时,"要求地方居民在政治上必须效忠于中央政府。""地方自治也是美国州政府及市政府的一种特点,一些城镇拥有一般或特殊的自治权力"。[1] 就范围而言,地方自治强调其地方或地域性,是相对于中央和全国范围来说的;就性质而言,地方自治强调特定地域的利益主导下的自主、自立、自为精神。一定程度上,地方自治是对于中央集权的平衡或制衡手段。正是这个意义上,托克维尔提出,地方政府是实现个人自由和分散过分中央集权危险的方式。在美国,地方自治是州政府和联邦政府运作的基础,而地方政府体系并非独立于美国政府的总体体系。地方自治与州政府和联邦政府一定意义上并存于美国体制之中,并在联邦主义原则下得到统一和协调。联邦主义则通过宪治(constitutional rule)得以实现。

无论是代议制或是全员直接参与,自治的实施要求共同体成员以一定方式参与公共事务,即个体和群体有充分的选择目标的机会,并采取行动实现目标。这就意味着自治是有条件的,即要求一种对抗强权、拒绝奴役的民主文化,以及保障人民主权的政治体制。那么,如何理解自治与民主的联系?关于民主的定义和模式,人们历来意见不一。但是,从"民主"这个词的希腊来源看,它是由城邦平民(demos)和力量(kratis)两个词组成,指多数人统治。从有关古希腊社会历史的讨论看,它被用来描述公民实体实际上自我治理的城邦生活。作为一种生活方式,民主的最初和实际的意义在于,"通过积极参与政治,公民实体直接自我治理;每个公民不时地承担义务"。[2] 如果说个人生活中的自治意味着"选择自己的目标时,个人可以自己做主……自己选择,自己决定",那么,"以社会为范围的自治或自主就是民主"。"民主的实质是社

---

[1] 中美联合编审委员会:《简明不列颠百科全书》,中国大百科全书出版社1985年第1版。
[2] 〔英〕阿伯拉斯特:《民主》,孙荣飞等译,吉林人民出版社2005年第1版,第35页。

会成员参与社会的管理，它就是自治"。换言之，体现民主的生活是一种集体的自治。体现民主理想的政府就是一种"民有、民治、民享"的政府。民主的制度自然应是由人民实施治理的制度。但究竟是由全体人民直接治理，或是借助代表制实行间接治理？即在民主参与的形式问题上一直存有争议。然而，可以肯定的是没有一定程度的自主，无法实现自我管理的社会，则必然与民主的生活方式相去甚远。一个民主的社会必然在相当程度上是一个自治的社会，不但能够为社会成员提供和保障自主的机会，也是社会最大程度实现自治的结果。一个倡导自治的社会如果拒绝民主的文化和体制就不可能真正激励和维护社会成员的自治。

北美英属殖民地的开拓者们当初远渡重洋，追求的是自由与平等，并非某种教义或民主社会的宏愿。从作为英属殖民地向英国宗主国争取和维护各自的自治权，到作为邦联和联邦的成员维护并坚持各州的自治权，共同的自治实践和争取自治权的斗争赋予人们彼此认同的文化身份。但究竟应该主张专家、精英治理，还是倡导大众治理呢？在社会治理模式或民主的模式问题上，美国人总是意见不一，但人们共同强调的是实践、调整和创新，而不是理论与空谈。"民主既是一种原则，也是一种程序"。主导美国社会治理的是对人类自治能力的乐观信念。美国式民主作为社会自治的手段强调立足理性，并诉诸法治，以便在"事情开始出现差错时可以依靠人民予以纠正"。[1]

美国的自治文化

自治是美国社会成长中贯穿始终、毋需置疑的社会生产和生活方式。殖民时期以来，围绕自治的思考如同自由和平等的信念一样古老而常新。早在 1966 年，美国历史学会主席罗伊·尼科尔斯（Roy F.

---

[1] 〔美〕詹姆斯·伯恩斯：《美国式民主》，谭君久等译，中国社会科学出版社 1993 年第 1 版，第 14，1140 页。

Nichols)就在一次题为"自治文化的历史"讲演中,提出了"自治文化"(Self-Governing Culture)的概念。他指出"美国社会的突出特点在于它致力于自治的民主文化"。美国自治文化的存在和发展"远比美国的边境线更长久,且主宰和决定着美国的历史"。[1] 但事实上,无论是自治观念或自治实践,并没有一个预设的理论和模式可以遵循,而对自治本身的关注和讨论也主要分散在诸多宏大的历史和政治话题中,或限于历史性描述。较之自由、平等、法治等相对明确的概念,自治的所指比较模糊。关于自治的内涵、条件、方式、范围及其在美国社会发展不同历史阶段的变迁、特征和影响,没有相对系统的论述。但总体而言,有三大问题始终贯穿有关美国社会治理问题的探讨,并有助于说明美国的自治文化。问题一,在地域如此辽阔的国家,自治为何可行?问题二,包括殖民时期在内的社会自治及地方自治是如何运行的?问题三,如何评价《合众国宪法》所确立的国家治理和社会自治机制、实践及其影响?寻找这些问题答案的探索揭示了美国社会自治理念和实践的特征,也说明了美国政治传统和美国文化发展的逻辑。

围绕以上三大问题的探讨我们可以简要梳理如下:

其一,人类的自治是可行的,是人类理性的体现,但它既需要不断重新认识,也需要付诸创造性实践。

美国社会自治的有效性有赖于制度的传承和创新。《合众国宪法》设计的架构和宗旨是保障这个社会的自治,即通过政治代议制原则和联邦制来贯彻由人民自我组织管理的要求。通过选任代表的机制,共和制政府较之直接民主将涵盖更多数量的人民和更广大的地域;通过共存的自治政府结构(共和国复合化)解决了美国作为首个国土辽阔的共和国在规模、党争、异议渠道和多数联合方面存在的问题。这样的自治设计的可行性建立在对于"人类自治能力"所抱有的理性的乐观之上,即既

---

[1] Roy F. Nichols, History in a Self-Governing Culture, *The American Historical Review*, Vol.72, No.2 (Jan., 1967), American Historical Association, 415.

强调权力分立,"每个部门对其他部门都有法定的控制"[1]又坚持不同决策机构间一定程度的相互依赖,有学者称之为"共享权力"、"自治与分享治理相结合"。[2]

美国是否有能力"通过深思熟虑和自由选择来建立一个良好的政府"?[3]美国社会的治理变迁就是对此不断肯定又反复论证的过程。建国之后仅仅半个世纪的建设不仅赋予年轻的美国极大的自信,也吸引了世界的瞩目,催生了世界上"第一部论述民主制度的专著"。[4]建立在民情、法制和环境三大美国元素基础上的自治精神说明了美国社会的活力。美国人普遍相信的是,在美国既不存在由外部强加于社会的权力,也不存在主宰权力分配的首脑。通过自愿结社和代表制,"社会由自己管理,并为自己而管理"。[5]民主的活力在这里得到释放,美国的民主不但展示了民主可能的成就,而且被托克维尔称为一场伟大的民主革命的开端。

作为美国自治体制的核心要素,联邦主义和共和主义原则始终是考察美国社会治理或自治机制的一大切入点。[6]联邦制为平等、自由的条件下自治组织和自治能力的发展提供了一个可行的基础,而"复合共和

---

1 〔美〕汉密尔顿、杰伊、麦迪逊:《联邦党人文集》,程逢如等译,商务印书馆 2009 年第 1 版,264。《联邦党人文集》是立国后美国最早对《合众国宪法》——这一自治制度总体设计的系统阐释和论证。它旨在从制度设计的原理和预期来回答自治是否以及如何可行的问题,反映了建国立宪者在美国社会未来治理方向、方式上的共识。换言之,《联邦党人文集》更像是对全新的自治蓝图的解析与面向大众的动员。茱迪·史珂拉进一步指出,立国伊始,百废待兴,"《联邦党人文集》的每一页都在号召美国人民将命运掌握在自己手中,按照当时最先进的政治科学改革制度,而不是小心翼翼地回首过去。"见茱迪·史珂拉:《美国公民权:寻求接纳》,刘满贵译,上海人民出版社 2006 年第 1 版,第 9 页。

2 Daniel J. Elazar, *Exploring Federalism*, The University of Alabama Press, 1987.

3 〔美〕汉密尔顿、杰伊、麦迪逊:《联邦党人文集》,第十篇,商务印书馆 2009 年第 1 版,第 3 页。

4 董果良,转引自〔法〕托克维尔:《论美国的民主》,董果良译,商务印书馆 2009 年第 1 版,第 iv 页。1831—1832 年,法国人托克维尔走访美国各地,于 1835 年和 1840 年先后出版的《论美国的民主》考察了人民主权原则在美国社会治理中的表现形式和影响。

5 〔法〕托克维尔:《论美国的民主》,上卷,董果良译,商务印书馆 2009 年第 1 版,第 63—64 页。

6 《美国联邦主义》和《复合共和制的政治理论》两部著作以《联邦党人文集》、《论美国的民主》为基础,回顾美国两个世纪的立宪实验和改革,分别分析了美国联邦制的运作原理和复合共和制的理论,是作者文森特·奥斯特罗姆 (Vincent Ostrom) 对美国社会自治的原理和架构的阐释和实践总结。

制"的政治理论提供了不同利益社群彼此共存，各主其事的空间，对社会治理中的复杂性便于做出建设性的反应。美国体制被称为"立宪选择方面的共存实验，为人类自治能力的提高增添了新希望。"[1]在一定意义上，美国社会是通过对宪法的原则和程序的解析、阐释，以及对美国历史的一再叙述，来确认自我和认识自己的。在反复的质疑与肯定过程中，对自治的观念和实践的认识经历了从粗犷、传统和理想到复杂、现代和理性的变迁和深化。

政府、个人、社会组织和舆论在社会自治机制中扮演何种角色及造成哪些影响？伴随美国社会的扩张、由农业社会向工业社会的转型以及社会现代化发展带来的诸多经济、社会问题，美国社会对于自治的内涵和条件诸方面的认识不断拓展。重新认识联邦政府、地方政府、个人和社会组织在社会治理中的功能，这是既定的观念、体制与自治实践彼此互动的结果。进入20世纪后，公共管理学等新学科的兴起为人们提供了新视角。社会治理和公共服务等概念拓展了人们对自治的认识。地方政府不但服务于地方公共经济和政治经济秩序，同时也是公民和自治社团参与地方乃至国家治理的工具。这种系统化的地方治理结构就是美国社会自治的具体表现。而在联邦—州—地方政府间时时存在着谋求支配权和争取自治权的冲突。在自治和支配间保持动态平衡的基础在于联邦主义和宪政原则。[2]

精英和大众，治者和被治者在社会自治中承担怎样的角色？相比从制度和体制着手，有研究者更加关注人这个政治动物本身。从治者或被

---

[1] 〔美〕文森特·奥斯特罗姆：《复合共和制的政治理论》，毛寿龙译，上海三联书店1999年第1版，第203页。(Vincent Ostrom, *The Meaning of American Federalism: Constituting a Self-Governing Society*. San Francisco: ICS Press, 1991.)

[2] 1988年，文森特·奥斯特罗姆夫妇和罗伯特·L.比什合作出版的《美国地方政府》一书，立足对地方政府制度的理论思考和实证分析，从公共产品和公共服务的提供与生产的角度考察地方政府的治理模式及其变革。该著作创造性地提出从治理和公共服务的视角来考察美国地方政府的结构、功能和绩效体系，拓展了社会自治研究的视野。〔美〕文森特·奥斯特罗姆、罗伯特·L.比什、埃莉诺·奥斯特罗姆，《美国地方政府》，井敏等译，北京大学出版社2004年第1版。

治者的视角，考察领导者或普通大众的表现和作为常常让人们更直接、生动地发现良治与恶治、自治与奴役间的差异和距离，认识领袖、英雄或普通百姓在实现社会治理中的价值。例如，殖民时期，治者与被治者固然界限分明，但统治者权威的确立、被治者诉求的传达唯有通过对话获得同意，并诉诸立法加以保障。当清教徒的政治理想和宗教信念频频遭遇殖民地现实的挑战，矛盾并不在于争权夺利而是权力的分配。治者与被治者对弈的意义不在生死角逐，而是协调共赢，因为从清教的困境中走出的是殖民地治理中虔敬诚信、理性说服、和平进退的社会风尚。秉持宗教信条，恪守自治精神，既是马萨诸塞殖民地共有的政治理念，也成为独立之后美国社会自治和现代民主成长的基因。[1]

独立、自治是美国社会诞生和成长的基础，也是美国建国之后社会危机的根源所在。美国在建国后经历过三次大的分裂危机：第一次是19世纪上半叶由于蓄奴与废奴的分歧最终导致南北战争；第二次是19世纪末城市化、工业化转型中社会阶层分化、经济不平等，最终导致以进步运动和新政为代表的规模空前的社会改革；第三次是20世纪中叶以来多元文化主义主张族裔文化高于美国文化，用"一内有众"(in one, many) 取代"合众为一"(E pluribus unum)[2]，即强调一个国家内不同传统和新传统的共存，而非不同传统混合或同化而成一个传统。有学者指出，这种倾向最终可能威胁美国作为一个统一国家的基础。[3] 从根本上看，这种分裂和"部落化"的现实既可以从对自治权的理解分歧中找到解释，也客观要求诉诸自治寻找出路。有关美国总统的研究揭示，面对

---

[1] 埃德蒙·摩根 (Edmund S. Morgan) 于 1958 年出版的《清教的困境：约翰·温斯罗普传》(Edmund S. Morgan, *The Puritan Dilemma: The Story of John Winthrop*, Little, Brown and Company, Boston, 1958.) 描述的就是马萨诸塞首任总督起起落落的政治生涯。钱满素先生称之为一场"治者与被治者的对弈"（钱满素：《自由的阶梯》，东方出版社 2014 年第 1 版，第 2 页。）。

[2] 拉丁文"合众为一"，据 Collins English Dictionary, (Complete & Unabridged 10th Edition. Harper Collins.) 英文解释为 one out of many，1956 年美国国会通过法案（H. J. Resolution 396）正式采用 In God we trust 为国训之前，一直被视为美国国训。

[3] 钱满素：《自由的阶梯》，东方出版社 2014 年第 1 版，第 314—315 页。

危机，总统作为领导者的作用深刻影响着自治文化的传承，赋予其不同的时代特征。如建国初期到内战，实现宪法构建的自治目标无疑是总统们的共识。如杰斐逊所说，"个人通过独自一人的意志行使自治的权利，集体通过多数的意志行使自治的权利"。这是人类"天赋的自治权利"。[1]自治首先是个人对于自身以及发乎于心的自我管理，其次也是家庭、社群以及政府的自我治理。工业化变革则向个人、社会和政府同时提出了挑战：是固守传统还是破旧立新？进步时代先后三位总统任内面对时代变革挑战时的矛盾，以及各自的政策选择促使人们重新认识个人、社会团体，尤其是政府的角色，探究改革政府体制促进公众生活的途径。[2]自治不再是一个单一的静态的概念，而是表现为动态、多维的包含诸多层面的同心圆。

在制度性因素之外，舆论和民情对于倡导理性，维护自治传统是否更重要？有学者指出，詹姆斯·麦迪逊（James Madison）的思想代表了典型的"美国思想"，即共和政府的基础在于人民的授权与有教养的人民的统治。一方面，"公共舆论具有约束每个政府的作用，也是每个自由政府的真正统治者"。[3]另一方面，公共舆论的自由也是大众自我教化和维护共和国稳定的源泉。[4]社会治理的理论和技术要素固然重要，最终决定一个政府，乃至一个社会和民族活力的是公民文化与民族精神。

从被治者的视角观察，总体来说，美国大众乐观地相信：美国社会

---

1 〔美〕杰斐逊：《杰斐逊选集》，朱曾汶译，商务印书馆2011年第1版，第312页。
2 Will Morrisey, *Self-Government, the American Theme: Presidents of the Founding and Civil War*. Will Morrisey, *The Dilemma of Progressivism: How Roosevelt, Taft, and Wilson Reshaped the American Regime of Self-Government*. (Lanham, Md: Rowman and Littlefield Publishers, Inc., 2009.
3 James Madison（1791）转引自 Jack Rakove, Review of James Madison and the Spirit of Republican Self-Government by Colleen Sheehan, *Political Science Quarterly* (Academy of Political Science). Spring 2010, Vol. 125 Issue 1, 152-154. 3p.
4 在《詹姆斯·麦迪逊与共和自治政府的精神》（Colleen Sheehan, *James Madison and the Spirit of Republican Self-Govemment*. New York, Cambridge University Press, 2009.）一书中，作者聚焦麦迪逊，认为麦迪逊洞察人性弱点之害，但他不是悲观主义者，他坚信人类的理性和自治能力。而一个共和自治政府的精神能否长存取决于能否妥善聆听和表达大众的意见，其关键在于启发和培育大众的公共精神。

在私人责任和公共责任上都存在着广泛共识，美国的发展建立在共同信念之上。"山巅之城"、"显性天命"、"美国例外论"以及"上帝保佑美国"的说法不仅仅是政治说辞，而且溶解在广大民众的思想中。但人们也逐步意识到，美国存在一个超越技术和物质的问题，即文化传统的延续面临巨大的挑战。有学者提出，其原因在于"我们忘记了'自己原本是同一个共同体的一员'，我们犯了共和国缔造者眼中的原罪，即把一己、一群、一国之私利置于人类共同利益之上。"因此，有必要保持共和主义传统，"改造社会生态"，"重建社会生活"。[1]

其二，每一部美国历史都是美国社会自我治理的历史。不管是殖民地自治的历史或美国地方自治历史，从殖民时期的各自为政到进步时代的合作运动，从建国之初反对党争的共识到19世纪之后两党制的发展，自治的观念与实践在历史的记述中从未一成不变，而是不断更新的。[2]

选择城镇的地方自治和个案式研究，不仅提供了具体的社会、经济和政治的分析观察，也拓展了人们关于社会和历史研究的方法、视角和深度。例如，如何认识美国城镇的治理及其历史变迁？人们达成基本共识的是，在美国"政治生活始于乡镇"，乡镇精神和乡镇组织使乡镇成为"自由人民的力量所在"[3]。城镇的存在是美国文化传统继承与创造的起点，或"理想社会的重要起源地"，因为城镇议会是美国民主的孵化

---

[1] Robert N. Bellah, Richard Madsen, William M. Sullivan, Ann Swidler & Steven M. Tipton, *Habits of the Heart: Individualism and Commitment in American Life*, The University of California Press, 1996. 284, 286.

[2] 例如查尔斯·安德鲁斯（Charles McLean Andrews）的《殖民时期的自治：1652—1689》（Andrews, Charles McLean, *Colonial Self-Government, 1652-1689*. New York: Harper & Brothers, 1904）；托马斯·沃腾贝克（Thomas J. Wertenbaker）1958年出版的《给我自由：弗吉尼亚的自治斗争》（Thomas J. Wertenbaker, *Give Me Liberty: The Struggle for Self-Government in Virginia*, The American Philosophical Society, 1958.）。

[3] 〔法〕托克维尔：《论美国的民主》，董果良译，商务印书馆2009年第1版，第72, 67页。

器,城镇生活是社区意识的摇篮。[1]对于工业化变革如何影响普通美国城镇的社会治理?有学者认为,工业化带来了城市居民社会阶层的显著分化。在民主的政治形式下,普通美国小城的决策者不是平民大众,而是社会和经济精英构成的上层阶级。[2]观照各种版本和方法的历史叙述,历史不再单纯是事件记录,更是对文化特性及传统变迁特征的发现。

在政治思想史、政治行为史的模式之外,自治也被视为一种文化模式加以考察。1966年,美国历史学会主席罗伊·尼科斯(Roy F. Nichols)提议从"自治文化"的角度来考察美国的历史。在他看来,文化"是一个社会最能充分体现其本质特征的设计和结构","是一个社会运作的方案,是组织和维系这个社会的动力和影响力,具有一定的结构和秩序"。从文化的视角来考察美国的自治文化将提供一个更为广阔的视野。[3]世纪之交,美国文化表现出极其强势的影响力,但同时也不得不正视来自国内外的挑战和冲击。传统的自治文化如何维系?美国民主的前途在哪里?1992年,面对二战之后,美国社会的现实矛盾,美国历

---

1 理查德·林格曼,《城镇的和音》,选自〔美〕卢瑟·路德克主编:《构建美国:美国的社会与文化》,王波等译,江苏人民出版社2006年第1版,第89页。理查德·林格曼在1980年出版的《小镇美国:1620-现在》(Richard Lingeman, *Small Town America: A Narrative History 1620-The Present*, New York: G. P. Putnam's Sons, 1980.)追溯了美国城镇社会兴衰的历史,认为城镇的历史就是美国的历史。

2 如罗伯特·林德夫妇(Robert S. Lynd, Helen M. Lynd)对印第安纳州蒙西市的发展变迁进行了调查研究,于1929年和1937年,先后出版了《中心城市:当代美国文化研究》和《过渡中的中心城市:文化冲突研究》。该研究引起了人们对这个小城,乃至其他普通美国城镇社会变迁的广泛关注,甚至开创了20世纪50年代盛行的城市阐释流派。参见Lynd, Robert S., Helen M. Lynd. *Middletown: A Study in Contemporary American Culture*. New York: Harcourt, Brace, and Company, 1929. *Middletown in Transition: A Study in Cultural Conflicts*. New York: Harcourt, Brace, and Company, 1937. 此外,罗伯特·达尔(Robert Dahl)通过对纽黑文市的个案研究,于1961年出版《谁统治——一个美国城市的民主与权力》,对美国城镇的社会文化研究提出了一种全新思考和论证。他对18世纪末至20世纪中期,纽黑文市自治生活的内在运行方式进行了细致、科学的思考和质疑,在林德夫妇展示的保守、静止的等级制度中发现了一个动态多元的政体。针对时代发展带来的体制、观念、现实之间的动态变化,达尔提出了著名的多元主义民主的阐释方法,成为当代民主理论的一大流派。参见Robert Dahl. *Who governs?: Democracy and power in an American city*. Yale University, 1961.

3 Roy F. Nichols, *History in a Self-Governing Culture*, The American Historical Review, Vol.72, No.2 (Jan., 1967), American Historical Association, 415.

史学家罗伯特·威布（Robert H. Wiebe）提出，文化"是促使一个社会运转的各种价值观和社会关系的网络"，自治文化乃是美国民主传统的一种形式。激发美国民主活力的途径，在于恢复个体自决与集体自治之间的平衡，打破"集权化的等级关系结构"。美国的民主传统或自治文化的特征可以归结为：强调选择自由，敌视遥远而秘密的权力；强调机会平等，抵制少数人的特权；强调动态参与，质疑权威的合法性。[1] 一定程度上，这一观点是对杰斐逊当年关于自治含义解释的一种呼应和进一步的思考。

虽然美国的历史不长，但梳理历史，讲述历史，阅读历史一直是美国社会一大文化特点。美国人是在对社会、政治和文化变迁历史的反复审视中发现、鉴别和理解历史的。帮助社会大众接近历史的真相，也意味着促进大众在社会治理观念上的共识和协调，并选择客观、理性与合作。

其三，对美国社会自治实践的批判本身就是社会自治的内在要求，它有助于人们摆脱传统、权威和习惯的束缚，甚至从反面认识美国社会治理的本质和未来挑战。

早在19世纪初，托克维尔就对美国社会自治是否可持续表示忧虑。因为如果脱离法治精神、公共精神和宗教精神，美国社会的自治便无以为继。美国治理架构设计的严密复杂对社会成员提出了相当的要求。"只有长期惯于自治和政治知识普及到下层社会的民族，才适于采用这套办法"。[2] 而美国民主最大的危险来自各州宪法保障的多数权力，即多数的暴政的可能。事实上，19世纪末的机器政治、老板统治等问题证明

---

[1] Robert H. Wiebe. *Self-rule, A Cultural History of American Democracy*, The University of Chicago Press, Chicago, 1995, 10, 185-201, 264-265. 罗伯特·威布在这部著作中重点考察了18世纪末直到20世纪80、90年代的200年间美国民主演变的阶段、过程和动因，揭示了美国自治文化的主要特征。作者聚焦美国的信念与美国的行动，提出影响美国民主进程的是个体自决（individual determination）与集体自治或多数统治（collective self-government）之间的相互作用。两者构成了自治的两层主要含义。19世纪的"大众民主阶段"乃是这两方面得到最佳结合，体现社会自治精神的"黄金时代"。20世纪20年代以后，这两个方面的分离则造成了美国民主的衰落。

[2] 〔法〕托克维尔：《论美国的民主》，董果良译，商务印书馆2009年第1版，第186页。

了这一担忧。如果说《联邦党人文集》为代表的美国共识是美国社会对自我治理体系的剖析、论证和期待，那么《论美国的民主》和《美国的平民政治》无疑颇具代表性地预言了美国社会自治体制内在矛盾性。例如：多数统治原则如何避免沦为多数的暴政？在美国为何卓越之辈不去从政？与其他治理形式相比，是否民主尤其需要伟大的领导者？[1]

杰斐逊曾指出，"没有一个社会可能制定一部永久性的宪法甚或一条永久性的法律"。[2] 作为美国社会的"自治宪章"，《合众国宪法》从1791年正式通过至今已两个多世纪，但宪法修正案仅27条，而第18条修正案且由第21条修正案废除。对宪法的解释往往彼此分歧、针锋相对，对宪法的批判可谓从宪法诞生之时起就伴随左右。

不同的解释导致对于联邦政府与州政府或地方政府之间的权力关系的不同理解。自殖民时期开始，各殖民地共同体就习惯于地方自治。独立之时的美国只是13个独立自治的成员的联盟。而依据宪法，社会治理的权力在全国政府和州政府两级间分配。1787年围绕联邦体制的辩论中，反联邦党人坚持认为这一体制是牺牲州的权力以增强全国政府的权力，全国政府远在天边，绝不可能比州政府更好地服务于人民的利益。亚历山大·汉密尔顿(Alexander Hamilton)在《联邦党人文集》第28篇中则试图论证，在宪法的架构之下可以达成一种新的自治，即美国人民可以让自己的忠诚在全国政府和州政府之间摆动，以便控制两级政府。"人民完全是自己命运的主人"，因为"如果人民的权利受到任一方的侵害，他们就能利用另一方作为矫正的手段"。[3] 宪法的国家主义解释与州权主义解释自此一直争执不断。但事实上，也正是反联邦党人和联邦党

---

[1] 英国人布赖斯1888年出版的《美国的平民政治》对19世纪后期美国政治制度运作进行了全面而详细的描述。作为一名职业政治家和学者，作者着墨于对美国政治体制和自治实践的详实观察，而非理论和抽象。书中有关美国政党制度、州和地方治理、公共舆论角色的描述和富于洞察的分析，至今仍值得人们深思。参考 Viscount James Bryce, *The American Commonwealth*, Liberty Fund, Inc.1995.

[2] 〔美〕杰斐逊：《杰斐逊选集》，朱曾汶译，商务印书馆2011年第1版，第482页。

[3] 汉密尔顿、杰伊、麦迪逊：《联邦党人文集》，程逢如等译，商务印书馆2009年第1版，第139页。

人间的辩论和分歧导致了起草宪法修正案的要求，各州的保留权力得到宪法明文保障。[1]但由于宪法的表述简略，在赋予政府运作灵活性同时，又为州权力和全国权力的博弈提供了相当的空间，甚至引发了危及国家存亡的社会危机。[2]近代以来，国家权力的强势、行政分支权力的扩张等问题不断引起人们对权力制衡关系遭到破坏的批评。[3]

那么，宪法文本和宪法实践本身能够提供解释的依据吗？一种观点认为宪法的含义在通过之时是确定的，即存在其立法意图，我们需要诉诸"制宪者意图"来解决当下的问题；反对者则认为这种立法意图难以追溯，且不适于应对社会发展中的千变万化。此外，宪法的最重要特征在于"崇高性"和"公共性"，甚至被赋予"神圣性"和"真理性"。在某种程度上，《合众国宪法》成为世俗社会的宗教，被视为"美国政治文化中的真理的源泉"。[4]有学者对此提出批判，反对把宪法尊为民意和理想之制，认为在起草宪法时，缔造者们首先考虑的是自身的经济利益。宪法不过是经济动物的自利心的体现，而并非公益心和正义的

---

[1] 为保护各州权利免遭全国政府的蚕食，1791年批准的第十条修正案规定："宪法未授予合众国，也未禁止各州行使的权力，由各州自己保留。"《合众国宪法》所规定的各州权力被称为保留权力，但并未具体加以列举。

[2] 1789年至1865年，州权和全国权力间的优先权对决，通过内战才得以了结：国家主义胜出，合众国成为人民的联盟而不是州的联盟。1865年至1937年，联邦体制遭遇的挑战表现为自由放任资本主义与二元联邦主义间的斗争。结局是种族政策问题上，各州优先，而在商业政策上全国权力占据上风。1930年代之后，各州和全国政府双方关系发生根本性变化，由于社会经济的发展日益复杂化，彼此依赖性增强，一方面是全国政府政策的作用大大拓展，另一方面是全国、州和地方密切合作为特色的合作联邦主义的出现。可参考 Thomas Patterson, *The American Democracy*, McGraw-Hill Companies, New York, 2005. 75-101.

[3] 如《合法性与历史：美国宪政理论中的自治》一书中，保罗·卡恩教授（Paul W Kahn）指出，自治历来是美国合法的治理形式，而宪法的权威无可置疑。宪政理论成为宪法权威与自治原则之间不断调和的产物。作者警示，国家权力正在侵蚀社会自治原则。一个自治的社会所臣服的只能是社会成员共同缔造的权威，否则就没有自治可言。Paul W Kahn, *Legitimacy and History: Self-Government in American Constitutional Theory*, Yale University Press, 1995.

[4] 1882年，法国学者恩斯特·勒南提出，宪法乃是一个民族国家的"灵魂和精神原则"。见 Ernest Renan, What is Nation? (1882) in Becoming National: A Reader, eds., *American in Theory* (New York: Oxford University Press, 1988), 287. 王希，《原则与妥协：美国宪法的精神与实践》，北京大学出版社2014年第3版，第31页。

化身。¹ 历史地考察,《合众国宪法》无疑是不同利益集团或社会阶层彼此博弈和妥协的结果。但是,回顾历史,值得反思的是,绝对的经济决定论无异于把人类社会贬斥为动物世界,剥夺人类理性和向善的希望。而"美国例外论"、共识论等理想主义的阐释一旦无视人性的弱点和历史现实也就止于想象。从宪法确立的自治理念、原则和程序到宪法的实践,批评反对者与高唱赞歌者一样,始终不乏其人。² 而托克维尔和罗伯特·贝拉(Robert Bella)等人在强调共识,即个人主义传统和共同的社会文化习俗造就了美国人或美国的国民性同时,又提出了美国面临的困境,即进入现代社会后美国文化传统遭遇能否延续的危机。因此,既有必要对批判本身进行再批判,又必须马上采取措施,克服"分离性文化"的弊端,改造美国的社会和文化,挽救不断遭到破坏的"社会生态",否则在自然生态的灾难到来前,这个社会将自我毁灭。³ 塞缪尔·P. 亨廷顿(Samuel P. Huntington)考察了美国信念与政治体制间的矛盾,

---

1 查尔斯·比尔德(Charles S. Beard)于 1913 年出版的《美国宪法的经济观》从单纯的经济利益角度解释宪法缔造者的意图,一度引发争议。Charles S. Beard, *An Economic Interpretation of the Constitution*, New York: Macmillan, 1941. 杰克·N·雷克夫撰写的《宪法的原始含义:美国制宪中的政治与理念》则通过追溯宪法形成时的社会政治环境,探讨美国制宪者所面临的困境、期待解决的主要问题和他们憧憬的政治理想。Jack N. Rakove, *Original Meanings:Politics and Ideas in the Making of the Constitution*, New York: Vintage Books, 1997.

2 1998 年桑桑福德·列文森(Sanford Victor Levinson)和威廉·埃斯科利奇(William N. Eskridge)编辑出版了《宪法中的愚蠢,宪法中的悲剧》。该书以命题形式邀请 39 位宪法名家回答两个问题:《合众国宪法》中最愚蠢的规定是什么?哪项规定让他们感到最有害、最厌恶,甚至是最恶心?2006 年,列文森还出版了《我们不民主的宪法:宪法在什么地方出了错,我们人民又该如何修正她》。从参议院内的权力分配、总统的立法否决权、联邦法官的终身制到修宪程序等,作者列举分析了宪法存在的诸多缺陷,并提出修正的方法。Sanford Victor Levinson, *Constitutional Stupidities, Constitutional Tragedies*, New York: New York University Press,1998.; Sanford Victor Levinson, *Our Undemocratic Constitution: Where the Constitution Goes Wrong (and How We the People Can Correct It)* New York: Oxford University Press, 2006.

3 Robert N. Bellah, Richard Madsen, William M. Sullivan, Ann Swidler & Steven M. Tipton, *Habits of the Heart: Individualism and Commitment in American Life*, The University of California Press, 1996. 296, xlii, 277, 284.

断言"美国是一个失衡的社会"。[1] 但同时，他又指出，批评者与自大者往往会因失望或拘泥现实一叶障目。"自由理想与现实体制之间的张力就是美国的特色。""一旦这种张力消逝，美国将不复存在"。[2] 自由平等的理想与失衡的社会现实，两者的矛盾和统一构成了美国自治文化的主要内涵。无论反对、歌颂或仅仅是反思质疑，有关宪法原则与实践的不同声音从未停息，也从未被禁止过。它反映了政治实践和政治理念之间的互动，也说明对国法乃至总统说三道四的权力，只要不触犯法律统统受到宪法的保护，而分歧和反对常常孕育和催生思想与传统的创新。

围绕自治的原则与实践的批评和分歧主要原因在于自治的目的蕴含着双重性：选择的自由与受限制的选择，而自治与控制始终是一对矛盾。个体的自治既是自由的表现也是个体作为共同体成员或公民的社会要求。早在19世纪初，拉尔夫·沃尔多·爱默生（Ralph Waldo Emerson）就十分强调人的自立，并亲身实践把独立和自立的观念付诸行动，拒绝成为暴政和不公的同谋。他倡导的是求真立德，"做一个改革者，一个造福大家的人。"[3] 这一思想通过亨利·大卫·梭罗（Henry David Thoreau）的思考和人生实践得到进一步发展。1849年，梭罗发表的《论公民不服从》从个体的角度阐释了自治社会对于其成员的要求和挑战。他倡导对恶法的"不服从"，创造性地提出：一个好的政府有赖于个体的良知与身为公民的责任感。有学者提出，梭罗政治哲学的核心就是个体自治。"严格来说，自治与其说是指国家或社会的自治，不如说是指个体的自治。""即便独处时，我们仍是政治动物。我们只是特定社会中权利和责任的臣民"[4]。作为社会的一员，任何个体行为都带有

---

[1] 〔美〕塞缪尔·亨廷顿，《失衡的承诺》，周端译，东方出版社2005年第1版，第14页。(Samuel Huntington, *The Promise of Disharmony*)

[2] 〔美〕塞缪尔·亨廷顿，《失衡的承诺》，周端译，东方出版社2005年第1版，第283页。

[3] 〔美〕爱默生：《爱默生集》，赵一凡等译，三联书店1993年第1版，第148页。

[4] Ruth Lane, Standing "Aloof" from the State: Thoreau on Self-Government, *The Review of Politics*, Vol. 67, No. 2 (Spring, 2005), 283-310. Published by: Cambridge University Press for the University of Notre Dame du lac on behalf of Review of Politics Stable URL:http://www.jstor.org/stable/25046412 Accessed: 14/07/2010 09:03, 285, 310.

政治意义。在进入后现代化社会和网络时代之后，这一观点尤其值得人们深思。与此同时，必须看到"如同对于个人一样，对于组织而言，独立或自治也创造了作恶的机会。"为了避免组织利用自治权为其成员牟取一己私利，损害公共利益，甚至削弱或摧毁民主本身，组织也应当如同个人一样，受到控制。[1] 从多元主义民主角度看，自治抑或控制、自治的程度、控制的程度以及包括政府在内的各种相对独立的自治组织或系统彼此如何施加控制及其控制的程度，这些问题乃是政治生活中的普遍困境。

如何协调自治与控制之间的矛盾，既保障大众自治的权利，又有效维护社会的和谐有序？事实上，这一问题不仅是美国式民主文化的内在矛盾，也是人类实现社会治理必须面对的共同挑战。历史表明，自治与控制、个人自治与集体自治构成了美国社会治理的核心内容。美国的自治文化的发展或美国式民主文化的活力正是源于理想与现实、信念与怀疑、自由与奴役、平等与分化、一致与多样、合作与冲突等诸多对立面的互动。美国自治传统的逻辑在于既统一又多元的动态竞争与交往融合。

为何是自治？

讨论美国的经验，也许没有其他词比"自治"（self-government）在文化上更富认同，在历史上更富变化，在政治上更为核心的了。不同的历史阶段，关于自治人们总有新的发现或创造。自治的信念与自治实践的互动与发展反映了美国政治传统和美国文化的变迁。

美国社会诞生于英国国王授权的自治权和自主发展空间，但理解自治和捍卫自治权的历程艰辛曲折。从西部扩张、南北战争到工业化、城

---

[1] 〔美〕罗伯特·达尔：《多元主义民主的困境——自治与控制》，周军华译，吉林人民出版社 2011 年第 1 版，第 1 页。

市化时代全国范围的社会改革，自治的实践既是对《独立宣言》提出的观念和原则的传承，也是响应时代变革要求，破旧立新的创造。1966年，罗伊·尼科尔斯明确指出自治是美国社会和文化的特征和标志。因为"从法律上说，一切都与自治有关，而且，对于自治的兴趣显然是美国人身份认同的关键。"[1]托马斯·帕特森(Thomas Patterson)则将"自由、平等和自治"称为美国的"核心政治理想"。[2]自治不仅是美国国家发展的起点，也成为美国社会的生活方式和文化传统。本书中使用的美国的自治传统概念，不仅包含其自治制度、国家体制，也包括促进制度变革的观念、舆情，是美国社会特有的国民性及其文化身份。

最初，美国文化和美国社会的特性是个充满争议的话题。因为，对于古老的欧洲而言，一个民族及其文化是不可能仅仅依靠政治体制或政令凭空诞生的。在欧洲人的意识中，美国的文化无非是旧世界文化在新世界的传播移植，其独立性无从谈起，甚至美国国家的未来也模糊不清，有待证明。有关美国理想和美国社会治理的讨论中，自由、平等、自治、民主就是历史最久，使用频率最高，也最具争议的一组词汇。从第一代开拓者开始，自由和平等的观念就伴随美国社会的成长，但关于自由和平等的解释始终不是一成不变的范畴，或事先设定的概念。[3]今天的美国人理所当然地称之为民主的东西与美国社会形成之初人们的理解也远不是一回事。事实上，从《独立宣言》、《邦联条例》到《合众国宪法》，美国赖以立国的这些文献中没有一处提及民主。古希腊的城邦民主或直接民主从来不在美国立国先贤的考虑之中。因为根据柏拉图(Plato)、亚里士多德(Aristotle)和霍布斯(Thoms Hobbes)的描

---

[1] Roy F. Nichols, History in a Self-Governing Culture, in *The American Historical Review*, Vol. 72, No. 2 (Jan., 1967), 415.

[2] 〔美〕托马斯·帕特森：《美国政治文化》(The American Democracy)，顾肃、吕建高译，东方出版社2007年第1版，第6页。

[3] 有关自由和平等的定义及其讨论，详见〔美〕埃里克·方纳：《美国自由的故事》，商务印书馆2003年版。〔英〕J.R.波尔：《美国平等的历程》，张聚国译，商务印书馆2007年第1版。

述，民主乃是雅典的政治制度或雅典经验，完全是服务于多数人或多数穷人的利益（而非公共利益）的政体。对美国的制宪者们来说，民主的危险在于大众直接影响政府导致的非理性，而暴民统治如同寡头和独裁统治一样，存在滥用权力之害。从民主的定义到实现民主的方式，美国社会用实践给出了自己的说明。经过实地考察，托克维尔虽然直言"我决不认为美国人发现的统治形式是民主可能提供的唯一形式"，但他断言"民主政府尽管还有许多缺点，仍然是最能促进社会繁荣的政府"。美国虽未发生法国进行的民主革命，依然取得了这场革命的成果。[1] 无论自由、平等或是美国式民主，它们为美国社会历史变迁所见证的普遍性价值和确定性意义不是得自上帝的恩赐或凭空而来，而是源于美国社会共同的文化、历史和政治经验。这些经验拥有一个共同的名称：独立自治。固然，当初作为英属北美殖民地，在殖民动机、组建方式及殖民者社会背景等方面不尽相同；独立后相当长时期内美国与其说是一个国家不如说是诸多独立国家的联盟，而地方和州政府相对于联邦政府的独立性始终不曾磨灭过。尽管如此，对美国人而言，政治体制、文化融合方面的发展经历彼此相似，由殖民地起源的法律环境和美国社会变革的现实环境所决定的同质性无法否认。[2] 如果从殖民时期开始就剥离了美国社会自我选择、自我管理和自我实现为核心的自治的信仰和自治实践，美国社会后来的成长发展一定是一种截然不同的结局。捷足先登的西班牙、葡萄牙这些当年盛极一时的帝国在南美殖民开拓的故事就是最好的对照。换言之，离开殖民时期各殖民地的自治和建国后在自治理论与实践上的探索，所谓美国人的政治观念和文化身份也就无从谈起，美国社会的现代化道路完全可能是另一番景象。

  今天，美国文化和美国社会的独特性已无争议，但其巨大影响力在备受瞩目同时也面临着全球化时代的新挑战。显然，奠定美国社会的不

---

[1]〔法〕托克维尔：《论美国的民主》，董果良译，商务印书馆 2009 年第 1 版，第 16，264—265 页。
[2] 王希：《原则与妥协：美国宪法的精神与实践》，北京大学出版社 2014 年第 3 版，第 9 页。

是浪漫的理想,或是任何预设的民主理论和制度,而是人类自治的观念和对自治权利的实践与维护。作为美国社会特定经济、政治、历史和自然条件的产物,自治传统的发展演变阐释了美国背景下统治者与被统治者、国家与社会、个人与社会、少数与多数的关系,演绎了美国社会摆脱观念和现实的束缚,向现代化跋涉的艰难历程。探究了解其发展逻辑才可能客观认识美国社会的今天和明天。

可以说,不同于任何其他民族国家的是,美国诞生于自治的信念和实践,美国的崛起是美国社会的自治制度不断完善、大众自治能力不断增长的结果。当民主概念的主体指向社会共同体全体成员,民主权力归结为人民主权,民主的制度体现为如何获得并保障权力的机制,民主无疑指向自由、平等的共同目标,成为促进个体和社会实现幸福、繁荣、自治的手段。如果把民主的进程解释为打破依赖和排斥,重塑人际关系的过程,美国的民主试验可谓前无古人。从社会自治的广度和深度或其政治和经济后果的意义上看,美国社会的现代化也是美国社会民主化的过程。

本书以美国自治传统的形成和发展为主线,着眼从殖民时期到进步时代美国社会经历的几次重大危机、改革和发展。基本的考虑是,首先,美国社会的政治文化传统奠基于殖民时期。来自英国的政治文化基因在殖民时期各个殖民地的自治实践中得到继承,并启发和培养了殖民地人独立自治的民情。其次,无论从统计学意义,还是美国文化的成长来说，进步时代是美国完成社会转型，实现社会现代化的标志时期。[1] 殖民时期孕育了美国式生产和生活方式，立国制宪搭建了国家治理的体制，地域扩张则促进了国家观念和自治观念的统一与融合，而进步时代的美国一方面遭遇到有史以来社会发展最大困境，另一方面也见证了经济和政治改革带来的现代化转型。从起草《独立宣言》、制定并落实《合众国宪法》，到进步时代围绕社会政治经济改革的立法，这一特定历史阶段是西方政治传统与美国社会发展的现实要求相调适的过程，也是美国人通过社会治理模式的创新和改革奠定其大国、强国地位的关键时期。自治始终是推进创新和改革的原则和手段，同时危机和变革也促进了自治观念与自治实践的更新，促进了一个大众社会的诞生。以宪法的形式共同确认的自治制度连同个体和社会自我管理、自我发展的民情习俗共同缔造了美国社会的自治传统和自治文化。遭遇挑战和克服危机的历史也说明，美国的自治传统并非自足封闭的抽象概念，而是体现美国社会活力与变革的行动与实践，是美国人的生活态度和美国精神的写照。

本书对自治传统的探究是以下面四个问题为中心的：什么是自治？（内涵、主体、形式）自治是否可能及如何实现？（自治的社会条件、阻碍自治的因素）如何确立自治的规范或标准？（社会自治的规范及规则

---

[1] 早在 19 世纪末，美国就建成世界上最长的铁路线，农作物产量达到世界第一，一跃成为世界上最大的工业化国家，成为最富有的经济帝国。1897—1917 年期间，美国的资本开始急速向境外扩张，美国国家开始从债务国转变为债权国。在急剧的经济扩张的同时，这个阶段也是美国政府顺利完成社会规制改革的"改革时代"。Harold U. Faulkner, *The Decline of Laissez Faire, 1897-1917*, New York, Harper and Row Publishers, 1951, 68-69, 6. 关于社会现代化进程划分的讨论可参见：Ronald Inglehart, *Modernism and Postmodernism: Cultural, Economic and Political Change in 43 Societies*, Princeton New Jersey: Princeton University Press,1997;（《现代化与后现代化：43 个国家的文化、经济与政治变迁》，严挺译，社会科学文献出版社 2013 年版）Daniel Bell, *The Coming of Post-Industrial Society: A Venture in Social Forecasting*, New York: Basic Books, 1973.（丹尼尔·贝尔：《后工业社会的来临：对社会预测的一项探索》，高铦等译，新华出版社 1997 年版）；W.W. Rostow, *The Stages of Economic Growth: A Non-Communist Manifesto*, Cambridge University Press, 1960.（罗斯托：《经济增长的阶段：非共产党宣言》，郭熙保、王松茂译，中国社会科学出版社 2001 年版）；

的修缮)如何在自治的方式和政策问题上做出明智的选择?(自治实践的价值标准)[1]

此外,从纵向上看,本书以美国社会发展遭遇的危机和困境为主线;横向上看,以国家、社会和个人应对社会变革的要求,自我治理、自我纠错和自我发展的实践为主线。主要涉及美国社会自治传统的源头(第一章);邦联时期的政治体制危机(第二章);美国社会扩张带来的分裂的危机(第三章);城市化、工业化社会转型中的发展困境(第四章);美国社会自治中的价值标准(第五章);美国社会自治实践的启示:跨越传统与习惯的羁绊,开辟融合与创造的通道(结语)。

一个国家不仅仅是一个地理概念和政治实体,对于国民百姓而言,生活在这个国家的希望和未来存在于她所激发、象征和代表的精神和信念。对美国自治传统之形成和发展的追溯不是为单纯的历史考察,而是为发现美国社会现代化的发展逻辑,客观认识美国文化的今天和未来的发展。

本书聚焦美国自治传统的形成、保持和发展,试图以历史发展的角度摘取美国社会治理具有重要意义的方面,为客观认识美国文明做出一点深入的努力,错漏之处,期盼各位读者指正赐教。

---

[1] 罗伯特·达尔在《现代政治分析》一书中提出,要理解当代西方政治文化,应从政策、规范、原因和意义四个取向上加以考察。Robert A. Dahl, *Modern Political Analysis*, Prentice-Hall, Inc. Englewood Cliffs, New Jersey, 1984.

第一章
美国自治传统溯源

自治是美国社会发展的起点，是可以追溯到殖民时期的生活方式。而英属北美殖民地的自治体制直接源于英国的政治文化传统，尤其是英格兰地方自治的传统习俗。但是，北美殖民地历经坎坷得以生存和发展的原因，与其说归功于英帝国的政治支持或殖民地投资公司不甘失败的雄心，不如说归功于体制与信仰对于大众的共同教化，归功于开拓者不屈不挠的自治精神。殖民地社会自我激励和自我管理的精神动力来自于他们建设"山巅之城"或"人间天国"的宗教信念和社会实践。以下从殖民地社会民情、政治、宗教三个方面来追溯美国社会自治传统的英国源头、殖民地背景及其对美国社会发展的影响。

第一节 美国的政治文化基因

从欧洲文明的演进来看，争取自治、追求自由的历史就是国王和君主的权力不断被削弱、限制乃至剥夺，而代表社会进步的力量、社会大众或大多数人的权力不断增长、发展并逐步推动社会治理和进步的历史。这种自治力量的成长在英国就是首先从限制王权开始。从1215年签署的《大宪章》到四个多世纪后的英国资产阶级革命，再到19世纪的议会改革和20世纪初的《国民参政法》，制衡国王的力量从贵族延伸到工商资产阶级，再到民选议会这个唯一立法机关。1688年之后，英国官方发布了《权利法案》、《兵变法》、《宗教宽容法》、议会《三年法》、《叛国法》、王位《继承法》等法律，进一步以法治的形式限制王权的无限性，推进社会的文明进步。英国被恩格斯誉为"地球上最自由的，即不自由最少的国家"。而"有教养的英国人就具有在某种程度上说来是天生的独立自主的权利。"[1] 北美殖民地和后来美国自治社会的发展无疑正是得益于英国的政治文化传统。

一　来自英国的地方自治传统

事实上，在英国地方自治的习惯在中古时代就已形成。[2] 早在诺曼征服之后，英国国王便通过颁发特许状的形式赋予城市以自治权。作为英格兰三级地方政府体系——郡(shire)、百户(hundred)和十户(frankpledge)之外的重要的地方治理单位，自治市、领地均拥有独立的司法权。12世纪早期，伦敦市的市民根据特许状获得选举村镇长官、行政司法长官的权利。郡、市镇和教区都享有一定的自我管理本地公共事务，不受外部干预的权力。16世纪，英国宗教改革后形成了新的地方行政司法系统。从郡督、郡长、治安法官到教区职员，既无薪金，亦非专职官僚，绝大多数为本地乡绅。不同于当时欧洲大陆的专制王权国家的是，英国的地方行政和司法一没有由中央政权制定的系统的行政法规可以遵循；二没有由国王任命和供养的专职官僚体系；三没有中央提供任何经济供给和行政司法训练。这就给予他们履行行政司法职责时相当的独立性、主动性和自由性，使自给和自治的传统得到进一步继承和发

---

[1] 〔英〕恩格斯：《英国状况》，见《马克思恩格斯选集（第1卷）》，人民出版社1965年第1版，第678—679页。
[2] H.R. Lyon, *The Governance of Anglo-Saxon England*, London: Edward Arnold Ltd. 1984, 148-149.

展。[1] 17 世纪，移居北美的英国移民则将这一传统带到了新大陆。因为远渡重洋，择地而居之后，自给自治是移民的首要工作。在陌生、荒蛮的北美大陆，移民们首先能够依靠的是来自母国的生活经验和政治文化传统。乡镇是殖民地生活的基础和开端，而乡镇精神和统治殖民地社会的政治原则都源自英国乡村的地方自治传统。

新英格兰地区历来被视为地方自治发达的典范。殖民地建立之初，"英国人村庄里的农村自治制度在新英格兰得到恢复。"[2] 殖民地政府以下，一般设有县和村镇两级地方政府（17 世纪上半叶，在康涅狄格只有殖民地政府和村镇两级，后来才建县级政府）。县主要负责司法诉讼，设有法院受理重要的民事和刑事案件，审理村镇上诉案件。[3] 而作为地方自治的基本单位，村镇的作用在新英格兰得到强化。殖民地建立早期，由于定居地域不大，殖民地政府直接干预甚或行使地方政府职能之事时有发生。1691 年马萨诸塞获得新的特许状后，村镇几乎成为独立的居民共同体。村镇会议拥有行政管理权和相当广泛的立法权，成为地方自治的中心舞台。如村镇公共事务都由村镇会议决策，包括召集居民制定规约、选举村镇官员和行政委员等。村镇地方事务中方方面面的工作，都设有官员负责，有些还是没有报酬的职务，如治安员、收税员、测量员等。17 世纪末以后，殖民地政治经济日益发展，随着殖民地内部统一性加强，地方政府的相对孤立状况不再，而地方自治职能也日益趋向职业化、专门化。中部殖民地经过发展演变，县和村镇为基本地方行政单位。南部殖民地的种植园分布松散，地方政府形式一般为县，或县下设教区。地方事务由通常经殖民地总督选派的司法官、治安员、验尸官和其他官员负责。而中部、南部殖民地的一大特点是形成了若干人口聚居

1　W.S. Holdsworth, *A History of English Law*, Vol. VI, Methuen & Co., 1924. 109. 郭方：《英国近代国家的形成》，商务印书馆 2007 年第 1 版，第 85—86 页。

2　〔美〕西蒙斯：《美国早期史——从殖民地建立到独立》，朱绛等译，商务印书馆 1994 年第 1 版，第 41 页。

3　Charles A. Beard, Mary Beard, *A Basic History of the United States*, Doubleday, Doran & Company, New York, 1944, 81.

的中心城市，如纽约、奥尔巴尼、费城、诺福克等。在这些城市，根据殖民地总督授予的城市宪章，议会和市议员由拥有选举权的市民投票选举，市长和其他官员则由议会和市议员选举。

虽然各殖民地的地方自治在程度和形式上存有一定差异，殖民地地方自治政府的共同特征是：当地居民享有选举本地官员的权利；许多居民经公开推举，担任没有薪俸的地方公职；地方公共事务的管理较为公开；相比殖民地整体的政治问题，居民更为关注地方事务。[1] 基层的村镇、县级机构成为实施"地方自治，自我管理的实践基地"[2]，在立法和行政等方面，为殖民地普通人和殖民地地方官员提供了训练和实践的机会。北美新大陆的生活无疑成为富于新世界特质，且更为丰富的自治生活。

二 来自英国的议会制度

如果说英格兰村镇地方自治的习惯为北美移民立足新大陆奠定了基础，议会制度则进一步赋予了殖民地维护政治权利的主体意识和制度保障。

13世纪下半叶，英国有了"议会"这个名称，初步建立议会制度。到17世纪英国在北美建立殖民地，英国的议会制度经历三个多世纪的发展已经相当成熟。16世纪下半叶，经历宗教改革的实践，英国议会被视为英国人全体意志的体现。从国王到社会最底层，英国各个阶层通过直接出席，或者委托代理人来表达自己的意愿。议会的意见鉴于来自全体社会成员的广泛的代表性，具有最高和绝对的权威。17世纪，经历十年无议会统治和1688年光荣革命的动荡和变革后，议会成为由国王、上院（贵族院）和下院（平民院）构成的各种统治力量的最高联合

---

[1] 李剑鸣：《美国的奠基时代 1585—1775》，人民出版社 2008 年第 1 版，第 306、311 页。
[2] Charles A. Beard, Mary Beard. *A Basic History of the United States*. Doubleday, Doran & Company, New York, 1944, 81.

体,成为体现主要利益集团彼此平衡的最高权力机关。[1]英国议会的理论和实践无疑成为殖民地人在自我管理和发展中首先思考、模仿和改造的对象。

以北美最早和最大的两个殖民地——弗吉尼亚和马萨诸塞为例,尽管两者都以公司式殖民地模式创建(即由民间投资者组建的股份投资公司,从王室获得特许状方式建立),但依据特许状其管理方式或政治体制与其他殖民地相似,不仅享有对殖民地内部事务的自治权,而且共同遵循和沿用英国的法律传统。1612年,根据弗吉尼亚公司加强殖民地政府管理权力的要求,王室在颁发给殖民地的第三份特许状中明确:允许殖民地为建立良好的秩序和政府而保留一个议会机构,允许议会选举董事会成员和制定法律,其前提是议会制定的法律不得与英国法律相抵触。[2] 1619年,弗吉尼亚公司为改革殖民地管理选派新总督,并在殖民地召集了弗吉尼亚第一次居民代表大会(General Assembly)。殖民地每个城镇选派2位代表,合计22名代表组成殖民者议会(House of Burgesses)。他们会同参事会成员和总督共同构成了大会代表。总督和参事会成员代表了弗吉尼亚公司伦敦总部的利益;殖民者议会代表殖民地居民。大会在形式上与英国议会颇为相似。就权限而言,会议涉及立法和司法。六天会议期间,通过了八项请愿;审议、表决、公布了公司的提案,并就殖民地社会生活自行制定了相关法案;同时会议受理了数起案件,对其中两起做出了判决。尽管这次会议召开缘由历史上存有争议,但殖民地居民代表权的行使无疑标志着代议制原则首次应用到殖民地政府组织中。这次会议也成为殖民地议会的始祖。此后,代议制度被北美其他殖民地纷纷效仿,并在日后与母国的关系中发展成为殖民地利

1　W.S. Holdsworth, *A History of English Law*, Vol. VI, Methuen & Co., 1924. 181-185.
2　The Third Charter of Virginia (1612), in Henry Steel Commager, ed., *Documents of American History*, (NY: Meredith Corporation, 1973), 12-13.

益的主要代言人¹。

如果说，弗吉尼亚殖民地"殖民者议会"的组建是出于改善殖民地经济效益的利益驱动，那么马萨诸塞殖民地治理机制的变革则完全出于殖民地治理和宗教信仰的需要。根据王室特许状，马萨诸塞公司有权对居住在该公司殖民地的英国臣民进行管理，并拥有立法权，其所有立法不得与英国法律相抵触。²但不同于弗吉尼亚公司的是，马萨诸塞殖民地特许状中既没有明确说明公司立法权具体归属于总督、参事会或投资人大会任何一方，同时也没有明确要求将公司总部设在伦敦。无论出于疏忽或其他原因，马萨诸塞公司拥有相对弗吉尼亚公司更多的殖民地自治权。由于公司投资者中相当部分为清教徒，为维护殖民地宗教信仰的纯洁性，首批清教徒移民在马萨诸塞殖民地建立的是政教合一的体制。起初，只有得到殖民地当局认可的教会成员、公司股份持有人或自由人才拥有选举权，有资格参加殖民地代表大会。这样，马萨诸塞殖民地的政治权利实际掌握在以总督温斯罗普为首的少数人手中，拥有政治权利的自由人占极少数。新英格兰清教神权统治甚至被历史学家称为"圣徒专政"。

然而，当新老交替，殖民地面临两方面的压力。一是对教会新成员的接纳审批，即选举权的审查制度遭遇严峻挑战：由于年轻一代世俗情绪滋长，要求加入教会和合乎入会标准的人日益减少，教会面临萎缩。二是随着排除在教会之外的人数增加，殖民地政府以维持教会为名要求人人纳税的立法遭到抵制，殖民地当局与自由人间矛盾日益加剧。1634年，自由人为赋税加重和政治参与权向当时的殖民地总督温斯罗普提出

---

1 Ordinance for Virginia, in Henry Steel Commager, ed., *Documents of American History*, (NY: Meredith Corporation, 1973), 13-14. Kate Langley Bosher, The First House of Burgesses, *The North American Review*, Vol. 184, No. 612 (Apr. 5, 1907), 733-739. University of Northern Iowa, Stable URL:http://www.jstor.org/stable/25105836, Accessed: 09/08/2010 09:11

2 The First Charter of the Massachusetts Bay Company (1629), in Henry Steel Commager, ed., *Documents of American History*, (NY: Meredith Corporation, 1973), 16-18.

抗议和质询，要求公开王室特许状，确认总督的权限。而依据特许状，立法和征税权均归属于由公司投资者组成的代表大会。随后，马萨诸塞殖民地投资人召开大会决定：建立总督和参事会定期召开殖民地代表大会的制度，各城镇选派 2-3 名代表参加，对殖民地立法进行共同商讨和决策。1644 年，鉴于投资人与参事会之间构成多数与少数带来的实际问题，马萨诸塞代表大会分为两部分：一方为总督助理，另一方为殖民地居民代表；所有立法和决策必须由两方分别开会并多数通过才可生效。1647 年，作为非投资人的殖民地居民提出的政治权利要求得到两方批准，获得参与居住地城镇事务的权利。

总体上说，英属北美各殖民地虽在政治上各自独立，结构上都以母国为样板。例如，总督和国王对应，参事会和议会上院（贵族院）以及枢密院对应，民选议会和议会下院（平民院）对应。但北美殖民地议会制度并非英国议会制度的简单拷贝，而是经历了发展和演变，成为有北美特色的议会制度。其特点有四方面：一是在英属的名义下，除个别殖民地实行一院制议会，各殖民地议会都演变为两院制，但各殖民地相对独立。如 1619 年弗吉尼亚议会实行一院制，直至 1625 年变为王室殖民地；宾夕法尼亚议会则在 1701 年后由两院制改行一院制；大部分殖民地参事会（上院）分别由英王或业主根据总督提名任命，而一部分殖民地参事会则是通过定期选举产生，包括马萨诸塞、康涅狄格、罗得岛；二是殖民地下院代表殖民地民众参与立法，其地位和影响不断加强，成为可以与总督和参事会相抗衡的力量；三是较母国而言，殖民地享有更为广泛的参政机会：虽然对选举人有财产资格规定，但选举权相当广泛，在各殖民地自由白人中占 50%-75%；[1] 四是自治殖民地享有英王授予的自治权以及殖民地自治机制扩张的法律空间。[2] 通过居民订立协议方式创建，并获英王授权的罗得岛和康涅狄格两殖民地，始终实行自治，总

1　Robert J. Dinkin, *Voting in Provincial America: A Study of Elections in the Thirteen Colonies, 1689-1776*. Westport, Conn.: Greenwood Press, 1977. 27.

2　王希：《原则与妥协：美国宪法的精神与实践》，北京大学出版社 2014 年第 3 版，第 10 页。

督和议会都由民选,罗得岛选民还享有创制权、复决权和废除法律权,甚至罢免总督的权力。罗得岛议会甚至每年改选一次议员和总督。

事实上,殖民地议会下院的权力从18世纪上半叶起不断扩张,其权力包括对本地财政事务控制权(包括殖民地官员和总督的薪俸拨款权)、议会选举的选民资格确认权、税收官员提名任命权等。此外,议会下院机制也日益完善,形成委员会制度,在行政和管理上趋向专业化、职业化,从而为造就本地政治精英、强化自治能力和自信提供了舞台。[1] 殖民地社会得自英国的治理机制和法律传统无疑加强了各殖民地之间的认同感和政治自治的维护与发展。而从始至终殖民地所享受的这种制度模式上的福利是与清教徒对宗教自由的追求相辅相成的。主导殖民地从自治走向独立的思想原则和习俗民情在很大程度上来自清教徒的政治思想和宗教理想。

第二节 美国的宗教文化基因

认识美国文明,不能不从清教徒开始。远渡重洋来到北美的清教徒并未立志在此兴邦建国。他们的愿望只是远离旧世界的迫害和堕落,共建人世间的"上帝之城",按照自己的方式信仰上帝。正如萨克凡·伯克维奇(Sacvan Bercovitch)所说,他们在新大陆投入的是"探求宗教真谛的全部情感、精神和智力"。[2] 为重新确立上帝和人、人与人之间的关系,他们求助圣约思想,强调教众在上帝面前人人平等。在组织原则上,他们反对主教制,实行教会自治,并将这一原则运用于殖民地政治关系中,在新英格兰建立了政教合一的权力实体----清教神权。作为清

---

[1] 李剑鸣:《美国的奠基时代 1585—1775》,人民出版社 2002 年第 1 版,第 312、313、318、319 页。
[2] 萨克凡·伯克维奇,转引自〔美〕塞缪尔·亨廷顿:《我们是谁?美国国家特性面临的挑战》,程大雄译,新华出版社 2005 年第 1 版,第 55 页。

教徒政治和道德原则的核心,圣约思想是教会自治和殖民地自治实践的思想基础,贯穿了对殖民地社会的自治实践,并对美国宪政建设产生深远影响。

一 圣约思想

圣约（covenant）的概念可追溯至希伯来圣经。尽管西方学界存有争议,一般认为圣约是以上帝为主导的上帝与人之间的一种神圣、持久的联系,旨在促成道德和宗教的目的。例如,据《圣经·创世纪》第17章（1-8、11-14节）,上帝曾向亚伯拉罕立约,明确了立约者、彼此的义务责任、立约标志。不同于一般意义的契约,圣约的条款内容是由上帝确立,上帝总是圣约的一方。《圣经》（《创世纪》第21章22-27节）中记载的亚伯拉罕（Abraham）与亚比米勒（Abimelech）立约,则是第一次人与人之间立约。双方在神的面前起誓立约,借助超验的力量赋予彼此的承诺神圣性、约束力和道德意义。

作为加尔文主义的继承和发展,清教徒圣约思想中的"约"是确定上帝与人、人与人的关系的根本。它包括三类不同的"约",即"恩典之约"（The Covenant of Grace）、"教会之约"（The Church Covenant）和"公民之约"（The Civil Covenant）。恩典之约也称信仰之约,是上帝与被上帝拣选的真圣徒之间的约；教会之约是指在现实生活中,由可见教会中的可见圣徒建立的彼此之间的约；公民之约就是建立世俗政府的约。其中恩典之约是最终目的,最为重要；教会之约和公民之约都服务于恩典之约这一根本目的。当英国国内矛盾日益激化,清教徒备受迫害,纯洁教会、推进宗教改革无望时,清教领袖们坚信,北美大陆是上帝的赐福,清教徒的使命就是奔赴北美从头开始,实践宗教理想,实现上帝的旨意。

圣约思想所赋予移民的不仅是神圣感、使命感、凝聚力,更有自我约束的要求。1630年春,约翰·温斯罗普（John Winthrop）等清教领袖率领一支近千人的庞大的清教徒船队,横渡大西洋前往北美。在即将抵达北美大陆海岸之际,约翰·温斯罗普宣读了一篇题为《基督仁爱的楷模》的布道词,告诫随行的清教徒移民们:远涉重洋,前往北美大陆,为的是实现上帝赋予的神圣使命,建立将为万世瞩目的"山巅之城"(a City upon a Hill)。"我们已与上帝立下圣约,我们已经领受了委托状,上帝许可我们自己来书写我们的条文……希望我们予以遵守"。"全人类都在注视着我们"。为此,他号召大家团结一致,严格履行圣约,才能得到上帝的恩典。新英格兰不仅应成为基督教世界的典范,而且必须成为全人类的楷模。[1]在清教徒的努力下,马萨诸塞殖民地从一家贸易公司转变为一个寄托信仰和理想的政治实体,从英国式的社会共同体成长为圣徒们拯救人类伟业的神圣共同体。在"恩典之约"、"教会之约"和"公民之约"的基础上,清教徒们建立了教众共同的权力实体——清教神权。清教徒的教会——公理会和殖民地政府携手共建的将是地上的天国。教会提供了圣徒聚集、牧师宣讲上帝意旨和信仰上帝的场所,负责教众的内在思想;世俗政府则执行教会宣讲的上帝意旨、负责教众的外在行为,为配合教会共同侍奉上帝提供组织保障。[2]

然而,关于圣约以及追求绝对圣洁宗教的主流观念和实践,不可避免地遭遇持不同观念者的挑战。而质疑者或挑战者往往怀抱同样的宗教热忱,期待在这块殖民地上追求真正的基督教会。当挑战威胁到殖民地教会和政府当权者的切身利益,冲突往往难以回避,持不同意见者被冠以异端之名遭到惩处,甚至驱逐。但北美荒原的魅力在于,这里的敌意与荒蛮象征验证信徒意志与虔诚的试金石,而她的广袤象征上帝对执着的信仰者的宽怀。无论主流、非主流或异端,所有虔诚的信徒都可以选择坚持,选择新的起点,以自己的方式实践圣约。

本质上,关于圣约观念和实践的各种阐发、争论和冲突不仅是对人

---

[1] John Winthrop, A Model of Christian Charity(1630), in Daniel J. Boorstin, ed., *An American Primer* Chicago: The University of Chicago Press, 1966, 10-23.
[2] 钱满素:《钱满素文化选论》,复旦大学出版社 2007 年第 1 版,第 10—11 页。

与上帝、人与人之间关系的探究，也是作为政治动物的人对自身生活方式和社会治理方式的思考。新大陆的拓殖为人们提供了一个史无前例的机缘，追寻宗教信仰的自由，重新认识、阐释圣约并付诸构建新世界的社会实践。在新英格兰，圣约观念对于教会和政府组织的建立和发展在思想和形式上都起着支配作用。而这一思想给予美国的影响，远远超出了新英格兰范围和殖民时期。[1]

二 教会自治

教会之约是确立教会成员认同感和维系彼此关系的基础。新英格兰教会组织的指导思想就是教会自治主义(congregationalism)。依据"自愿原则"，每个教会都源于可见圣徒的自愿结合，由个人自愿申请和立约，而教会无权强迫个人加入教会；教会牧师和长老的职责均由来自一群基督徒的"召唤"。同时，依据公理会"地方教会自治原则"，新英格兰每个教会都是依据一项新立的圣约而组织，各教会之间彼此独立，不存在主教和任何上级教会管理机构，教众在上帝面前一律平等。教会事务由全体正式会员决定，其内容包括选举牧师和长老、接纳新的教会成员立约入会、驱逐异教徒等。相对于当时英国国内清教徒屡遭迫害，无法一展宗教理想的困境，新英格兰的清教徒教会实行的教会自治无疑是自由与平等的体现。团结教众的并非统一的管理机构或高高在上的主教，而是共同的目标和生活方式。教会自治主义体现的核心思想是：适应北美的环境，并由一群基督徒不断保持一致意见的条件下才会产生真正的基督教会。人与人的现实关系高于神赐或世袭的地位。行动纲领和行为方式高于各种教条和形式。[2]

---

[1] Samuel Eliot Morison, Henry Steele Commager, William E. Leuchtenburg, *The Growth of the American Republic*, Vol. One, Sixth Edition, New York: Oxford University Press, 1969, 111.102.

[2] Ralph Barton Perry, Puritanism and Democracy, New York: The Vanguard Press,1944, 105-110.〔美〕丹尼尔·布尔斯廷：《美国人：开拓历程》，三联书店1993年第1版，第18、19、20页。

通过教会自治实践，马萨诸塞殖民地清教徒们尝试通过制度化管理来建立符合共同理想的教会和政府。但英国国教对于清教的绝不宽容给清教徒们留下深刻记忆，使得他们更为珍惜和强调对殖民地教会及神权统治纯洁性、稳定性的捍卫。温斯罗普治理下的马萨诸塞殖民地因此成为一个追求高度的信仰纯净度的封闭的社会。如在马萨诸塞实行严格的入境者信仰审查制度；明文宣布独居为非法，要求每个个体必须从属于某个群体或家庭。公理会成为殖民地唯一的法定宗教，由税收维持。宗教不是殖民地成员可以自主选择的一种生活内容，而是成为社会生活的全部。当初清教徒不远万里热切追求的信仰自由、自信和尊严反而被以理想的名义无情剥夺。通过封闭来追求共同体纯洁性，不仅因压制招致持不同意见者的反抗，也同时因严格的入会审查使得教会自身陷入发展困境，甚至不得不通过"半约"(Half-Way Covenant)来解决后继乏人的矛盾。

例如，17世纪30年代，马萨诸塞殖民地出现过颇具影响力的两位反对派代表：罗杰·威廉斯（Roger Williams）和安·哈钦森（Ann Hutchinson）。他们挑战马萨诸塞神权统治、坚持捍卫自己信仰的故事既反映了当初奔赴殖民地的清教徒无与伦比的宗教热情，同时也体现了清教思想本身包含的个人主义和自由主义精神。遭到马萨诸塞驱逐后，威廉斯在普罗维登斯定居；安·哈钦森则在朴次茅斯定居。威廉斯为追随他的信徒及其他居民起草了类似公民契约的协议，建立起了独立于马萨诸塞殖民地的社会团体。被马萨诸塞殖民地视为异端的人们纷纷投奔到这里。他们联合周边定居点逐步发展为一个相对稳定的政治联合体。1663年，他们经过多次努力后获得英王特许状，与周边的村镇组合为"罗得岛"自治殖民地。罗得岛最后成为受迫害者和"有不同想法的人"[1]的避难所，其主要原因在于在早期英属北美殖民地当中，自治既是

---

[1] 〔美〕纳尔逊·曼弗雷德·布莱克：《美国社会生活与思想史（上册）》，商务印书馆1994年第1版，第104页。

殖民地教会的组织原则，也是各殖民地维护彼此关系的行为准则。马萨诸塞是公理会主宰，普利茅斯是分离派主宰，而罗得岛最具自由和平等的精神，通过立法保护居民绝对的宗教自由，包括天主教和犹太教徒的信仰自由。威廉斯所倡导和实践的宗教宽容、政教分离、种族平等以及人民主权思想无疑超越了他的时代。但从一定意义上可以说，他不过是将教会自治思想与宗教信仰自由融合起来，努力成为一名更为彻底的清教徒。他所捍卫的是追求自由和平等的个体的权利，是良心的自由，也是用和平宽容的方式解决信仰冲突的方式。

此外，所谓"半约"改革体现的是清教徒对现实世界中人与人、教义与实践之间关系的务实态度。清教神学和清教徒把改造和拯救人类、保障神权统治恒久相传奉为上帝赋予的神圣使命。每个教会彼此独立自治，每个入会成员自愿立约。通过严格的审查程序，确认入会成员虔诚可信堪当使命，目的在于保障教会的纯洁和成功。这对于早期的多数移民和殖民地社会不成问题。但马萨诸塞移民登陆美洲短短32年之后，教会不得不面对挑战：世俗情绪滋长，排斥在教会之外的人数远远超越自由民人数，圣徒治理演变为少数人的统治，殖民地神权统治遭遇普遍的不满。1657年，马萨诸塞殖民地选择了务实的改革，宣布实行"半约"，以适应改变了的社会环境。即便无法成为正式教会会员，即"立约人"，教徒也可以留在教会成为"非正式成员"，以便他们的孩子接受洗礼，争取成为正式成员。这种折中和妥协式的改革在当时引发了强烈的批评。但无疑，改革的目的在于团结教众，争取多数。它既是殖民地社会世俗化的结果，也推动了世俗化进程。教义原则与传统文化通过顺应理性与科学的进步逐步从封闭走向开放，从抽象虔敬演变为仪式和道德。[1]

事实上，新英格兰的清教徒并不是唯一在北美倡导并实践圣约思

---

[1] Sydney E. Ahlstrom, *A Religious History of the American People*, New Haven and London: Yale University Press, 1972, 158-160. 钱满素：《自由的阶梯》，东方出版社 2014 年第 1 版，第 17—24 页。

想的清教徒。圣约思想在苏格兰长老会、宾夕法尼亚教友派、德国浸礼会、南卡罗来纳的胡格诺派教会等,从北到南的清教徒中广为传播。1776年,美国诞生之时全国超过半数的教会都是建立在圣约原则之上。在教会自治主义的影响下,殖民地社会独立自主的自治精神和殖民地个人主义和自由主义精神共同塑造了北美社会的特性,也深刻影响了此后几个世纪的美国政治生活。建立在圣约思想基础之上的教会自治实践无疑与约翰·洛克(John Locke)在17世纪提出的"社会契约"思想的精神彼此吻合。为实现共同目标,教会或社会成员们郑重承诺彼此的责任和义务,尊重这种承诺之下的权利和现实,从而在兑现承诺过程中,维护了约束彼此的法律规范。圣约的思想最终转化为教会组织和世俗政权的政治基础。

三 圣约思想支配下的殖民地政治

公民之约是殖民时期政治关系的基础。它既要求互相合作,又强调相互约束。为了实现其宗教理想,马萨诸塞的清教徒们在教会和殖民地政府建设中坚持共同的原则。因为在圣约的支配下,教会是专属圣徒的共同体,主导精神王国,政府则负责现世生活。形式上,教会和政府各自为政,牧师不得直接参与政治,教会无权干预或剥夺居民权利,政府也无权干涉教会事务。但是,"世俗政府同样是以上帝的律法为律法,以上帝的名义治理人"[1]。地方行政官员和牧师都服务于上帝,相互支持,彼此配合,其共同目标在于建设一个地上的天国。于是,清教教会对会员资格的审批相当严格,不容任何异己分子。在程序上要求入会申请者先经过教会长老的初审,然后在全体教会会员参加的大会上当众陈述自己感化、皈依的重生体验,能够引用圣经解答质询,并得到全体教会成员一致认可。同时,只有教会会员才有自由民资格,有权选聘公职参与

---

[1] 钱满素:《钱满素文化选论》,复旦大学出版社2007年第1版,第11页。

殖民地政务。例如在审理异教案件中，先由教会宣布将持异见者逐出教会，后由地方政府对其施以惩罚或逐出殖民地。教会谆谆教诲人们服从民事当局是种宗教义务。地方政府也常就重要政治问题邀请牧师发表意见。[1] 实际上，殖民地的行政和世俗事务管理完全掌握在教会手中。新英格兰建立的社会共同体乃是政教合一的神圣共同体 ---- 清教神权。

在新英格兰荒野，一个个世俗圣约的签署确立了新英格兰世俗社会的政治关系，并缔造了清教徒的新英格兰自治村镇和殖民地自治政府。以1620年《五月花公约》为开端，这一"圣约模式"扩展到新英格兰每个乡镇，以及北美其他殖民地。如1639年的康涅狄格基本法、1638年朴次茅斯的"神圣协约"、1647年普罗维登斯宪章以及1707年宾夕法尼亚基本权利宪章，此后一个接一个的拓荒地上立下的几十个"约"都成为一个又一个自治乡镇和殖民地自治政府的开端。[2]

同时，圣约思想中包含的限权观念强调参与立约双方互相接受对其权力的限制，以及自主或自愿的限制。清教圣约神学认为，上帝通过约束自我，恩赐人类立约下的自由，以便人类通过立约获得恩典。一方面，是上帝的自我约束。上帝和人类立约，给予人类圣约下的自由同时，就部分放弃了对人类生活的控制。上帝所保留的圣约的权力，是用以将来根据人类行使自由的结果给予赏罚。另一方面，人类在上帝恩典下被允许立约，即在圣约下自愿接受圣约的限制。事实上，圣约下的自由也就是律法下的自由。这一律法包括了自治规则和公治规则两者的结合。[3] 上帝尚且自律，何况凡人？这一限权思想在康涅狄格神学家托马斯·胡克（Thomas Hooker）的《宗规综述》中也有阐述。他指出，教规面前人皆平等，一旦失之约束，就会涣散荒芜。而社会之立，非相互服从难

---

1 〔美〕纳尔逊·曼弗雷德·布莱克：《美国社会生活与思想史（上册）》，商务印书馆1994年第1版，第96页。
2 Daniel J. Elazar, The Covenant Tradition in Politics, from http://www.jcpa.org/dje/books/ct-vol3-ch1.htm 访问时间：2015/12/6
3 Daniel J. Elazar, The Covenant Tradition in Politics, from http://www.jcpa.org/dje/books/ct-vol3-ch1.htm 访问时间：2015/12/6

以为继。同时,他也提出人民宜保持相互判断之权力,以便控诉越规擅权的官吏。正是本着这一思想,威廉·佩恩(William Penn)在他为宾夕法尼亚制定的《政府体制》中提出:政府的目的在于"尊重人民支持权力,保护人民防止滥用权力"。[1]如果说,马萨诸塞倡议下成立的"新英格兰联盟"(1643年—1672年)是新英格兰殖民地共同立约,为抗击印第安人和荷兰人,维护自身权益,乐于团结一致促成利益共同体的典范。那么,"新英格兰领地"(1686年—1689年)的短命则从反面见证了殖民地为维护自治,捍卫立约权而破除专制和奴役的勇气。同时,这一思想也是维系和促进殖民地自治,以及日后美国社会自治实践的法治精神的写照。

诚如佩里·米勒(Perry Miller)所说,圣约观念对于清教徒来说,不仅是一种神学概念,也是一种社会理论。殖民地政治社会的组建要求人们加入圣约和协约,以明确其在新大陆追求的自由是一种圣约的自由(federal liberty),即在上帝之下立约、守约并按其条款生活的自由,而不仅仅是一种本性的自由(natural liberty)。[2]丹尼尔·布尔斯廷指出,新英格兰清教徒捍卫《圣经》所描绘的美好社会的正教思想,从本质上看较之任何人都更加接近乌托邦理想。但是,正是这种拒绝抽象思辨,强调实践和实际的特性培养了他们的务实精神。他们集中关注的三大问题包括:如何选择共同体的领导和代表?如何确认共同体最高权力的恰当范围?如何实现共同体内部的有效组织以及权力分配?[3]"恩典之约"、"教会之约"和"公民之约"这三个约从共同目标、组织方式和行为规范几个方面解答了上述三大问题。

英属北美殖民地的生存和发展,乃至日后的独立自治正是建立在圣约思想的原则之上。归根结底,圣约思想所贡献的是促进殖民地以及一

---

1 〔美〕梅里亚姆:《美国政治学说》,朱曾汶译,商务印书馆1988年版,第12、17页。
2 佩里·米勒:《基督教圣约传统》,转引自《政治神学文选》,曹志编译。网站http://earlyrain.bokee.com/2505201.html 访问时间 2015/10/22
3 〔美〕丹尼尔·布尔斯廷:《美国人:开拓历程》,三联书店1993年版,第33—34页。

个新民族发展的精神基础。对于殖民地社会来说,圣约的魅力可以从两个方面加以阐释。首先是圣约思想的超验性。清教徒追求的是以自己的方式崇拜上帝,这是殖民地开拓发展的原动力。而历经殖民开拓的艰辛,殖民地人不仅借助圣约获得战胜困难的勇气和希望,也通过圣约体悟世俗生活超验的意义。其次是它对人性弱点的约束性。在圣约之下,通过恪守信条相互约束,个体和共同体的道德意识得到塑造,公共利益得到维护。正如美国政治学家梅里亚姆(Charles Edward Merriam)所说,"这种圣约理论必须强调个人作为单位在教会和殖民地政治社会中的重要性,因为教会和国家的基础是自愿的同意而并非神权或习俗。"[1]作为清教徒政治道德思想的核心,圣约思想中包含的独立自主、个人主义和限权要求,通过乡镇自治和殖民地自治将宗教精神和自由精神结合起来,将个人与共同体紧密联系了起来。殖民地的自由精神得到激发,个人的权利和殖民地的权利得到鼓励。[2]在殖民地脱离宗教实验和商业投机阶段,向一个繁荣自治社会发展的全部过程中,在这个年轻的民族面临百废待兴和经济社会危机的重大考验关头,圣约思想为这个社会注入了持久的精神和思想动力。

第三节　殖民时期的自治

英属北美殖民地的法定形式分为三种。其一是由国王直接统治的皇家殖民地(royal colony),如英国在北美建立最早的殖民地詹姆斯敦。其二是英国国王出于政治或经济上的奖赏或回馈需要,特别赠与个人的业主殖民地(proprietary),如威廉·宾恩创立的宾夕法尼亚和卡尔弗特

---

[1] 〔美〕梅里亚姆:《美国政治学说史》,朱曾汶译,商务印书馆1988年版,第15页。
[2] 〔美〕梅里亚姆:《美国政治学说史》,朱曾汶译,商务印书馆1988年版,第18页。

(Cecil Calvert)建立的马里兰。这类殖民地都由领主直接管理或委派总督间接管理。其三是最为常见的由英国国王颁发特许状授权建立的自治殖民地(corporation),如罗得岛、康涅狄格等。这是通过国王特许状授予某个公司所有权和行政管理权,以贸易和投机为目的的殖民地。国王有权修改和取消这类特许授权。这类公司一般为股份制,通过民间募股集资方式筹建。无论属于哪种形式,作为英属北美殖民地的身份皆统一来自皇家特许状,即英王的授权。但是,这种特许的目的在于殖民扩张,构筑日后对北美领土的占领权或主权的"法理"基础[1],而绝非为殖民地的发展提供任何保证。每个殖民地都必须以自立、自主的形式对自己的存亡和发展负责。到1776年殖民地宣告独立之前,13个英属北美殖民地各自发展出了相对独立的社会、经济、宗教和文化生活。而殖民地最终摆脱附属性走向独立建国的关键,在于它借鉴英国文化传统但超越教条的自治和创造。

一 富于创造的殖民地政治自治

从英王授权下的自我治理开始,到摆脱英国控制和干预的决裂,在150年的变迁中,英属北美殖民地经济和社会文化的发展在根本上取决于它的政治自治及其扩张性。

对比南美西班牙殖民地与北美英属殖民地的发展,不同的结局首先源于不同的道路抉择。本质上讲,英属北美殖民地的成长壮大源于其政治上的自主性与创造性。16世纪,西班牙进入美洲后,从中美洲向南北迅速扩张,并占据了南美大部。在北美,西班牙占据了墨西哥、西印度群岛、佛罗里达和北美洲西南部,法国人占据了北美洲主要水路枢纽,荷兰人殖民北美东北部哈得逊河下游。17世纪来到北美殖民地的英国人只能蜗居北美东部阿巴拉契亚山以东的沿海地区。在美洲大陆的殖民竞

---

[1] 王希:《原则与妥协:美国宪法的精神与实践》,北京大学出版社2014年第3版,第5页。

争中，英国是个迟到者。但她后来居上，成为最终在北美土地上开拓立国者。其原因就在于南北美洲不同的开局方式。不同于南美洲的是，在授予北美殖民地的特许状中，英王允许殖民地在不违背英国法律的前提下制定一切必要的法律，实际上给殖民地留出了自治机制成长的法律空间，[1] 而出于生存发展之需，殖民地人不断在寻求推动和扩张自治机制生长的空间。在自然条件和母国后援条件等方面，英属北美殖民地与西属南美殖民地比较并无优势可言。但"殖民的方式"——管理体制上自治与专制的天壤之别，"对北美和南美日后的发展产生了深远的影响"。[2] 从政治体制、宗教信仰和殖民地社会民情三方面的简明对比可以说明北美殖民地自治的先进性。

从政治体制看，与英国实行务实的差别化的自治政府形成对照的是，西班牙在南美建立了与本国相同的政府机构，直接管理殖民地。南美殖民地实际上成为西班牙帝国治理机制和帝国统治权威的延伸，自然极容易滋生和积纳旧世界的病灶沉疴。西属南美殖民地社会的政治腐败、贫富悬殊和等级差别就是证明。西属南美殖民地更多复制了旧世界的社会习俗，母国殖民者和本地人界限严格，社会地位取决于肤色，等级观念突出。而白人与印地安人和黑人通婚，形成一种混杂的文化。南美的土著印地安人大多驯化为奴，而北美的印地安人则大多游牧不定，独立不羁，始终拒绝白人社会的驯化和同化，虽同样有被掠夺的遭遇，但印地安事务被视为外交事务。

从宗教信仰看，西属南美殖民地的宗教事务完全由西班牙天主教会掌控，宗教裁判所严厉惩处异端行为，没有任何宗教自由可言。而英属北美殖民地的宗教事务不受英国国教的干涉，甚至没有主教之说，教徒按教会自治原则自由组织教会，最终成为宗教信仰自由的社会。不同的政治体制和宗教信仰态度造就了截然不同的社会民情。

1　王希：《原则与妥协：美国宪法的精神与实践》，北京大学出版社2014年第3版，第10页。
2　钱满素：《美国文明》，中国社会科学出版社2001年第1版，第13页。

从殖民地居民的法律地位来看，北美殖民地居民和英国本土居民法律上权利平等，享有英国国民的所有特权及豁免权，并可自由返回本土。这一点，早在1584年英王授予沃尔特·罗利（Walter Ralegh）的特许状中就有明确规定。此后，北美其他殖民地的特许状中也反复明确了这一内容。而且在殖民地居民中，不但英国移民及其后裔，非英国移民及其后裔经过相关入籍程序，同样无差别地享有英国人的自由和特权。相反，西属美洲殖民地依据"出身"划分社会阶层，来自西班牙的"半岛人"、"土生白人"和本地人的社会等级概念鲜明。相对于北美殖民地特许状保障下的自治社会，南美殖民地属于被西班牙人征服和奴役的社会。因此，南美殖民地社会权利和管理结构上是自上而下的统治或专制。这样的社会要求的是顺民而绝非公民。而"在一个被征服的国家，爱国心是不会持久的"。[1] 北美殖民地自治则培养了人民普遍的乡镇精神，对于自己乡镇社区的关心和热爱，对于权利、义务和秩序的明确认识，要求人们成为公民，因为每个人的命运都与自己参与其中的乡镇社区息息相关。无论社会结构、权利观念或是民风习俗，南美殖民地与英属北美殖民地迥然不同。

此外，殖民地社会自治实践的独立性和创造性突出表现在行政、法治和民权三个方面。就权力结构而言，尽管形式上存在差异，但各个殖民地通过代议制议会，普遍享有相当的自治权。殖民地政府组织主要由两大部分构成：总督和议会。多数殖民地议会上院称为"参事会"（the council），议会下院也常称为"大会"（the assembly）。议会作为殖民地的立法机构，由总督、上院（参事会）和下院（大会）代表共同议事。除了宾夕法尼亚外，各殖民地议会后来均演变为上院和下院的两院制。殖民地总督有权否决议会通过的决议或立法。殖民地最初以领主或总督为权力中心，但最终殖民地自治的要求产生了民选代表构成的议会的下院。议会由于掌管着财权，成为殖民地政府中有制约力的一方。如果说

---

[1]〔法〕托克维尔：《论美国的民主》，董果良译，商务印书馆2009年第1版，第74页。

领主或总督代表王室，议会则代表殖民地人民，双方权力"平分秋色"[1]由于地域广阔和乡镇分布分散，在村镇、教区、县等地方治理中，殖民地本地人事实上掌握着更大的自治权。罗得岛和康涅狄格属于自治殖民地模式，议会议员和行政官员全部民选。马里兰、特拉华和宾夕法尼亚属于领主殖民地，总督和上院的议员由英王特许的领主选择，下院议员则由具备选举人资格者选举产生。马萨诸塞等八个殖民地属于皇家殖民地，由英王选任总督和上院人选，下院议员则由具备选举人资格者选举产生。出于解决现实问题的需要，殖民地人不断拓展了特许状赋予的政治自治权，殖民地行政管理的实际权力属于殖民地自由民选举的政府。

就殖民地法治建设而言，殖民地人既是欧洲，尤其是英国法治观念和制度的继承者，更是改革者和创新者。无论是观念还是制度上，殖民地的社会治理无疑体现了欧洲尤其是英国的法治传统。尊重法律，依法办事，用法治维护秩序和权益，从一开始就成为殖民地人公共生活的习惯。但殖民地复杂多变的现实促使他们诉诸改革与创新。正是自治的习惯、改革创新的实践共同促进了殖民地法治建设的相对独立性。

在殖民地建设过程中，殖民地无疑"不同程度地吸收了普通法，并加以改造来适应本地情况"，[2]或"创造性地运用英国的法制传统和法律资源"。[3]殖民地政府立法改革的根本出发点是本地的实际需要。如殖民地刑法就反映了对英国法的实用性调整。又如马萨诸塞1641年编纂修订的《自由权法典》，1648年修订补充后公布，通称为《马萨诸塞法律和自由权法典》，1660年和1672年经进一步修改补充，成为马萨诸塞1692年前民法和刑法的基础。

尽管理论上殖民地从属于英国，保障殖民地自身的政治、经济利益始终是殖民地立法、行政的首要目的。整个殖民时期，各殖民地的权力主要掌控在国王任命的总督、指定的顾问委员会——参事会和依据财产

---

[1] 钱满素：《美国文明》，中国社会科学出版社2001年第1版，第16页。
[2] 钱满素：《美国文明》，中国社会科学出版社2001年第1版，第251页。
[3] 李剑鸣：《美国的奠基时代1585—1775》，人民出版社2008年第1版，第267页。

资格民选产生的立法会议以及在形式上独立于行政和立法部门的司法系统手中。[1] 尽管如此，殖民地议会的政治权力不断增长。殖民地司法系统的独立性不断增强。英国立宪政体的诸多特征不断在殖民地得到本土化改良。[2] 包括世俗政府的首脑如约翰·温思罗普、殖民地教会的牧师如约翰·科顿 (John Cotton) 在内，殖民地人普遍认同"英格兰的法律不适用于殖民地"。因为"从管理这里的全体人民考虑，根据特许状，总督、副总督、助理和殖民地选出的代表或代理人，拥有立法和行政的所有权力和权威"。而英格兰的法律则是"远隔重洋的创制"，更主要的是"在制定那些法律的英国议会，远在北美殖民地的英王臣民们毫无代表权"。[3] 1661年，马萨诸塞大议会发表殖民地宣言称："根据特许状，总督和公司在名义上是一个政治实体"，"总督、副总督、助理和选出的代表或代理人，拥有立法和行政的所有权力和权威，来管理这里的全体人民"。[4] 这种自主自为的做法自然会被视为抗拒母国权威，也成为1684年马萨诸塞被撤销特许状的主要原因。1691年10月，马萨诸塞虽然被改为王室殖民地，但是英王授予的新特许状中，民选代表组成议会下院和下院代表推举参事等自治制度和习惯得到保留。

就民权而言，北美殖民地个人享有的人权保障在一定意义上超越了英国人的权利。早在1215年，英国大宪章就声明即便国王也不是绝对的统治者，而要受法律制约；只有议会可以有权征税；在法庭上，所有公民享有陪审团审理的权利。到14世纪，英国确立"习惯法"传统，保护个人免遭政府专制侵害；到17世纪末，习惯法和成文法的补充明确赋予每个英国人一些基本权利，包括生命、自由和财产不受无理剥夺的权利；被拘押时，享有人身保护和陪审团审理权；无法院搜查令个人住

---

[1] Bernard Bailyn, *Faces of Revolution*, New York: Knopf, 1990, Chapter 3
[2] 〔美〕斯科特·戈登：《控制国家——西方宪政的历史》，应奇等译，江苏人民出版社2001年第1版，第289页。
[3] "Independency in Colonial Massachusetts", in Henry Steel Commager ed., *Documents of American History*, NY: Meredith Corporation, 1973, 34.
[4] Henry Steel Commager ed., *Documents of American History*, NY: Meredith Corporation, 1973, 34.

宅不得搜查等。1689 年，英国议会通过《权利法案》，规定国王的权利，强调议会和公民的权利：如未经议会同意，国王不得制定或暂时中止法律、向国民征税或保持军队；国王不得干涉议会选举和辩论；人民有权向议会请愿，有权要求陪审团进行公正、迅速的审理，有权反对接受过分的罚款和保释金，有权反对酷刑等。根据皇家特许状，殖民地居民不仅享有英国人的种种权利，而且始终享有殖民地人专有的自治权。从殖民地居民的参政权利看，"普通民众拥有比英国人更广泛的参与政治的机会和权利"，而本地社会精英在当地政治舞台上"扮演主角"。[1]

殖民地自由民的政治权力也普遍大于英国人。17 和 18 世纪的英国，有将财产和政治资格相联系的社会惯例。沿袭这一做法，虽然各殖民地选举权资格的财产要求不一，大约 50%-75% 的殖民地白人男性具有表决权。相对于当时英国 90% 的国民没有选举权而言，殖民地的政治权力已具有相当的广泛性。对普通人而言，"选举作为殖民地居民掌握命运和获得更大自治的手段，具有越来越重要的意义。"[2] 此外，通过请愿表达民意并影响政府决策也是殖民地居民的法定权利。例如，弗吉尼亚下院设立有建议与民情委员会，并在 1705 年对受理递交请愿加以制度化。"依据人民的请愿和建议"被视为弗吉尼亚议会立法的根本所在。康涅狄格和马萨诸塞议会也都有递交请愿书的记载。[3] 不可否认，有产的自由人在各殖民地人口中只是少数。在殖民地早期，人身不自由更是一种普遍现象。[4] 由于对殖民地政府官职的财产资格要求较普通人高，在政治舞台上的主角只有经济成功的社会精英。但在处理殖民地内部事务和殖民地与英国关系上，正是由于他们争取和扩张本地权益的努力，为最

---

1 李剑鸣：《美国的奠基时代 1585—1775》，人民出版社 2008 年第 1 版，第 293 页。
2 Robert J. Dinkin, *Voting in Provincial America: A Study of Elections in the Thirteen Colonies, 1689-1776*. Westport, Conn.: Greenwood Press, 1977. 27.
3 Michael G. Kammen ed., *Politics and Society in Colonial America: Democracy or Deference*, New York: Holt, Rinehart and Winston, 1967. 74.
4 Oscar and Mary F. Handlin, Origins of the Southern Labor System, *William and Mary Quarterly* (April 1950), 199-222.

终殖民地的独立和普通人谋求个人权利打下了基础。

马萨诸塞总督哈钦森（Thomas Hutchinson）曾经抱怨，"在美洲，所谓英国人的自由必须有所消减"。[1] 在各殖民地竭力维护并扩张自身权利同时，英国人不断在提醒他们履行自身的义务。事实上，英属北美殖民地和英国关系的核心问题一直是自由和权威之间不断博弈的政治问题。150年间，殖民地的自治权利和自治能力与日俱增，其根本原因就在于对英国传统元素的继承和改良。

二 富于创造的殖民地经济与文化

经济生活的独立性和创造性是殖民地社会有别于旧世界的根本特点。首先，北美的自然资源提供了殖民地生存和发展的基础。土地是新大陆的最大资源。殖民地大约90%的人口主要依靠农业生产为生。但自然环境的差异促成了新英格兰、中部殖民地和南部殖民地不同的经济发展模式。新英格兰地区的土地和气候条件不利于农业生产，但富于森林、水力和渔业资源。因此造就了新英格兰的木材加工、造船、捕鱼业，促进了工商贸易的发展。中部殖民地的土壤和气候条件有利于农业和畜牧业，平均规模在100-200英亩的家庭农场十分普遍，被称为北美殖民地的粮仓。南部殖民地的条件十分有利于大面积耕作，成为水稻和烟草生产基地，形成了大规模的种植园和大农场。也由于劳动力需求，黑人奴隶成为南部种植园的主要劳力，蓄奴和奴隶贸易成为南部生活的一部分，并形成了不同于北部的种族划分的制度和观念。

其次，殖民地的社会文化生活从起始就以其自主性和创新性有别于旧世界。共同的梦想和艰苦的环境使得倡导自立、兼容、平等的文化教育和思想启蒙伴随着殖民地建设历史的每个阶段。圣经和历书是殖民

---

[1] Samuel Eliot Morison, Henry Steele Commager, William E. Leuchtenburg, *The Growth of the American Republic*, Vol. One, Sixth Edition, New York: Oxford University Press, 1969, 121-123.

地人最早、最普遍的教科书。新英格兰率先实行义务制教育。各殖民地从很早就确立了实际上的出版自由权。1693年英国才解除禁令出现印刷厂，而北美各殖民地早已有了印刷出版机构。18世纪末，美国人口仅占英国的一半，但每年发行的报纸大约比英国要多出三分之二。殖民地的幅员广大、流动性、多样性和开放性使得报纸必须兼顾个人、社会和商业，体现其独立精神和质量。报纸成为美国"打破一切界限的象征。"[1] 富兰克林在1740年7月的《宾夕法尼亚报》上为出版自由的辩护是，"如果发表的东西是好的，人类便能从中得益，如果是坏的……越使之公诸于众，其缺点也就暴露得越透彻。"[2] 殖民地创建过程中自治自立的实践让美国人形成了一种习惯，只有实践才是检验真理的标准。进而"他们往往把现实的事物作为尺度，来衡量事物发展的应有情况。"[3] 正是这种思想观念和精神状态的发展推动了殖民地社会从最初的移民和投机人集中的社会转变为美利坚人社会。独立革命之前的殖民地社会结构中并非没有等级意识。绅士阶级基本垄断和主导着殖民地的政治文化生活。它包括各种职业人士，其中既有出身高贵者，也有获得显著成就者，如皇家官员、大地主、商人和从事专门职业者。其次的等级包括拥有土地的自耕农和拥有技术的手工艺人。往下则是没有产业的自由劳工和契约佣工，而排在最后的是奴隶。显然，社会等级体系的概念来自旧世界，但是新世界的开放和变动性也在不断腐蚀和解构贵族特权和等级观念。在一视同仁的荒蛮与艰辛面前，旧世界文化中的偏见、狭隘、教条和尊卑观必须让位于自由与平等，让位于"异想天开"的创造和"不言而喻"的真理。即便没有任何产业的自由劳工或契约佣工也普遍相信经济和社会地位只是暂时的，只待自己抓住机会努力改变。因为在殖民

---

[1] 〔美〕丹尼尔·布尔斯廷：《美国人：开拓历程》，中国对外翻译出版公司译，生活·读书·新知三联书店1993年第1版，第375页。

[2] 〔美〕丹尼尔·布尔斯廷：《美国人：开拓历程》，中国对外翻译出版公司译，生活·读书·新知三联书店1993年第1版，第175页。

[3] 〔美〕丹尼尔·布尔斯廷：《美国人：开拓历程》，中国对外翻译出版公司译，生活·读书·新知三联书店1993年第1版，第180页。

地的广阔天地，地位、家庭出身和经济起始状况不可能永远固定或界定一个人的价值。约翰·亚当斯（John Adams）来自自耕农的家庭，本杰明·富兰克林（Benjamin Franklin）则从印刷作坊的学徒开始步入社会，但是在独立革命时期，他们已然凭借自己的努力不仅获得经济上的成功，而且成为贵族出身的乔治·华盛顿（George Washington）的战友。总体而言，旧世界产生的地位等级、行业界限和职业标准，乃至个人的命运在这里最终是模糊不清、不确定的。只要人们愿意响应殖民地生活的现实所提出的需要，人人都可以进入原来视为专门的行业领域成为行家里手。无论贫富之别、职业之别，殖民地社会变动不居、多姿多彩的环境和要求都可能使之改头换面，都足以毁灭或是成就一个人。

或许，最能代表殖民地乃至美国社会特性的是其宗教生活的多样性和自由化。从第一代居民开始，殖民地宗教生活就处在一个不断"分化和再分化的过程中"。[1] 与美国社会的多样性相一致，宗教自由趋势伴随着殖民地社会发展的全部过程。在殖民地建立的第一个世纪中，怀有宗教改革理想的人们纷纷来到北美殖民地，摆脱宗教迫害，追求宗教自由。因此在北美殖民地几乎可以找到来自欧洲的各种基督教派。在北方，新英格兰是清教的地盘，纽约则实行国教，宾夕法尼亚是教友会，只有罗得岛一直实行宗教自由。在南方，以弗吉尼亚为主信奉英国圣公会国教。马里兰被称为天主教的避难所，但也能容忍其他教派。而最具殖民地特性的是宗教自由的趋势。弗吉尼亚和马萨诸塞都是努力设法维护组织机构的纯洁，实施一致体制的代表。为了维护自己的宗教自由，追求理想中纯正朴素的教义，马萨诸塞的清教徒禁止教友会教徒进入其殖民地，驱逐持有不同意见的人。在康涅狄格和波士顿，教友会教徒甚至遭遇绞刑、鞭打和断肢的惩罚。尽管如此，殖民地宗教自由的追求没有停止过，因为"异端分子"很容易在荒寂的北美找到一方新天地，建

---

1 Nelson Manfred Blake, *A History of American Life and Thought*, New York: McGraw-Hill Book Company, Inc. 1963, 42.

立新的家园。无疑,在这片承载众多移民期待的希望之乡,宗教自由是诸多敢于坚持"异端"的人努力争取的结果。

在英国发生意见分歧时,会在教会内部出现一个新的教派,但在新英格兰则是一个新殖民地的诞生。1636年,被马萨诸塞驱逐的罗杰·威廉斯建立普罗维登斯,并发展成罗得岛殖民地,实行政教分离,成为遭受驱逐的异端及不同信仰者的避难所。1649年,马里兰通过《信仰自由法令》(Maryland Toleration Act, April 21, 1649),保障所有基督徒的信仰自由权。[1] 威廉·佩恩则坚信,信仰自由、杜绝暴力才是耶稣基督的精神所在,他所创建的宾夕法尼亚也成为另一个宗教避难所。到18世纪初,北美社会的宗教生活已经极为丰富而复杂。即便在拥有占统治地位教会的地区,一些持不同意见的教派也敢于前往从事布道宣传。对于殖民地时期的移民来说,北美提供了实现自己宗教理想或"按照设想创建社会"[2]或主宰自身命运的机会。选择坚持教义的纯粹性,拒绝适应环境的变革,或是发展教义,建设一个新社会?宗教自由与政治自治一样最终成为"殖民地发展的总趋势"。[3] 据托克维尔的观察,宗教精神和自由精神"这两种成分在别处总是互相排斥的,但在美国却几乎彼此融合起来,且结合的非常好"。"自由视宗教为民情的保卫者,而民情则是法律的保障和自由得以持久的保证"。自由为宗教精神插上世俗的翅膀;宗教则成为自由的"战友和胜利伙伴"。[4]

17世纪到达北美的移民几乎完全来自英格兰,非英格兰移民不到人口总数的十分之一,而18世纪到达这里的移民则大多数是非英国人。但恰恰是英国的政治和文化传统为英属北美殖民地的自治奠定了基础。

---

[1] "Maryland Toleration Act, April 21, 1649" in Henry Steel Commager ed., *Documents of American History*, NY: Meredith Corporation, 1973, 31-32.

[2] 〔美〕丹尼尔·布尔斯廷:《美国人:开拓历程》,中国对外翻译出版公司译,生活·读书·新知三联书店1993年第1版,第37页。

[3] 钱满素:《美国文明》,中国社会科学出版社2001年第1版,第17页。

[4] 〔法〕托克维尔:《论美国的民主》,董果良译,商务印书馆,1988年第1版,第47—49页。

"思想、信仰与社会习惯都是英国化的"[1] 早期殖民地开拓者带来了英国传统的基因,新世界简单粗犷的生活经历则赋予开拓者机敏变通的智慧,将这种传统的基因发扬光大,最终令英属北美殖民地走上不同于南美、新西兰和澳洲的自治之路。回顾美国社会自治历程的开端,来自英国的政治传统、清教徒移民的宗教追求,加之殖民地人富于创造性的自治实践成就了殖民地的发展,也为后来美国社会的独立和繁荣在思想和物质两方面都作好了充分准备。

追根溯源,作为殖民地社会价值观的核心,自由精神是殖民地社会自治以及日后美国自治传统发展的思想基础。孟德斯鸠(C.L. de Secondat de Montesquieu) 在 1729 年造访英格兰后指出,英格兰与欧洲其他地方相异之处在于英格兰是一国"自由的人民"。"他们的法律不为某一个人量身订制、而无视另一个人,因此,人人自视为君王。事实上,这个国家的人彼此之间与其说为臣僚,毋宁说为盟友。"[2] 一个世纪之后,另一位法国作家托克维尔指出这种差异的根源在于,"这个高度个人主义的社会没有屏障,惟有自由的流动性"。[3] 与此同时,必须指出的是,英国也是第一个实行近代立宪君主制、近代议会制和近代法治的国家。英国人的权利和自由受到基于理性和经验的英国普通法的保障。历史证明,从英格兰舶来的这种自由精神在北美得到了前所未有的激励,也成为反对权威和专制,争取自治和创造的基础。1606 年第一部弗吉尼亚宪章中就已明确:殖民地人民拥有英国本土居民一样的权利,享有"所有自由权、公民权和豁免权"。[4] 而其中最为重要的权利是他们只能依据普通法受到审判。到 1774 年,第一届大陆会议又明文宣告:

---

[1] 〔英〕詹姆斯·布赖斯:《现代民治政体》,张慰慈等译,吉林人民出版社 2001 年第 1 版,第 511 页。
[2] 〔法〕孟德斯鸠:《论法的精神(第 1 卷)》,张雁深译,商务印书馆 1961 年第 1 版,第 307、314 页。
[3] 〔英〕艾伦·麦克法兰:《英国个人主义的起源》,管可秾译,商务印书馆 2008 年第 1 版,第 217 页。
[4] "First Charter of Virginia, April 10, 1606" in Henry Steel Commager ed., *Documents of American History*, NY: Meredith Corporation, 1973, 8-10.

"各殖民地居民享有英国普通法规定的权利"。[1]

北美大陆的现实需要迫使殖民地人从"英国人的自由"出发，进而争取"美利坚人的自由"，并为自由和自治重新定义。当自由与秩序发生冲突，自由的保障惟有法治。当殖民地人的自由权受到忽视和剥夺，自由的保障惟有独立。新英格兰总督约翰·温思罗普曾就自由作过以下阐释：堕落的自由是真理与和平的敌人，其本质是为所欲为。而公民或道德的自由是神圣的，值得人们为之献身。"政权本身的使命就在于保护这种自由"。[2]由于珍视自由，殖民地人热爱法律，并在处理殖民地与英国关系中懂得：自由意味着独立自治。英国的"普通法"和法治观念不仅被各个殖民地吸收借鉴用于殖民地自治，也成为他们对抗英国专制争取和扩大自治权的武器。英国的殖民地"一向比其他国家的殖民地享有更多的内政自由和政治独立"。[3]《独立宣言》中关于自由和个人权利的共识"发祥于13世纪英格兰、甚至更早期英格兰的个人观与社会观"[4]，而正是依据英国人的自由权，宣言对英国国王践踏殖民地人天赋权利的暴行提出强烈谴责。新世界的自由精神不仅拓展了殖民地社会生活空间，而且为增长殖民地自治能力，发展公民社会奠定了基础。

从1496年开始参与北美探险和拓殖活动，到1763年结束与法国的七年战争，英国最终在北美东南部沿海地区形成完整的英国殖民地，也同时在北美洲开启了美国文明的时代。有学者提出"在美国呈现的文明形态是英吉利文明的延续"或"变种"，并非"美利坚文明"。[5]的确，美国社会的自治始于殖民地时期作为英属北美殖民地而获得的英王授权下

1　"Declaration and Resolves of First Continental Congress, October 14, 1774" in Henry Steel Commager ed., *Documents of American History*, NY: Meredith Corporation, 1973, 82-84.
2　温思罗普，转引自〔法〕托克维尔：《论美国的民主》（上卷），董果良译，商务印书馆1988年第1版，第47页。
3　〔法〕托克维尔：《论美国的民主（上卷）》，董果良译，商务印书馆1988年第1版，第40页。
4　〔英〕艾伦·麦克法兰：《英国个人主义的起源》，管可秾译，商务印书馆2008年第1版，第263页。
5　蔡永良、何绍斌：《美利坚文明》，上海三联书店2010年第1版，第275、276页。

的自治。但正是英王批准下的殖民地宪章先后演变为殖民地的自治宪章，并成为殖民地人谋求更大范围自治，乃至摆脱殖民地从属地位，维护自身独立自由权利的起点和最佳理由。尊重法律与秩序，思想独立、富于自治精神，热衷公共事务，熟悉并习惯于自治技艺的殖民地开拓者，加之在北美移植并实行的英国式自治政府共同构成了美国早期的殖民地社会现实。美国文化的基因来源于英国的政治、宗教和文化传统，如自由精神、法治精神、个人主义和地方主义精神。但与其说"像生长了好几百年的果树，从一国移植到那土地肥沃光线充足的新地方，其结的花与果比之从前更美丽更充实"[1]，不如说，这些英国的元素不是简单的移植，而是在殖民地开拓者的创造性实践中得到改造调适，最终孕育出了美利坚的果实。美国社会发展的独特性就源于殖民时期开始的多样化的自治实践和创造。在殖民时期的思想观念及实践中就已经蕴含并发展了影响并决定将来美国社会自治的萌芽。

就殖民时期来看，领先英国近一个世纪的西属美洲殖民地，笼罩在中世纪的色彩和欧洲的典章制度中。而英属北美殖民地则不但保存了"历史赋予的遗产"[2]，而且将英国传统与美洲殖民地社会现实相结合，开辟了一条"美式道路"。面对社会发展变革的要求，离开传统和借鉴的发展无疑是无源之水，而脱离现实无视创造的继承和"拿来"必然只是无生命力的教条。作为殖民地特定历史和自然条件培养的美国特质，美国社会自治传统并非是对英国文化传统的简单复制，而是殖民地社会自治、发现和发展的一种创新和收获。正是这种兼容并蓄及借鉴发展中的进取和创造丰富和发展了传统，并促进了美国社会在工业化和现代化转型中的自我治理能力。

---

[1] 〔英〕詹姆斯·布赖斯：《现代民主政体》，张慰慈等译，吉林人民出版社2001年第1版，第514页。
[2] Samuel Eliot Morrison, Henry Steele Commager, William E. Leuchtenburg. *The Growth of the American Republic*, Vol. One, Sixth Edition, New York: Oxford University Press, 1969, 35.

第二章
政治体制的桎梏

《独立宣言》既是体现"美国立国精神的最重要的文献",[1]也是美国社会向旧世界的思想和传统束缚正式告别的自治宣言。它向世界正式宣告了美国社会的革命理想:独立、自治。它是新旧时代的一道分水岭:英王统治下的北美殖民地社会就此终结,独立的美利坚人自治的社会正式开始。它是殖民地社会在长期自立自主的生活实践中达成的共识,它为当时的美国革命指明了目标,也为这个自治社会的未来提供了建设原则。但是合众为一,从13个独立自治的殖民地到一个统一的民族国家,如何把建设"自由和独立的国家"这一理想付诸实践?作为一个独立的大国,如何创造自治的社会条件?如何修缮自治的社会规范和标准?年轻的美国急需解决的问题是:探索一个新的社会治理模式以应对这个幅员广大的社会的发展。

13个殖民地联合起来,以武力打破了英帝国的桎梏,赢得了独立,却没有简单地诉诸武力和强权,而是诉诸理性,探寻自治的新模式。独立战争仍在进行之时,13个州就在共同的目标下统一起来,通过集体表决制定了这个国家第一部宪章——《邦联条例》。经过6年的实践检验,为了建立一个更为强大、完善的联邦,他们又通过协商、辩论和表决,制定了一部全新的宪法——《合众国宪法》。联邦共同体成员彼此合作协调的自治愿景取代了彼此独立、各自为政的州之间的联盟。但在讨论

---

1 钱满素:《美国文明》,中国社会科学出版社2001年第1版,第26页。

和实施这一富于创造性的美国社会蓝图过程中,利益和派别的纷争产生了政党,并逐步发展出美国政党制度。而作为一种新的自治方式,美国政党制度在一定程度上成为整个自治社会运作不可或缺的一部分。围绕制宪者的原始意图,尽管争论不断,毫无疑问的是宪法本身表现出的美国特色以及宪法在未来美国社会治理进程中的影响力和始终焕发的活力。美国社会自治的理想和经验通过宪法得到了制度化的确认。美国大众就自治的内涵、条件和规范在全国范围达成了一种共识,而美国社会的发展也正是这一自治制度不断落实和发展的结果。

第一节 美国自治制度的创建:
从《邦联条例》到《合众国宪法》

构建一个新的国家不能没有统一的观念和制度,而独立之前的北美殖民地惯于各行其是,从无统一可言。1783年初,在英国和邦联国会先后宣布停战之际,未来的美利坚合众国尚属未知,但拥戴一个国王,建立另一个君主国未必只是梦话。事实上,1782—1783年,就在独立战争结束之前,美国曾有过军人哗变甚至军事政变的可能,邦联曾濒临一场灾变。

1782年4月中旬,英国人与美国的和平谈判已经开始,独立战争胜利在望。此时,国会财政严重困难,甚至发展到无法及时支付军队薪俸。据华盛顿的描述,经济和情感上遭遇的不公正待遇,让大陆军官兵深感前景黯淡。军队中弥漫着强烈的不满情绪,部分军人甚至自行采集给养。华盛顿本人也不无忧虑:"除非国会能够拥有足够的权力来胜任其职责,我们在这场长达八年的战争中所忍受的痛苦、承受的损失和流过的血都将付诸东流。"¹ 就在大陆军内部普遍流行抱怨和不满情绪时，大陆军中出现了"煽动（大陆军）感情和激情"的"阴谋"。² 1783年3月10日，一批匿名军官以传单的形式散发《纽堡请愿书》，抗议国会欠薪，声言如不能如愿，将公开反抗邦联国会，并提议召集全体大陆军军官于3月11日集会。3月11日，华盛顿发布命令禁止其军官参加未经批准的集会，并明确谴责该做法"目无法纪"。但3月12日又有第二批传单散发出来，煽动着军官们的情绪。华盛顿认为军人们的处境已经到了"无比严峻的地步"。他们所关心的不过是结清军饷，保证军人应有的权益，但他们没有得到公道的答复。华盛顿一方面致信亚历山大·汉密尔顿，请求他敦促邦联国会尽快结清军饷，以免失职。另一方面，他又致信国会议长约伊莱亚斯·鲍蒂诺，要求国会履行职责。"如果国会议员中，当真有人反对给予大陆军公道的话，……请告诉他们，一旦事情走向极端，他们必须对可能由此引起的不可言喻的灾难负责"。³ 3月15日，及时耐心的沟通后，华盛顿召集大陆军军官，发表演讲，宣读国会代表的信，保证将公正对待军队。无疑，华盛顿的声望对缓解和最终平息这场风暴至关重要。

在和平来临前夕，对大陆军请愿事务和纽堡事件的处置完全存在其他可能，并影响美国后来的道路。当时，战争的乌云行将散去，华盛顿声誉卓著，几乎无人可敌，而邦联则人心涣散，极度缺乏权威效力。人们拥护共和，也有人憧憬新的帝国。革命后的复辟在历史上原本常见，历史的必然中并不少见偶然的插曲。此前在1782年5月，大陆军军官，一位叫刘易斯·尼古拉（Lewis Nicolas）的上校就曾致信总司令，建议他称帝接受国王的称号。华盛顿为之诧异和震惊。他立即回信表示深

---

1 〔美〕约翰·罗德哈梅尔选编：《华盛顿文集》，吴承义等译，辽宁教育出版社2005年第1版，第422—424页。
2 〔美〕约翰·罗德哈梅尔选编：《华盛顿文集》，吴承义等译，辽宁教育出版社2005年第1版，第429页。
3 〔美〕约翰·罗德哈梅尔选编：《华盛顿文集》，吴承义等译，辽宁教育出版社2005年第1版，第426—429页。

恶痛绝,并告诫他排除缪想,不再传播。"这场战争中,没有任何事情比……这类想法更令我痛心。""(我)无法得知自己究竟做了什么,会让您呈上这样的请愿,(这)在我看来是所能降临我们这个国家的最大的不幸。"[1] 正如杰斐逊所说:"多数革命最终颠覆了它试图为之奋斗的自由,而可能是唯一某位人物的节制和美德才使得这场革命免于夭亡。"[2] 纽堡事件令华盛顿名声更盛。但重要的是,华盛顿对于时代发展潮流的洞察,以及他为未来国家制度的建立确立的一个重大先例:在战争行将结束之时巩固了军队从属于文职权力的传统。

军人执政或华盛顿国王的美国并未成为现实。1783 年 6 月 13 日,邦联国会宣布停战后不到 2 个月,甚至结束战争的《巴黎和约》尚未签署,华盛顿的军队就告解散,军权交还了国会。经历殖民地时期的自治和独立战争的洗礼之后,君主专制被彻底抛弃,民主共和已深入人心。美国人赢得了自由,但是并未实现统一。独立战争的胜利背后没有"救世主",作为独立的国家也没有统一的政治中心。人们关注的是各自所在的州,所有问题的起点和归宿集中在各州的内部事务。但摆脱宗主国的奴役之后,面对内政外交以及自我身份确立等方面的诸多困难,年轻的美国必须解决社会自治体制问题:作为美利坚人,如何实现自我管理?这是独立后引发美国人争议的最大问题。争议的关键是自治的主体、自治的规范、自治方式和政策选择。而首先要解决的是选择一个中央政府主导下的统一国家,还是彼此独立的州(国家)的松散联盟。

一 《邦联条例》的诞生

从各州废止殖民地宪章、制定新的州宪法到制定和批准《邦联条

---

[1] 〔美〕约翰·罗德哈梅尔选编:《华盛顿文集》,吴承义等译,辽宁教育出版社 2005 年第 1 版,第 405 页。
[2] 托马斯·杰斐逊,转引自 Gordon S. Wood, *Revolutionary Characters: What Made the Founders Different*, NY: Penguin Press, 2006, 42.

例》，再到《合众国宪法》的制定和通过，美国社会的自治并非自然而然的过程。自治制度的诞生更不是凭空出世，而是平衡取舍和妥协修缮的结果。母国的专制令人愤怒，长期的自治强化了自主意识，因此，在制度上限制政府权力而不是扩大政府权力成为独立之初各州的共识。早在《独立宣言》宣布之前，大陆会议于 1776 年 5 月就通过决议，建议各殖民地组织新的政府。各地纷纷响应，先后有 8 个州在 1776 年当年就组建了新政府。《独立宣言》宣布后一年内，除马萨诸塞、康涅狄格和罗得岛外，各州纷纷制定了新宪法，从制度上确认管理自身事务的共识。[1] 根据殖民时期的经验，限制政府权力，保障大众权利不受侵害成为各州宪法的核心内容。但在路径上存在一定差异。例如，马萨诸塞于 1780 年最后一个批准新宪法。该州宪法强调：政府组织原则应是"法治，而非人治"。[2] 为防范权力的滥用，马萨诸塞州宪法提出普选代表的方法；并采纳行政、立法和司法三权分立和权力制衡体制；同时赋予行政部门更多权力制约州立法分支。比较其他州的宪法，马萨诸塞宪法更大程度地平衡了不同政府部门的权力，其中体现的是对人性和任何不受制约的权力的怀疑。此前，其他州宪法则将保障人民权力的希望寄托在代表人民的立法机关。因此，在政府组织机构中，权力最大的部门是立法机关。

对于母国专制的憎恶，对权力集中的恐惧都在提醒美利坚人：新的秩序必须强调政府不应该做什么，而不是该做什么。个人和大众的权益应成为未来制度考虑的基本要素，或者说是新国家存在的基础。在大陆会议发布各州组建新政府决议的一个月之后，弗吉尼亚率先通过了《弗吉尼亚权力法案》。法案列举了公民的一系列权利，成为日后联邦宪法的重要部分。正如理查德·伯恩斯坦 (Richard Burnstein) 指出的，其中

---

[1] 马萨诸塞早在 1774 年秋就组建了临时政府，1780 年批准新的州宪法；康涅狄格和罗得岛则修改了其殖民地时期的特许状。

[2] Nelson Manfred Blake, *A Short History of American Life And Thought*, NY: McGraw-Hill Book Company Inc.1963, 100.

的"权力"不但包括不受政府干涉的个人权益,而且包括"正当的行为"和"行为的准则"。该法案强调"一切权力属于人民,因而也来自人民",并明确宣布"政府的基础"在于天赋人权。[1] 其中包括:行政长官是人民的受托人和仆人;公职不得世袭相传;必须定期或经常选举;受到起诉,人们应该迅速、公正地由陪审团裁决;所有人都应享有出版自由和宗教信仰自由。这些日后写入权利法案的天赋人权以及各州新宪法的精神集中反映了当时人们伸张天赋权力的迫切,以及对于无制约的权力的戒备。

《独立宣言》令13个殖民地变成了事实上独立的统一国家。但是,彼此独立自治,没有一个共同的政府,就难以赢得这场针对英国的共同战争,兑现《独立宣言》所宣告的革命理想。因而,1776年夏,大陆会议在任命一个委员会起草《独立宣言》的同时,又做出了另一重大决定:成立一个由各州一名代表组成的13人委员会筹划"邦联的形式",并将方案转送各殖民地考虑和批准。1777至1781年,在8年战争的关键时期,美利坚人花费4年时间批准了《邦联条例》——美国独立后的第一个国家宪章。在维持13个独立的州还是建立一个统一的大国这一问题上,他们选择以"美利坚合众国"的名称组成"永久性同盟"。正是在各州对自治权利出让的基础上建立了这个松散的联盟,创造了一个各州认同的机构——邦联一院制国会。从第一次大陆会议到《邦联条例》确认的国会,美国社会在打破专制枷锁的战斗中走向新的起点——统一共和。

二 邦联体制的桎梏

邦联的危机固然表现在各个自治州之间缺乏协作和妥协而带来的困

---

[1] J. 卡尔顿转引自〔美〕J. 艾捷尔编:《美国赖以立国的文本》,赵一凡等译,海南出版社2000年第1版,第21页。

境,但归根结底是邦联体制的桎梏。《邦联条例》本身"似乎从一开始就先天不足"。[1] 除了由议会任命并指导工作的委员会以外,邦联议会没有执行机构的支撑,其决议没有强制力只具"建议性"。[2]

例如,为改善财政拮据状况,早在 1781 年初,《邦联条例》获得各州最终批准之前,邦联国会就向各州提出一项修正案,提议向存在问题的进口商品征收 5% 的税收。该修正案得到 12 个州的同意,但是,由于罗得岛的否决,最终没有通过。因为,《邦联条例》规定,采纳任何修正案必须得到全部 13 个州的同意。即一个州的否决票足以阻止其他 12 个州赞成的提案。类似的提案否决不断在邦联国会上演。各州拥有一票自然体现了平等的权力和地位,但事实是,1781 年以后的 6 年时间里,邦联国会向各州提出的《邦联条例》修正案没有一条获得通过。即便针对达成共同意向的提案,在各州彼此独立而自私的解释下,最终也会宣告失败。1784 年国会向各州提出的关于航海法的呼吁就是最好的例证。由于宣告独立,航海法的限制给邦联带来极大麻烦,制约着邦联的对外贸易。因而,联合起来要求制定新的航海法成为国会的又一项提案,目的是迫使其他国家,尤其是英国做出有利于美国贸易的让步。"贸易是财富的稳定来源并刺激工业发展",关系到每个公民的幸福。[3] 各州积极响应,却终无结果,因为各州都从自己的利益、地理差异出发,提出的建议、条件彼此矛盾,难以协调达成统一行动。

邦联成立后,经济问题始终是邦联的首要事务,也是制约邦联国会效率的直接原因。根据《邦联条例》,邦联国会无权征收税款,无权以合众国资信借款,只能向各州筹款。然而,战争期间,对于合理的军需要求也往往缺乏及时的财政支持,甚至大陆军的薪俸也无法及时结算;军队解散后,拖欠退伍军人军饷的问题依然困扰国会。1783 年 6 月 24

---

[1] 〔美〕杰克·N.雷克夫:《宪法的原始意义》,王晔等译,江苏人民出版社 2008 年第 1 版,第 32 页。
[2] 〔美〕马克斯·法兰德:《合众国宪法的制定》,董成美译,中国人民大学出版社 1987 年第 1 版,第 6 页。
[3] 〔美〕马克斯·法兰德:《合众国宪法的制定》,董成美译,中国人民大学出版社 1987 年第 1 版,第 8 页。

日，为了避免与前来示威抗议的退伍军人发生冲突，邦联国会不得不从费城转移到新泽西州的普林斯顿。为解决政府财政困难，财政总监罗伯特·莫里斯甚至提出征收爱国税、土地税、酒税和人头税，但他的提议均遭邦联国会否决，他只能黯然辞职。

邦联首先是作为13个州共同对抗英国、实现各州之间军事、政治协调的需要而设计的全国性联盟。实际上，13个拥有主权的州所谋求的并非一个"中央政府"，而主要是"邦联条约"和"作战联盟"。[1] 邦联体制上的软弱正是当时各州对中央集权祸害的恐惧心造就的。独立战争要求各州戮力同心，在一个全国性权力机制下步调一致，但是一个中央政府对于各州来说又往往意味着独裁和专制的可能。人们唯恐付出鲜血和财富的代价后，"只不过是一个暴君代替另一个暴君"[2]。一旦战争结束，各州之间统一协作的愿望立即减退，邦联体制的缺陷日显突出。邦联时期的实践证明，作为一个全国政府，邦联仅仅拥有理论上的权力。更为重要的是，"作为一种政权，邦联缺少的还不是权力，而是权威"。[3] 与其说通过《邦联条例》建立起了一个国家机构的框架，赋予这个全国政府以权力，不如说它在赋予邦联政府以应对独立战争所必需的最低程度的行政权力的同时，明确保障的是各州最大程度的自治权。

弗吉尼亚州和马里兰州在切萨皮克湾及其支流水域航行问题上的协议就突出反映了邦联国会的权威缺失。两州不仅彼此达成相关水域的航行协议，而且还要求宾夕法尼亚州和特拉华州予以合作。由于运行有效，至1876年，该协议在更大规模上得到实行。显然，这种合作违反《邦联条例》，因为条例规定这类州际间的协议必须得到国会的许可。但

---

[1] 〔美〕丹尼尔·布尔斯廷：《美国人：建国历程》，生活·读书·新知三联书店1993年第1版，第508页。

[2] 〔美〕丹尼尔·布尔斯廷：《美国人：建国历程》，生活·读书·新知三联书店1993年第1版，第500页。

[3] Samuel Eliot Morison, Henry Steele Commager, William E. Leuchtenburg, *The Growth of the American Republic, Vol.* One, Sixth Edition, Oxford University Press, New York, 1969, p.229.

是，对于获得具体利益的州而言，只要行得通、有成效就可以无视条例的规定。

1783—1786年间的一系列事件证明，国会的权威性和大众支持度远远低于早期革命时期。邦联在贸易冲突、税收岁入、西部土地、外交政策等方面的一系列危机表明这个在独立州支配下的共同政府面临生死存亡的危机。对于一个相当于诸多独立国家联盟的大国来说，《邦联条例》的内在缺陷可以说是致命的：一是邦联国会这个统一的国家权力机构受制于彼此独立的各州议会。从条例关于权力的条款来看，邦联政府的广泛权力属于邦联国会。作为邦联事务的决策机构，它等于是各独立州的联合议会。从组织看，它由各州选派的代表组成，各州每年任命选派的代表并可随时召回，代表的经费也由各州支付。从对国会权力的限制看，最少9个州一致同意才可以行使较为重大的权力；而在达成决议时不得强迫各州服从。此外，邦联没有常设的执行机构，只有国会任命并指导下的委员会负责决议执行。因此，所谓国会的权力主要是理论上的权力。国会的决议只属于建议，没有强制效力。二是从权威性看，如果说邦联政府及各州政府拥有各自的权威，则邦联政府的权威从属于各州的权威。作为合众国整体的统一性或权威性与各州的独立自主性存有内在的对立。主导时代潮流的是独立自治，而不是妥协与合作。对于刚刚摆脱英国的美利坚人而言，任何中央政府机构或类似国王的权力机构都意味着专制的可能。但是面对全国性问题的挑战，各州又都迫切期待摆脱体制的桎梏，将独立、自主与统一、合作的治理理念相结合，化为社会自治的实践，走出邦联的困境。正如华盛顿警告的那样："假如我们不改变我们的政治信条，那么我们花费无数鲜血和财富建立起来的上层建筑就一定会垮掉。如今，我们正在迅速滑入无政府与混乱状态。"[1] 对于邦联的维护乃至美利坚合众国的命运而言，政治改革势在必行。

---

[1] 华盛顿，转引自〔美〕J. 艾捷尔编：《美国赖以立国的文本》，赵一凡等译，海南出版社2000年第1版，第43页。

邦联国会受制于州的状况显而易见。人们甚至怀疑在这个松散的联盟下，是否存在统一的国家利益。人们在期待政府兑现承诺，有所作为的同时，又纷纷坚守州的自治权，在涉及自身权益的方方面面寸土不让。事实证明，如此松散的联盟和软弱的国会无法保障美利坚社会的有效治理，而只会削弱州与国家之间的联系。面对危机，它不但无法有效推进社会的变革，而且必然阻碍任何改革计划的制定和实施。尽管邦联的机制不足以构建一个强大的政府，但无疑在一定意义上促进了国家统一观念的形成，促进了期待摆脱内忧外患的美利坚人对邦联体制的反思，并走向自治制度的创新。从独立战争的艰难运筹到战争胜利后各州围绕构建新秩序问题的斟酌，《邦联条例》带来了这个国家第一个宪章，也令各州第一次不得不面对全国性问题的考验，并着手政治体制的改革。

三 《合众国宪法》的创制

改革邦联体制的普遍要求最终令美国人将独立、自治的理想寄托于一套全新的制度。1787年的制宪会议超越修订《邦联条例》的权限和计划，创制了《美利坚合众国宪法》——美国社会自治经验和精神的制度化呈现。它是制宪者们既现实而又富创造的选择。其出发点首先是破旧立新，革除"美国政治体制中的弊端"，即不但要解除"邦联对各州的依赖"，而且排除"过度共和制对各州的束缚"。[1]《合众国宪法》不但反映了长期以来的自治理念，更成为美国人此后独立自治，走向稳定和进步的一张蓝图。在宪法确立的治理模式下，制宪者谋求通过平衡自治和控制的张力，即控制极端的州权主义与极端的国家主义倾向，既防范专制又避免放任，让社会和政府为个体成员的成长提供发展的空间。创制

---

[1] 〔美〕杰克·N.雷克夫：《宪法的原始意义》，王晔等译，江苏人民出版社2008年第1版，第34—35页。

宪法的另一个出发点是协调个人——社会——政府间关系。个人被视为社会和政府存在的基础，也是最终的目的。在联邦主义原则下，个人是联盟或组织的最基本的考虑单位。政府存在的理由一方面在于维护个体和公共权益，另一方面也在于约束个人和组织的行为，促进其有序化，以保障社会的正义和个人的自由。因此，汉密尔顿强调"政府意味着制定法律的权力"。[1] 同时，一个自治社会的存在又有赖于它普遍的自治精神。社会自治所要求的自由独立来自于一个崇尚法治的社会环境。在法治的环境中，个体的利益相互制约，甚至互为条件。获得自由和正义的代价就是克服人性的弱点，担当起个人和组织的社会责任。

经历两百多年的风风雨雨，美利坚人没有另起炉灶，制定新的路线方针，而是先后通过 27 条修正案对宪法加以完善。贯穿这份四千三百个词的国家治理纲要的一个主题是：社会大众的幸福需要一个强大的国家权威，但作为"一种本质上危险的权力机构"，国家的权力必须加以"控制和限制"，公民的自由权才能免遭侵害。[2] 同时，宪法权利的实现并非上帝恩赐，而是一个要求公民不断参与和加以保证的进程。从早期的联邦党人到后来的民主党、共和党，无论是州权主义者或是国家主义者，在对宪法的解释上尽管会各执己见，但他们对于宪法的精神无疑共同拥护，并接受宪法确立的原则和程序的约束。这一自治制度的生命力来自宪法精神这颗种子和孕育它的土壤。这颗种子叫做理性，是制宪者对人类克己向善寄予的希望，对美国社会自我治理能力的信心；这片土壤是美国社会的民情和教化。宪法的原则不但体现在政体结构中自治和控制的动态平衡，而且体现在适应时代发展和大众要求的自我纠错机制上。正是伴随这一制度从东到西，从北到南，在全国范围的贯彻和落实，美国的自治传统得以形成和发展，一个大众的社会得以诞生并走向

---

[1] 〔美〕汉密尔顿、杰伊、麦迪逊：《联邦党人文集》第 51 篇，程逢如等译，商务印书馆 1980 年第 1 版，第 75 页。译文有改动。
[2] 〔美〕斯科特·戈登：《控制国家——西方宪政的历史》，应奇等译，江苏人民出版社 2001 年第 1 版，第 301 页。

成熟。作为这个社会最高的法律,《合众国宪法》在制度上为规范社会自治、促进稳定和发展提供了三重保障机制:双重政体、分权与制衡、权利法案。

(一) 双重政体

宪法确立了美国联邦制,通过双重政府体制实现地方和联邦分级治理,保障人民主权的行使。而作为全国政府所要求的统一和秩序则通过两院制得以实施。在联邦和地方、单元和多元的双重政体安排下,宪法制度的目的在于实现人民主权即大众的自治权,同时为大众理性地谋求自由和平等提供保障。

据托克维尔的观察,独立战争胜利后,"人民主权原则成了法律的法律"。"人民以推选立法人员的办法参与立法工作,以挑选行政人员的办法参与执法工作。可以说是人民自己治理自己"。[1] 鉴于殖民时期以来长期的自治习惯,地方自治和州的自治权被视为联邦存在的基础和起点。而权力的集中是一切祸害之源,任何权力都必须加以控制约束。为此,联邦制采纳"政府共存结构",一方面划分州和联邦两级政府之间权利职责,以防范权力的集中和滥用;另一方面为大众提供了直接追究问责的机关,便于在全国和地方两个层面响应公共政策和大众权利方面的呼吁。

人民主权不是抽象的概念而是具体的程序。人民主权或自治权的保障不仅表现为宪法原则,也体现在制宪和修宪的程序规定中。首先,美国大众直接参与了制宪和修宪的过程。无论联邦宪法或是州宪法都必须召开专门的制宪会议来制定并提交人民批准。1787年的宪法草案是在获得九个州的批准后生效的。而弗吉尼亚和纽约州则是有条件地批准了宪法草案,即增补一项"权利法案"。此外,大众的参与还是一个持续、重复的过程。联邦宪法对修宪的程序和规则做出了明确规定。建国

---

[1] 〔法〕托克维尔:《论美国的民主》,董果良译,商务印书馆2009年第1版,第61、64页。

以后，美国先后召开过二百多次制宪会议。1791年至今，讨论批准的联邦宪法修正案共有27条。大多数州宪法较之联邦宪法庞杂，缺乏灵活性，要求通过更加频繁的修正以避免"僵化"。[1]如仅截止1985年，路易斯安那州有过11部宪法；佐治亚州9部；南卡罗来那州7部；亚拉巴马、佛罗里达和弗吉尼亚则各有过6部宪法。以明尼苏达州为例，截止2013年，该州提交选民表决的州宪法修正案总计为215条，其中120条获得批准，95条遭否决。

乡镇、社区和县的层面上，大众直接参与管理自身事务和公共决策。而在州和联邦的层面上，人民主权原则通过代议制得以体现。两院制的设计突出体现了人民主权的代表性而不是代理。无论大州或是小州的利益都获得同等的尊重。众议院按照人口比例派遣代表，使得大州避免受制于小州，遵循的是全国性原则。参议院则各州代表均等即拥有平等的发言权，使得小州避免受制于大州，遵循的是联邦的原则。宪法设计中的双重性反映了各自为政的自治州的民情要求，也体现了缔造一个国家的客观要求。正如帕斯卡（Pascal）所强调的，"多元不能降为单元，就是混乱。单元如果不是多元的结果，就是专制"。[2]两院制和联邦制的设计所体现的就是联邦和地方、单元和多元的双重政体安排，既诉诸大众要求自治的本性，又力求避免放纵大众情绪导致的非理性。

（二）分权与制衡

分权与制衡的制度设计形成权力间的竞争性平衡，从两个方面体现了对于权力的控制。一方面，通过行政、立法、司法的三权分立，打破单一权力结构的弊端，实现权力共享；另一方面，它也提供了合法的异议渠道。"在多数派滥用或盗用政府权威损害公民利益时，人们可以合

---

1 〔美〕詹姆斯·M.伯恩斯等：《美国式民主》，谭君久等译，中国社会科学出版社1993年第1版，第910页。

2 帕斯卡，转引自〔法〕弗朗索瓦·基佐：《欧洲代议制政府的历史起源》，张清津等译，复旦大学出版社2008年第1版，第56页。

法地选择政府单位及决策机构提出自己的主张,解决自己的不满。"[1]多个共存、交叉的政府单位存在,有利于包容更多利益集团,使得各个利益群体或党派可以得到公平表达利益吁求的机会,而避免多数阻止或支配少数的可能。同时,由于人民的权力首先交付给两个不同的政府,然后再分配给三个分立的部门,使得人民的权力不但获得"双重保障",而且可以在分权的框架下对政府的权力实施内部控制。[2]这将有利于各个权利和义务主体之间既可通过否决权制约权力,形成对抗关系,又意味着在集体行动中相互支持依赖,形成合作关系,即始终处于一种既对抗又合作的动态平衡之中。

(三)权利法案

通过"权利法案",宪法从两个方面保障宪法设计的目的——促进社会公正,实现自由平等。其一,禁止政府对个体施加危害的权力。其二,明示并保障个体的公民权。

"权利法案"从限制政府权力和明示公民权利两方面强调了政府维护正义和公民自由的职责。一方面,它将降低多数对于少数权益侵犯的可能;另一方面,接纳反对派,尊重少数的状况下实现的多数人的联合必将更大程度上体现正义和公益的原则。因为,出版和言论自由明确保障了少数和多数同等表达异议的机会,是对多数暴政的抵制。和平集会、请愿申冤以及后来得到确认的自愿结社的权利有利于保障对各类自治组织的接纳,保障不同群体主张自己的利益,降低多数暴政的机会。

此外,理性是权利法案的出发点和着眼点。在权利法案的保障下,"法律的约束力"或"政府的权威"都并非"最终的"因素。[3]任何对于

---

[1] 〔美〕文森特·奥斯特罗姆:《复合共和制的政治理论》,毛寿龙译,上海三联书店1999年第1版,第101页。

[2] 〔美〕汉密尔顿、杰伊、麦迪逊:《联邦党人文集》第51篇,程逢如等译,商务印书馆1980年第1版,第266页。

[3] 〔美〕文森特·奥斯特罗姆:《复合共和制的政治理论》,毛寿龙译,上海三联书店1999年第1版,第64—66页。

公共政策的质疑都可以在公开正当的渠道中诉诸理性加以澄清。在公开的程序和质询中，决策者受制于正当法律程序的要求，社会成员和组织可以诉诸司法救济、行政救济，促进社会公正。

任何一种社会制度及其运作都难免错谬出现，重要的是能够有所防范并及时修正。一套制度得以保持其活力的一个重要原因就在于其内置的自我纠错机制。从双重政体、分权与制衡、权利法案这三重机制的着眼点来看，人民主权、政府权力和社会公正分别对应了大众、政府和社会。一个能够持久焕发活力的体制不必借助强制，而是诉诸人类理性，接受并警示人性的弱点，立足防范，既能够有效克服利益集团的影响，也能够及时纠正政策失当产生的失误和谬误。因此，联邦宪法不仅是这个社会自治运作的规范，它也是一套事前防范、事后纠错的原则和程序。

从修正《邦联条例》的初衷到制定新宪法的努力，制宪者的出发点在于冲破邦联体制的桎梏，从美国的现实出发调整并确立社会自治的原则和程序，建立一个强而有力的全国政府。这一过渡是美国人对于殖民时期以来自治经验的总结和升华。如果说1776年的《独立宣言》象征了美国的独立和解放，12年后经由各州代表最终讨论批准的《合众国宪法》则象征了美国道路的诞生。在战争的洗礼和邦联危机的考验后，独立自主的理想化作自治的制度得以确认。自治的原则和程序落实到联邦和州之间的关系，政府权力的限制和监督，公民的权利和政府的目的诸方面。在总体上，制宪者们创造性地完成了对美国社会自治体制的设计。从此，应对社会变革的挑战，脚踏实地，且与时俱进地落实这一制度，成为美国社会自治发展的主旋律。

第二节　政党制：一种新的自治方式

美国建国之后，政治、经济的利益冲突产生了派别分歧，并逐步发展出了政党和政党制度。从早期具有强烈地域性和派系性到逐步摆脱地域、宗教、种族的局限，美国政党制度的发展在一定意义上构建了一个开放式平台。它吸纳各种利益和异议，为执政党和在野党根据宪法权利施展抱负、造福大众提供了表达异议和合法竞争的空间。在这个平台上，最终决定一个政党价值的是公共利益和宪法的权威。政党分歧和政党组织在统一观念、凝聚力量的同时，鼓励和接纳的是构建一个大众社会的核心要素：反对和赞同的自由。面对分歧，主要政党的分裂和分歧只能带来危机和动荡；强调妥协和合作则日渐成为现实的选择。通过倡导双赢，鼓励宽容、合作和自由精神，政党制成为促进美国社会自治的一种重要方式。从最初华盛顿明示美国人警惕党争之祸到政党制度改革，政党制度的发展反映了美国大众对于自治内涵的认识不断扩展。政党制已然成为美国社会自治的一种新形式，为美国社会提供了调适冲突、自我改良的另一条通道。

一　美国政党制的由来及其发展

建国初期，政党（party）或派别（faction）在建国领袖们眼里乃是"共和国身体上的伤病"[1]。在《联邦党人文集》中，汉密尔顿和麦迪逊就曾共同声讨党争之害。华盛顿在告别演说中曾直言，党派纷争涣散议

---

[1] Richard Hofstadter, The Idea of a Party System: The Rise of Legitimate Opposition in the United States, 1780-1840, Berkeley and Los Angeles: California University Press, 1969, 2.

会，削弱政府，招致社会动荡，甚至煽动暴乱；同时也会为外部势力和腐败敞开大门，致使本国屈从他国的政策和意志。他告诫国人，要"拒绝党派意识的毒害"。但他指出党派意识"植根人性"，且"以各种形式存在于一切政府之中"。尽管他承认对于一个自由的国家，政党在一定范围内有助于有效制约政府的行政，保持自由精神，但是，华盛顿认为党争会培养复仇心态，而党派交替统治将导致"永久的专制"。对于民主政体来说，党派意识的危害尤为严重，已经"成为政府最危险的敌人"。因此，他警告人们：为了制止党派力量的膨胀，需要利用舆论和提高戒备心来防范其破坏性。[1]

根据麦迪逊的解释，党争是受某种共同利益或情感驱使，部分公民团结起来反对其他公民或社会利益的权利斗争。其主要危害是"败坏公共管理"。开国领袖们所担忧的是那些具有高度组织性的集团在社会、经济等方面无法无天，祸害大众。但麦迪逊也同时指出，造成党争的潜在原因"根植于人的本性"，究其最普遍、持久的原因是"财产分配的不均等和不平等"。既然人类无法从源头消除党争，那么，人们能做的只有控制其结果或影响，以减轻其危害。[2]詹姆斯·麦迪逊提出的解决之道是采用代议制的共和政体。他认为在联邦的范围和结构下，党争的影响将会得到最大程度的控制。毋庸置疑，美国国父们坚信限制权力的必要性，同时也坚信捍卫自由的必要，其中必然包括持不同意见的自由（即作为反对派的自由）。制约政府权力、维护宪法权利已经成为美国的政治传统。宪法所确立的原则和程序就是在制度上设法控制派系力量的膨胀无度，同时保障公民的自治权利。因此，在很大程度上，美国政党制度的形成和发展既是出自实际需要，也是美国社会自治制度的产物。

---

[1] 〔美〕约翰·罗德哈梅尔选编：《华盛顿文集》，吴承义等译，辽宁教育出版社2005年第1版，第800—801页。

[2] 〔美〕汉密尔顿、杰伊、麦迪逊：《联邦党人文集》第51篇，程逢如等译，商务印书馆1980年第1版，第45，46，47，48页。

（一）美国政党制度的形成

建国后创建社会新秩序过程中的政见分歧，促进了美国政党从萌芽到组织化发展。

华盛顿领导的第一届政府内，持不同政见者的派系联合乃是美国政党的萌芽。首届政府毫无疑问是联邦党人的政府，并不存在政党一说。但为了帮助新政府的政策获得国会通过，财政部长汉密尔顿建立起非正式的联邦党小组，推行其财政和外交政策。在华盛顿的信任和支持下，汉密尔顿的政策支配着整个华盛顿任期内的内外政策。但汉密尔顿的政策和以他为首秉持贵族作风的官员们不乏反对者。尽管在拥护共和体制和理想上他们没有异议，分歧只是在于政见不同，但是国内外形势的发展使得分歧不断加剧。那些标榜更为共和观念的反对派逐渐聚集起来，在一致反对汉密尔顿经济政策的辩论和立法过程中，形成以国务卿杰斐逊为中心的政治小圈子。1791年，他们还创办了自己的报纸《国民报》，并自称"民主共和党"。而汉密尔顿为首的一派则沿用了"联邦党"的名称。事实上，政见分歧和党派差异的背后是相对独立的利益差异。联邦党人所代表的是商人、航运和制造商等工商业界的利益。他们作为一个政党的认同感来自共同的利益和长期的执政。民主共和党人则继承早期的反联邦党人，代表手工业者和农民，并坚决捍卫州权。这种差异也体现在地域上：联邦党人在工商业为主的北方占据主导地位；民主共和党则控制着手工业和农业为主的南方。正是这样的历史和地理的基础上，出现了美国历史上第一次两大党派的对立，或"第一次两党制"。尽管有政见分歧，两大党派并不认为存在根本的原则分歧。就当时的影响而言，党派之分主要涉及"上层人物"，且双方并不视之为"好事"。杰弗逊在就职演说中甚至宣称，"我们都是共和党人，我们都是联邦党人。"[1] 其中既有消除分歧，呼吁团结之意，在一定程度上也是当时人们的共同愿望。

---

[1] 钱满素：《美国文明》，中国社会科学出版社2001年第1版，第261页。

随着美国社会的扩展和全国性问题上的利益纷争，美国政党在组织基础方面日益发展，政党制度在 19 世纪 30-40 年代发展成熟。尽管早期的不同政见者以党派名称彼此区分，但并不存在严格意义上的政党组织机构。1800 年，杰斐逊领导反对派（民主共和党）一举击败约翰·亚当斯当选总统，宣告了联邦党 12 年执政时期的终结。此后，民主共和党人力量不断发展壮大，占据执政地位长达 28 年，而联邦党则势力渐弱。在 1816 年的大选中遭遇惨败后，所谓联邦党也就不复存在。作为杰斐逊的继承人，麦迪逊对于党派问题持中间立场。他只想扮演"派系之间的中间人"，而不愿做"全国性政党的领袖"，使得总统职权趋向弱化。[1] 有相当长的阶段，美国社会处于无党派纷争时期。1824 年大选，甚至全部四位候选人都是民主共和党人。

但是，由于亚当斯的人事任命引发对候选人幕后交易的争论，民主共和党分裂为以亚当斯、克莱为首的国家共和党和以杰克逊、范布伦为首的民主党。而民主党不但在 1828 年的大选中胜出，而且于 1832 年召开了民主党第一次全国代表大会，并逐步发展为美国历史最为悠久的政党。1837 年，范布伦当选总统时，民主党人不但有明确的政治主张，而且拥有全国和州一级的领导组织。与此同时，国家共和党从杰克逊当选后便针锋相对，反对其强势和专断作风。他们借用 18 世纪英国反对派的名号自称辉格党，作为民主党的反对党而不断发展。1840 年，威廉·哈里森成为第一位辉格党总统。1840—1856 年期间，辉格党和民主党在激烈的竞争中轮流获胜，促进了政党在参众两院的作用，全面推进了政党组织的发展。至此，党派力量的发展跨入组织化发展阶段。

两大政党在较为广泛的群众基础上成为真正的全国性政党。两大政党之间的斗争反映的是美国社会从东向西跨越扩展中政治和经济两方面的利益冲突。安德鲁·杰克逊时期表现为东部商业利益与西部和南部农

---

[1] 〔美〕詹姆斯·M. 伯恩斯等：《美国式民主》，谭君久等译，中国社会科学出版社 1993 年第 1 版，第 346 页。

业、边疆利益的对抗；内战之前则是拥护奴隶制南方和反奴隶制的北方或者是工业利益和农业利益之间的对抗。19世纪30-40年代，美国政党组织发展成熟，形成了美国历史上"第二次两党制"。[1]

奴隶制问题引发的危机导致党派间对立和党派内部的矛盾激化。在分裂、斗争和妥协过程中，政党日益发展成为美国政治生活的主要组织者，政党政治也日益成为国家和社会生活的重要内容。关于奴隶制问题的争论造成了辉格党和民主党的分裂和重组。1854年，北方反对奴隶制的人打破辉格党和民主党的党派划分，联合成立第三党——共和党，并通过反对奴隶制不断扩张壮大。而民主党则于1860年分裂为两个党参加大选，促成了共和党候选人林肯的当选。1860年后的50年里，共和党联盟取得了除1884年和1892年外的所有总统选举。民主党联盟则在20世纪30年代把握住经济危机的时机，建立起强大持久的联盟。就此，两大政党的对峙造成了美国历史上"第三次两党制"。[2] 此后，两党制的模式得到进一步发展并延续至今。

（二）社会自治的产物及工具

从反对组织派系到建立两党制，美国政党制度既是美国自治制度的产物也是社会自治的工具。《合众国宪法》中没有一处涉及政党问题，但是，人们大多认为美国是首先形成固定的政党制的国家。1950年，美国政治学协会的政党委员会年度报告中明确提出"政党是治理国家不可或缺的工具。也就是说，治理一个拥有一亿五千万人口的国家，需要有政党为大众提供范围广泛的各种选择。"[3] 尽管对于政党的反对声始终没有停止，毫无疑问，两党制已经成为美国政治模式的重要内容。其主要原因在于社会传统和政治制度两方面：一是根深蒂固的自治传统；二是

---

1 钱满素：《美国文明》，中国社会科学出版社2001年第1版，第262页。
2 钱满素：《美国文明》，中国社会科学出版社2001年第1版，第262页。
3 〔美〕罗杰·希尔斯曼：《美国是如何治理的？》，曹大鹏译，商务印书馆1986年第1版，第327页。

宪法所建立的政治制度。这种建立在自治传统基础上的政治制度必然要求，为了实现社会的自治首先必须限制政府权力，同时必须保障个体作为公民的权利，包括结社和表达不同意见的自由。

从宪法确立的政治制度来看，选举制度和选举法在很大程度上促成了两党制。美国几乎各级政府中，决定选举结果的是简单多数 (plurality) 原则，即胜者全得（winner-take-all）原则，任何获得多数票的人将成为获胜者。美国广泛采用单一代表选区制 (single-member-district plurality system) 来选举国会议员，采用各州划区投票法选举遴选总统的选举人。这些选举人则组成选举团，以过半数的票选举总统。一个政党在某个州获得半数以上选票，也就赢得了该州的全部选票。即便选民支持某些小党的选举主张，但由于知道小党不能成功获得足够的选票，他们常常不会投票支持小党。这就必然使得小党无法在国家立法机关中立足。

此外，许多州和联邦的选举法也为两大主要政党提供先机的优势。例如，在州一级，政党候选人登记标准通常依据上次大选中该政党的总得票数决定。因此，与小党或独立候选人相比，根基深厚的两大党只需要征集较少的签名就可以获得将本党候选人登记在选票上。这必然不利于小党或初次参与竞争的新政党。在全国一级层面上，小党面临另一种障碍。国会两院所有规章和程序都是依据各党的席位来分配委员会内的职位和特权的。联邦选举委员会关于竞选的财务规定拒绝给小党候选人在初选或大选中享有联邦配套资金的资格，也限制了小党的候选人。1912年，西奥多·罗斯福（Theodore Roosevelt）作为进步党总统候选人的竞选证明，一个新政党的总统候选人无论表现如何出色，他的党也可能在国会议席的争夺中失败。

殖民地开拓者带来了英国的语言文化，也带来了英国的政治传统。通过殖民地时期的自治实践和独立革命的政治洗礼，作为美国人的思想信仰、国家观念得到强化。荒蛮、自由的大陆激励了一代代人的进取开拓，也见证了自我治理，克制物质和权力欲望无限膨胀的智慧。作为开拓者和移民的后代,他们渐渐告别支配父辈生活的旧世界的保守教条,在新世界的现实和教化中,既热衷通过选举、集会、结社和结盟主张自身权利,参与公共决策,又学会了理性地接受选举产生的政权、变革,乃至骚动。

二 美国政党制度的作用

美国政党在美国社会发展中的主要职能包括:集中各种社会利益,选择和推举公职候选人,沟通政府和大众,以及接受管理政府的职责,或是作为执政党的反对派发挥作用。一直以来,美国政党不断遭遇批评,如因沦为"党魁"控制的"机器"而被视为"贪污腐化和治理不善的根源";因日益庞大、专业化的政党竞选和组织活动,有学者预言两大全国性政党"将成为有等级、有分工的全国性官僚组织"。[1]但历史表明,政党活动诉诸的是选举、辩论而不是武力、命令,其目标在于赢得选举,客观上也推动了有效的联盟和社会变革。作为理论上的多党制,实际上的两党制,美国政党制度在一定程度上有利于缓解冲突,促进宽容和合作。在维护社会传统、秩序,推进社会渐进改良两方面,美国政党制发挥了积极作用,成为一种新的自治方式。

(一)维护美国社会传统和政治秩序

美国各政党向来都标榜自身对美国传统的传承。在联合派系和各种利益集团组成广泛联盟方面,美国两大主要政党保持着巨大的优势,这也有助于倡导利益集团的妥协并削弱社会动荡因素。美国大众和各类利益集团对于个人权利、经济自由、宗教自由、司法平等和社会公平正义的要求从来都得到各个政党的支持。基于特定的利益而联合的社会团体

---

[1] 〔美〕詹姆斯·M.伯恩斯等:《美国式民主》,谭君久等译,中国社会科学出版社1993年第1版,第343、372页。

往往关心的是局部或具体的问题。而政党则必须求助于广大的社会阶层，避免狭隘的利益观念局限，这样才可能在选举中获胜。可以说，政党较之不同利益集团可在更为广泛的范围内，集中各种利益，澄清问题，提出共同的思想基础，制定具体的政策以求解决当下的问题。因此，在这个意义上，"政党是统一社会的有力工具"，[1]甚至发挥着"补充宪法"的作用，即"以既平衡又维护宪法所宣布的原则的方式，来授予而又限制权力"。[2] 如果说，1787年宪法通过三权分立、联邦制来避免权力的集中，那么，美国政党制则有利于集中权力——即通过政治观念、共同规则，联合并团结各种势力以支持一个共同纲领。显然，美国政党制度的"补充宪法"意义在于，它借助政治观念的凝聚力，理性而高效地构建全国性政治组织，不仅促进政府部门的集体协作配合，也有助于塑造富于使命感和战斗力的公共服务机构。

政党在一定程度上成为美国社会联接大众和政府的"中间人"（the moderating and mediating brokerage role）。[3] 美国政党的一项主要任务就是动员和统一全体选民。因而，阐述本政党路线方略，批评执政党政策以及两党在国会的辩论等无疑为社会大众提供了现实的国情和国策教育素材。政党职能的发挥在很大程度上起到沟通政府与百姓，教育民众的作用，并增进人们对政党分歧以及政府公共决策的判断和理解。通过政党活动，社会大众在分歧和共识方面获得更为清晰明确的导引。无论是执政党或是在野党的支持者不但有机会判断是非，表达政治诉求，而且可以在参与活动和选举过程中获得某种归属感。同时，通过公开选拔候选人，帮助竞选和组织政府，政党所扶持的人进入政府，"政党可能作

---

1 〔美〕罗杰·希尔斯曼：《美国是如何治理的？》，曹大鹏译，商务印书馆1986年第1版，第352页。
2 〔美〕詹姆斯·M. 伯恩斯等：《美国式民主》，谭君久等译，中国社会科学出版社，1993年第1版，第349页。
3 Max Lerner, America as a civilization, New York: Simon and Shuster, 1957, 385. 类似"中间人"的表述另见〔美〕罗杰·希尔斯曼：《美国是如何治理的？》，曹大鹏译，商务印书馆1986年第1版，第355页；〔美〕哈罗德·F. 戈斯内尔、理查德·G. 斯莫尔卡：《美国政党和选举》，上海译文出版社1980年第1版，第13—27页。

为沟通人民愿望与政府最终所做事情的一个环节"。[1]

通过组织公职竞选,政党制有助于促进政府权力的平稳过渡。与联邦制相适应,美国政党在组织机构上也分为地方、州和全国三级,分别通过各级委员会开展工作。其最高组织机构是全国代表大会(the National Convention),主要任务是提名总统候选人和通过党纲,每四年举行一次。联邦最初成立后的几十年间,包括总统在内的公职候选人都分别由国会和州议会内的政党成员召开核心会议来提名。这种议会内的核心党团会议属于关起门来秘密协商,其代表性从一开始就受到质疑。1832年,民主党召开首次代表大会,并提名总统候选人,就此开创了美国政党全国代表大会制度。即在总统选举年召开大会,由城镇党员直接挑选出的党代表参加,目的是提名总统和副总统候选人。这一做法旨在消除早先党团核心会议"秘密交易"色彩。但是,人们仍普遍怀疑当选代表会受到党魁势力控制,进而不断呼吁政党内部的改革。1903年,威斯康星州率先采用直接预选制,使得每个党员有权通过预选直接投票选举候选人。为克服政党腐败,此后15年间,这一办法在各州相继采用,今天已成为挑选政党候选人的主要办法。但"与其说政党是一种权力工具,或攫取权力的机构,不如说是动员群众,并争取当选的舞台"[2]。动员、组织、竞选辩论的全部过程无疑会方便大众参与竞选,鼓励理性思考和接纳最后的结果。

从地方委员会到全国委员会,政党只有以公开、民主的方式挑选候选人,才有助于最终当选的决策者合法化。赢得总统职位的政党成为执政党后,经该政党提名通过的总统候选人理应担负执行党纲的责任。但就任之时,他宣誓效忠的是宪法,而不是所属的政党。他一方面充当政党的领袖,另一方面只有采取超党派的立场才有利于作为总统的形象和

---

[1] 〔美〕詹姆斯·M.伯恩斯等:《美国式民主》,谭君久等译,中国社会科学出版社1993年第1版,第353—355页。
[2] 〔美〕罗杰·希尔斯曼:《美国是如何治理的?》,曹大鹏译,商务印书馆1986年第1版,第356,359页。

威望。而国会两院的构成也自然有政党界限，甚至出现反对党控制国会的局面。这就要求总统在两党之间建立某种联盟，在分立的政府权力机构间谋求妥协。尽管在发挥其理想作用方面，学者们存有争议，"政党在一定程度上成为沟通权力分立的桥梁，不让宪法上的制衡把政府弄得支离破碎"。[1] 通过提高党代会的代表性，发挥政党的组织竞选作用以及政党之间的联盟，美国政党制度这一平台不但帮助候选人赢得选举，同时也化解了政府权力过渡可能出现的动荡。

（二）响应社会变革和进步的要求

美国政党制的发展有助于制止寡头政治，防范极权独裁。总统选举结果宣布后，政党活动的重心转移到组织和管理政府方面。不可否认，获胜的政党对于公职任命甚至美国的体制都有巨大的控制和影响力。杰克逊时代就以政府公职的任命采纳党内亲信的分赃制而饱受批评。人们对于这类党派行为的批评不但包括官职分配，即依据党派考虑而非才能任命官职的"保举制"；出于小团体的目的操纵政府人事安排的"分肥制"，还包括由于政党的影响新闻界过度的党派倾向。1900年，政党组织对于城市的控制进一步激起人们对于"党魁"的愤怒。人们担心的是立法者和其他官员可能沦为党派路线的工具，而执政党可能沦为多数人统治或专制的工具。批评和呼吁政党改革的声音来自社会大众，尤其是反对党。1832年后，两党制就开始成为美国政治制度的一个惯例，并确立了在国家体制中的地位。权力从联邦政府中的党派集团转移到州和地方党组织，由此扩大了参与政党提名的人数。相对早期而言，党的权力分散了。对多数美国人来说，州和地方基层政党不但是"晋升的阶梯"，而且也是参与治理或提供认同感的"活动基地"。[2] 内战后，美国一直由

---

[1] 〔美〕詹姆斯 M.伯恩斯等：《美国式民主》，谭君久等译，中国社会科学出版社 1993 年第 1 版，第 355 页。

[2] 〔美〕詹姆斯·M.伯恩斯等：《美国式民主》，谭君久等译，中国社会科学出版社 1993 年第 1 版，第 353 页。

民主、共和两党轮流执政。两党遵循的一大原则是：顺应变革的要求，但避免极端。他们都倾向于包容保守和自由分子，并乐于向大利益集团寻求支持。一方面，无论是执政党或在野党、多数派或少数派，任何政党都无法成为独一无二的党，也不可能彻底消除反对派的对抗，永远执政。例如，富兰克林·罗斯福（Franklin Roosevelt）第三和第四次当选，引发的正是人们对于权力的忧虑，最后导致宪法第 22 条修正案的通过以贯彻宪法原则。另一方面，参加竞选的政党彼此能够理性地处置争议，失利后能够平静接受失败，保障了政府或政权过渡和平。例如，1860 年除外，总统选举结果向来为失败的政党接受。1876 年，共和党控制参议院，而民主党控制众议院。在民主党赢得多数普选票后，双方对选举人票的计算发生争议。但经过国会联合委员会的调解，并未有不良结果。而 2000 年布什和戈尔竞选计票的争议最终在最高法院裁决下和平解决。两大政党既相互竞争又彼此依存，在多数派和少数派，执政党和在野党之间保持来回运动。一定程度上，美国的两党制促进了政府和社会的运作达成钟摆式平衡，有学者称之为"预防寡头政治的一种保障"。[1]

  两党制为合法的反对派提供了舞台，使得执政党和在野党通过有序竞争和平解决冲突，推进社会改革，实现渐进式改良。从首届政府开始美国就存在执政党和反对派之间的对峙较量。"1800 年革命"就标志着美国历史上反对派对执政党的首次权力斗争的胜利。从持不同政见者到赢得总统大选，以杰斐逊为中心的反对派成功接手政府的管理，并一跃成为具有全国性影响的政党。而作为首个在两党竞争、对抗中获胜的党派，民主共和党并未建立基础深厚的组织。无论是华盛顿或是杰斐逊都并未真正认识到联邦党或民主共和党的作用，也并不理解少数党在社会

---

[1] 〔美〕哈罗德·F. 戈斯内尔、理查德·G. 斯莫尔卡：《美国政党和选举》，复旦大学国际政治系译，上海译文出版社 1980 年第 1 版，第 12 页。

自治中作为"忠诚的反对党的作用"。[1] 杰斐逊曾表示"要是我必须加入一个政党才能进入天堂，那我宁可不去。""我不是联邦党人，也绝不是反联邦党人"或"两党之间的骑墙派"。[2] 当时，两个政党间的较量在彼此看来完全是是与非、合法与非法的殊死斗争，甚至可能发展为武力对抗。尽管从未承认过政党政府的合法性，杰斐逊不仅参与并领导了民主共和党与联邦党的对抗，而且十分清楚自己的政党作为反对派的任务及其意义。1819年9月6日，杰斐逊致斯宾塞·罗安（Spencer Roane）信中表示，"1800年革命……是我们政府原则的一次革命，形式上与1776年革命一样真实"。[3] 民主共和党革命的任务在于纠正联邦党人滥用权力的错误，限制联邦政府的作用，捍卫大众的自由。对杰斐逊而言，"1800年革命"与其说标志着联邦党的失利或他所领导的民主共和党的胜利，不如说是他所代表和坚持的政见观点的胜利，或者是"美国制度的成功"。[4] 他不但成功地领导反对派创建了一个政党，促成了政府权力的平稳过渡，而且也为人们重新审视党派之争、确立反对派或反对党的合法身份埋下了伏笔。

19世纪30和40年代，美国社会开始认识到政党并非"多数人发疯，少数人渔利"的勾当。[5] 伴随时代的发展，社会工业化和城市化的不断加剧，党派组织及其活动事实上已经成为美国政治生活和社会运作的一个重要部分。可是，政党不但肩负其政治理想和目标，也成为谋求

---

1 〔美〕詹姆斯·M.伯恩斯等：《美国式民主》，谭君久等译，中国社会科学出版社1993年第1版，第345—346页。
2 托马斯·杰斐逊：《杰斐逊选集》，朱曾汶译，商务印书馆2011年第1版，第453—455页。
3 杰斐逊，转引自〔美〕西德尼·M.米尔奇斯、迈克尔·尼尔森：《美国总统制：起源与发展（1776—2007）》，朱全红译，华东师范大学出版社2008年第1版，第101页。
4 Richard Hofstadter, *The Idea of a Party System: The Rise of Legitimate Opposition in the United States, 1780-1840*, (Berkeley and Los Angeles: California University Press, 1969), 8.
5 Johnathan Swift, *Thoughts on Various Subjects (1727)* 转引自 Richard Hofstadter, *The Idea of a Party System: The Rise of Legitimate Opposition in the United States, 1780-1840*, Berkeley and Los Angeles: California University Press,1969, 2.

权利的工具,并"成为政府的一部分",¹ 即结党营私的工具。当政党本身成为目的而背离其表达民意的本意,当两党制成为方便党派和利益集团交易的渠道而背离公众利益时,政党改革成为舆论焦点。19世纪60和70年代,人们开始严肃讨论政党制度的种种弊端,并从政党内部和法律角度推进改革。包括管理党的代表大会运动,选民直接初选运动在内,从政党的行政到立法都经过改革,纳入了公众管理。对于政党提出批评和建议的目的在于改革、完善政党制度。伴随人们对于党首、党派小集团背弃民意和公共利益行为的不断指责,政党组织通过竞选经费管理和选举法等立法改革,最终被纳入民主过程,成为一个"公共政策问题"。² 党派之间开放、公开较量的结果是,"两大政党——或任何政党,能否生存下去,取决于它们有效地进行改革、更新和改组的能力"。³

从拒绝政党、力求消除党争到承认政党,并设法控制和管理政党的发展说明,政党制度已成为美国政治生活的重要组成部分。由于两大政党对于总统职位和国会的控制,美国政党制度一向被称作两党制。联邦制和三权分立使得任何一个政党都无法完全控制所有重大决策机构或职位,而在野党则有机会组成合法的反对派,寻觅机会并积聚力量在下次选举中击败执政党。因此,在争取选民、调和集团利益、解决社会冲突、处置激进和保守的矛盾等事宜上,两大政党必然形成竞争或谋求妥协。如何顺应社会改革的潮流和应对大众的权益吁求,必然成为政党竞争天平上的砝码。作为一个强调自由平等而利益多元的社会,人们通过政党制所寄予并实践的是当初立国的信念——为限制权力的集中和滥用,促进社会公平和发展,平等地提出反对和异议的自由。换言之,在很大程度上,反对党与执政党间的竞争和妥协成为改变政府政策、缓解冲突以及实现社会改良等更大利益的手段。在集中各种利益、谋求利益

---

1 〔美〕梅里亚姆:《美国政治思想:1865—1917》,朱曾汶译,商务印书馆1987年第1版,第160页。
2 〔美〕梅里亚姆:《美国政治思想:1865—1917》,朱曾汶译,商务印书馆1987年第1版,第169页。
3 〔美〕詹姆斯 M. 伯恩斯等:《美国式民主》,谭君久等译,中国社会科学出版社1993年第1版,第376页。

团体势力平衡的意义上,政党被视为"公众舆论和公共政策之间的桥梁",乃至"改革的工具"。[1]

但是,不可否认,政党在兼容各种利益、动员大众参与选举、促进公职竞选程序化公开化同时,也经常身陷改革的困境。其原因主要在于政党容易沦为政客谋取权力的工具,美国国家的复杂性使得两党之间常常并非界限分明。而政党制得以发展的根本在于其内在精神,即保护赞成和反对的言论自由,并诉诸"合法反对"(Legitimate Opposition)。如霍夫斯塔特所述,所谓"合法反对"不但要求反对派"符合宪法"、"勇于担当",且必须做到"务实有效"。[2] 这一原则既是检验一个政党的存在价值和竞争力的根本,也是推动美国社会自治机器有效运转的一根"隐形杠杆"[3]。政党制绝非美国建国立宪的先辈们乐于接受的自治方式,也不曾是由政治家们精心设计的社会治理工具。然而,政党制的内在精神是美国宪政思想和复合制共和国设计对权力制衡的内在要求,是美国立国信念的自然产物,符合殖民时期以来美国社会自治成长的逻辑,即孟德斯鸠所说的:"要防止滥用权力,就必须以权力约束权力"[4]。

在世界尚未认识政党制之时,美国人已经尝试利用政党政治促进政府理性决策、远离内乱政变之害。在地域广阔、文化多元的国情下,通过政党制度实现政敌之间有序和平的权力交接,是美国立足社会治理的经验和现实对美国社会自治体系、自治规范和自治模式的全新探索,也是立足自治传统的创新之举。

---

[1] 〔美〕罗杰·希尔斯曼:《美国是如何治理的?》,曹大鹏译,商务印书馆1986年第1版,第355页。
[2] Richard Hofstadter, *The Idea of a Party System: The Rise of Legitimate Opposition in the United States, 1780-1840*, Berkeley and Los Angeles: California University Press, 1969, 4.
[3] 赵一凡:"霍夫斯塔特与美国政治思想史",《读书》,三联书店1987年2期。
[4] 〔法〕孟德斯鸠,转引自斯科特·戈登,《控制国家——西方宪政的历史》,应奇等译,江苏人民出版社2001年第1版,第284页。

第三节　合法的对抗：自治的逻辑

美国政党制的历史表明，政党政治并非特定时期美国社会治理的权宜之计。美国政党制的合理性在于它所表现出的合作与对抗，而理性的对抗、合法的对抗、促进合作的对抗本身就体现了美国自治制度中分权与制衡设计的内在要求。善于自我管理的社会并不排斥法制规范下的对抗。在无政府主义者的自治要求和权威主义者的国家权力主张之间，一个理性的社会避免选择极端，而寻求一种恰当的平衡。作为贯穿美国社会自治运作的一大特点，合法的对抗是谋求权威和自治间平衡的关键。不可否认，正是借助于英国政治文化传统的遗产和长期的自治实践，殖民地人树立起独立建国的理想，制定了未来社会的自治规范。但《独立宣言》和《合众国宪法》都未曾给出建设美国社会未来的具体路线。无论是建国之初，或是面对跨越东西的社会扩张时代，或是工业化转型时期，社会治理规范和标准的修缮来自于自治的实践，来自权威和自由的对抗博弈。美国社会自治的根本规范固然在于联邦宪法，但正是在自由平等精神引导下，在制度框架内诸多要素间对抗与合作的张力使变革与发展成为可能。

美国社会自治运作的特别之处在于，在共同确认的自治制度下各类自治主体之间既对抗又合作。对抗性原则主导着各类权利主体间的关系，也贯穿社会自治发展的主要方面。正如麦迪逊所强调的，无论道德或宗教的动机都难以克服人性的弱点，只有在宪法创造的"彼此有所牵制"或"互相控制"的体制——既联合又斗争的机制中，才能实现政府的目的，维护公民的自由，促进社会稳定发展。[1]建国后，历经政治、经济变革的危机和挑战，美国社会能够保持相对稳定和持续发展的关键在于宪法所倡导的分权制衡或合法的对抗。以下从合法对抗的条件、种类及其影响三方面来认识对抗性原则如何有助于消除阻碍美国社会自治的因素，促进自治传统的创新和发展。

一 合法对抗的条件

大卫·休谟(David Hume)指出"在所有政府内部，始终存在权威与自由之间的斗争，有时是公开的，有时是隐蔽的。两者之中，从无一方能在争斗中占据上风。在每个政府之中，自由都必须做出重大牺牲，然而那限制自由的权威绝不能，而且或许也不应在任何政制中成为全面专制，不受控制……必须承认，自由乃文明社会的尽善化，但仍必须承认权威乃其生存之必需。"[2]多元的利益主体必然带来利益纷争，塑造权威并诉诸权威旨在推进社会共同体的协调统一，因此《合众国宪法》的至上性得到普遍接受。作为法律的法律，《合众国宪法》从获得批准开始就成为主导这个新的国家实践自治的权威。尽管如此，坚信绝对的权力导致绝对的腐败，限制政府滥用权力一直是美国社会的政治传统。而异议质疑与各种形式的对抗常常是任何政府都无法回避的现实，合法的对抗是殖民时期以来美国社会维持自治发展的政治经验。从当初一个个独立自治的殖民地，到脱离英国争取独立的共和国，乃至工业化时代的当代美国，贯穿社会治理的一条主线就是诉诸合法对抗，维护权威的合理性和正当性。合法对抗不仅是殖民地开拓者创造和维护自由平等的社会生活的治理手段，也是后来美国社会自治体制运作的内在要求。这种

---

[1]〔美〕汉密尔顿、杰伊、麦迪逊：《联邦党人文集》第51篇，程逢如等译，商务印书馆1980年第1版，第265、266页。
[2]〔英〕大卫·休谟：《休谟政治论文选》，张若衡译，商务印书馆2010年第1版，第26页。

对抗的出发点是制约权力、监督和促进政府的作为。其主要目的就是在美国这样一个移民为主、文化多元、幅员广阔的地域内保存差异,实现多元共存,既促进社会稳定,又保障公民自由权。

然而,对抗的前提条件是诉诸理性与合乎宪法。利益主体之间的冲突和对抗应该是在宪法权威总体约束下的对抗,属于合作中的对抗,只有倡导理性和宽容才可能缓解并解决矛盾。张弛有度的对抗带来共赢,而无序的对抗必然激化矛盾。长期以来自治的经验和现实的要求培养了利益主体彼此把握机会、自我约束的能力。即通过适度控制和彼此平衡谋求冲突和对抗趋向有序化。对抗各方遵循的原则主要有二:

一是务实精神。作为构成美国社会对抗性关系的主体,社会大众、利益集团和政府机构之间既相互独立、竞争,又彼此牵制、相互依赖。因此,自治主体间出现冲突和对抗的同时,各方力求避免极端,强调宽容合作,倡导渐进改良逐步成为共识。如美国政党制的发展中,两大主要政党常常在执政党和在野党、多数派和少数派之间转换角色,并为谋求利益平衡而既斗争又合作的努力都充分说明这种务实的精神。

二是法治精神。宪法至高无上的地位受到社会大众、利益团体和政府机构的普遍拥护。法律原则和法治程序一方面是社会大众公认的解决利益冲突和对抗的最终的手段,同时也是约束个人、利益集团和政府的游戏规则。遵循规则就是将对机制和程序的信任置于对人的信任之上。因为经验表明,野心和贪欲面前,人往往是不可靠的,只有程序才能保障理性的实现。尽管对程序和机制的简单崇拜,可能会导致简单化的极端乃至荒唐之事,但在正当公平的原则下,依赖机制和程序可能造成的弊端同样会在谋求自由向善的良好目标感召下得到认识和纠正。19世纪中叶,美国禁酒运动兴起之后,美国国会关于禁酒法令的通过、实施和废止过程就是颇为有趣的证明。

二 对抗的种类

按照组织化程度来划分，作为个体的人、自愿组合的社团以及高度组织化的政府机构是对抗性社会关系的主体，构成公对私（私对公）、公对公和私对私的对抗关系。

（一）政府内部的对抗——相当于公对公的对抗或自我控制

《合众国宪法》关于政府机构权力和职能的分立集中体现了对政府内在的控制。

首先，依据宪法，美国政府的权力分割为立法、行政和司法三个彼此独立的部分。立法权属于国会，但国会的权力分属参众两院，（其中参议员是按每州 2 名分配，由人民间接选出；众议员则按人口比例分配，由人民直接选出。）两院彼此拥有对另一院立法的绝对否决权。本质上，国会既是立法机构又是代议机构。作为立法机构，它肩负为全国制定法律和政策的职能；而作为代议机构，它又是由 535 名获选官员组成，必须响应选民的要求，充当选民与联邦政府间的桥梁。国会的这种双重职能使得国会自身可能成为对立的意见的集合点，迫使国会议员们在全国性问题和地方事务之间既要针锋相对，又要保持平衡。因而，作为制宪者分散权力本意的体现，国会本身是一个多重否决的机构，是大众间接与直接选出的代表彼此对抗或较量、谋求合作的地方。

司法权属于最高法院和国会随时规定和设立的下级法院。但在联邦法院的组织机构之外，50 个州又有自己的一套完整的司法系统，形成美国独特的双重法院系统。联邦法院的司法管辖权涉及宪法、联邦法律、州际纠纷、涉外纠纷；州法院则对涉及州法律的案件享有专有的审理权。并非所有联邦法院都高于任何州法院，两套法院系统之间既存在区别又相互重叠，但不存在上下关系。一方面，除了联邦地区法院的有限的人身保护管辖权之外，最高法院是唯一可以审查州法院判决的联邦法院——但也只是在特殊条件下才有权这样做。而州的司法系统由州自行设立并执行州的宪法和法律,只有在国会授权的情况下州法院才会审理涉及联邦法律的案件。另一方面,美国没有全面负责法院工作的主管部门,每个联邦法官都是独立的个人,行使独立判断,不对任何权力机构负责。同时,法官也必须面对社会和政府的监督。1980年联邦法官纪律条例颁布后,每个巡回区设立的司法委员会便有了明确的权力,负责调查对法官的控诉以及考核法官司法操守或身体及精神上是否适宜履行职责。法院就是围绕对抗而存在的,其目的在于从抗辩双方陈述的事实出发裁断纠纷。法官判决的首要依据自然是法律原则及其可能体现的道德、哲学和公平正义,但与法律原则对抗而影响司法决定的因素还有社会现实的压力,包括公众舆论、特殊利益集团、选举、法官遵循的思想意识、裁决本身可能带来的社会经济后果,甚至法律以外的知识和研究成果。显然,美国司法程序的基本概念就是对抗关系,司法权的实施本质上是宪法目标和多重社会因素相互牵制和较量的过程。

行政权属于总统。作为唯一一位由全国选民选出的官员,总统被赋予的特殊身份包括礼仪性的国家首脑、政党的领袖、最高行政长官、军事和外交上的最高负责人,甚至最高立法者。总统领导的行政部门是政府中最为庞大的部门,但总统职能内在的对抗性困境也与之相当。作为最高行政长官,总统拥有一个协助其完成任务的联邦官僚体系,然而总统并不能保障和控制这个系统雇员对于自己的忠诚。目前,该体系约有280万文职雇员,但总统的任命权仅限于内阁和次内阁级的职位、联邦法官、各机构首长和大约2000个相对次要的职位。因此,可以说联邦雇员中的多数并不对总统效忠,而是向各个国会委员会负责,或者代表相关社会利益团体。这必然对总统的顺利施政提出挑战。此外,总统肩负的诸多角色常常是彼此矛盾或极不稳定的。[1]作为政党领袖,总统必须和自己的政党协同工作,以便再度当选或帮助本党候选人当选。但作

---

1 〔美〕詹姆斯 M. 伯恩斯等:《美国式民主》,谭君久等译,中国社会科学出版社1993年第1版,第525页。

为国家首脑，总统宣誓服从的是宪法而不是政党。身为总统必须采取超党派的立场，代表全体人民，忠实执行国会内的多数派通过的法律。捍卫宪法、服务国家、向选民兑现承诺的同时，总统必须认清协调集团利益、应对危机和变革的挑战对于履行职责实现抱负的现实意义。

其次，立法、行政、司法三部门之间的"对抗和合作"。西奥多·罗斯福（Theodore Roosevelt）曾经道出多数美国总统都可能会有的感慨："假如我能够既是总统又是国会，哪怕只有十分钟，那该多好啊！"。大部分时期，美国总统是政策的倡议者，国会则是政策的修订者。但依据宪法语言，国会享有"本宪法所赋予"的"一切立法权"，相关权力明确而详细；总统被赋予"行政权"，其权限范围叙述含糊。由此，在总统是否享有宪法未予明示的权力方面常常产生争议。一方面，从总统的宪法权力来看，作为首席立法者，总统有权向国会提交议案或对国会送来的议案说不。即对于国会参众两院通过后送交总统签署的议案，总统可以行使否决权并退还国会；对此，国会可以凭借两院 2/3 多数票推翻总统的否决，或修改该项立法后再送总统。从乔治·华盛顿至伍德罗·威尔逊（Woodrow Wilson），总统否决的议案达 1041 条，其中国会获得多数票推翻的否决则为 43 条。另一方面，国会对于行政机构的制约体现在国会的监督和立法否决权。所谓监督即国会通过听证会、行政官员作证或雇用私人调查机构监督行政机构日常工作；立法否决权也叫"委员会批准"，指行政机构采取行动前必须得到主管委员会的批准。国会和总统两者既合作又斗争的根源在于制宪者的有意安排，即倡导国会和总统间共同制定政策，合作治理国家。[1]

同样，国会与法院，总统与法院也是通过对抗来分享权力。汉密尔顿在《联邦党人文集》第 78 篇中指出，司法部门乃是分立的三权中最弱的分支，因为它既无军权、财权，又不能采取任何主动的行动，只

---

[1] 〔美〕詹姆斯 M. 伯恩斯等：《美国式民主》，谭君久等译，中国社会科学出版社 1993 年第 1 版，第 554—555 页。

有判断权。对于其他两个部门的遏制和监督有赖于它对宪法的解释权。"对于宪法以及立法机关制定的任何法律的解释权应属于法院"。¹ 最高法院独立的地位体现在它对其他两个分支的制约权：司法复审权，即法院有权裁决国会的立法或总统的命令违宪，因而无效。就是说，政府其他部门必须接受最高法院作为宪法最终解释者的权威。但是，这种制约权在宪法中并没有明文提及，而恰是法院与国会、总统之间较量的结果，即通过最高法院对"马伯里诉麦迪逊案（1803）"（Marbury v. Madison）的裁决最终确立的。

但是，法院的独立性并非绝对的。对于法院的制约包括行政制约、立法制约、公众舆论和法院系统自身的制约。所谓行政制约是指，最高法院本身没有任何实施权力，实施法院裁决有赖于其他两大分支的合作。行政的制约主要体现在总统行使其任命权，即通过任命新法官和大法官对法院系统施加影响。此外，州级行政机构也可能断然拒绝实施法院的裁决。1955 年，最高法院对于"布朗诉教育委员会案"（Brown v. Board of Education）的第二次裁决的实施就是一例。²

就立法制约而言，一方面，如果没有地方、州和联邦各级立法机构的拨款，法院裁决自然无从实施。另一方面，一旦认为法院误解了法律或立法机构的意图，国会或州议会可能通过修订法律或颁布新法律来推翻法院的裁决。1991 年通过的《民权法案》，1993 年国会通过的《宗教自由恢复法案》就是例证。就公众舆论的制约而言，不但执行法院裁决的地方政府官员和地方民众会受到舆论的影响而拒绝合作，从法官到法院裁决本身也都无法摆脱公众舆论的影响。毕竟，法院的权威最终也有赖于民情和公众舆论的支撑。同时，司法领域的传统和遵循先例原则等

1　〔美〕汉密尔顿、杰伊、麦迪逊：《联邦党人文集》，程逢如等译，商务印书馆1980 年第 1 版，第 393 页。
2　1955 年，布朗诉教育委员会案第二次裁决中，最高法院裁决阿肯色州各学校审慎而全速地解除种族隔离。但阿肯色州州长福布斯拒绝合作，甚至动用州国民警卫队阻止小石城中央高中执行裁决，实行种族融合。最终，艾森豪威尔总统不得不动用联邦军队，平息由此引发的暴力冲突，维持法院裁决的实施。

司法理念和实践都会对法院的裁决产生一定的制约作用。[1]

第三，联邦制双重政府结构间的"对抗和合作"，是通过州政府与联邦政府间的分工协作而开展的。根据麦迪逊的解释，在美国这个复合共和国里，人民将权力托付给了两种政府——联邦和州，而两种政府分得的那部分权力又依据立法、行政和司法职能再分配到几个分立的部门。"两种政府将互相控制，同时各政府又自己控制自己"。这样，人民的权利获得了"双重保障"。而由于合众国的幅员广大，政府内部的这种对抗或多数人的联合必然大多遵循"正义和公益的原则"，使弱者和少数得到尊重和保护，免遭强者和多数的侵害。[2]

从权力的划分来看，全国性政府的权力既包括宪法中明确规定了的权力——明示权力，也包括默示权力。前者由宪法第一条第八款明确为：铸币、规定度量衡、制定统一的归化法律、接纳新州、设立邮局、宣战以及管理各州之间商业的权力。后者则同样基于宪法第一条第八款的规定：国会有权"制定为行使上述各项权力和由宪法授予合众国政府或其任何部门或官员的一切其他权力所必要和适当的所有法律"。正是基于这一"弹性条款"或"必要和适当条款"，国会得以成功扩大全国性政府的权力范围，全国性政府借此得以应对制宪者无法预料也不可能预料的问题和矛盾。在和州政府权力的对抗与合作中，这种经过合理推导而扩大的权力，不但有利于维护全国性政府的权威，解决冲突，而且为宪法体制或自治制度注入了灵活性和生命力。麦卡洛诉马里兰一案的裁决中，首次应用了"必要和适当条款"，从而生成了"默示权力"这一概念。

一般认为，州政府的权力包括各州管理境内商业的权力、保持州民兵的权力和治安权（为保障人民健康、风纪、安全和福利而立法的权

---

1 〔美〕施密特等著：《美国政府与政治》，梅然译，北京大学出版社2005年第1版，第337—340页。
2 〔美〕汉密尔顿、麦迪逊等：《联邦党人文集》，程逢如译，商务印书馆1980年第1版，第266—267页。

力)。各州保留的权力包括就全国或州宪法未予禁止、也未曾委托给全国性政府的任何事务制定法律。事实上,州政府的权力并未在宪法中明文列出。但根据宪法第十条修正案,宪法未授予全国性政府,且未禁止给予各州的权力由各州或人民保留。由于这些权力既未在宪法中加以明确,且又不限于明示的权力,对于某项权力在州政府和全国性政府之间的归属,人们自然常存疑问。而鉴于第十条修正案的模糊性,州的保留权力在不同的历史阶段也出现过不同的定义。但是,根据宪法的至上性条款合众国宪法的地位至高无上,即各州共有和保留权力的行使不得妨碍全国性政策和法律的实施,全国性政府合法权力的行使应压倒与其冲突的州的行为。这自然为全国性政府权力的扩张提供了法律依据。

联邦政府和州政府之间的存在的对抗就是彼此间的权力之争。作为最高法院裁决者,对于这种争端的结局影响重大。以马歇尔为代表的联邦主义者为例,在他主持下的最高法院确立了国家至上的理念,推动全国性政府走向至上地位。其代表性的案例包括 1819 年"麦卡洛克诉马里兰案"(McCulloch v. Maryland)、1824 年"吉本斯诉奥格登案"(Gibbons v. Ogden)。杰克逊时代(1829—1837)则是州权势力回升的时期。当商业管理成为联邦和州之间关系的焦点时,摆脱联邦的管制或让各州自我管理成为各州自治发展大趋势。州权主义与国家主义原则对抗最为极端的后果就是内战。而北方的胜利也代表了工业化潮流的胜利。战争中的联合协作、社会工业化的发展加强了全国性政府的社会角色,也最终促使美国走上了以工业经济主导的现代化道路。

内战以前,全国性政府权力在与各州政府权力的较量中逐步趋向强大,但又呈现为此消彼长、彼此交替互占上风。内战以后几十年则被视为"二元联邦主义"时代,强调联邦权力和州政府权力范围的划分。州和全国性政府之间形成彼此独立的实体关系,如同"分层蛋糕"。此后,工业化发展中社会矛盾的激化以及严重的经济危机面前,人们纷纷期待并呼吁全国性政府有所作为。1937 年以后的时期也被称为"合作联邦主义"时代。[1]如果尝试为双重政府权力的互动找到一个主旋律的话，内战前是对抗，内战之后是不介入，大萧条后则是合作。

（二）社会利益团体或政党与政府的对抗——相当于私与公之间的对抗

所谓利益团体是指人们由于共同的目标而自愿结合的有组织群体，其目的在于对各级政府的决策施加影响。利益团体的类型主要包括经济利益团体（诸如商业利益团体、农业利益团体、劳工利益团体、专业人员利益团体等）和公共利益团体（诸如环境团体、美国消费者联合会和美国公民自由联盟）等。政党与利益团体的区别在于政党组织带有明确的政治目的，即赢得选举、接管政府并最终决定公共政策。在野的政党总是作为反对党对执政党的政策和执政地位提出挑战，谋求在竞选中胜出，成为执政党。

社会利益集团对政府施加影响的手段包括院外活动、竞选捐款、舆论宣传、集会抗议，甚至采取极端的对抗如暴力示威。为了通过有利于自己集团的法律，利益集团的院外活动不但包括指派代表、说客在议会大厅门廊游说议员陈述利弊，而且还会针对选民、大众展开一系列攻势，甚至与其他团体结盟。19世纪后期，铁路和工业集团不惜公开向州议员行贿，为政治游说蒙上恶名。为此，1946年国会通过的《立法重组法案》第三条（也称为"联邦游说监管法案"）不但明确定义"说客"，且要求实行说客登记制度，促进了游说活动的透明化。但据估计，每年登记为说客者约7000人，而实际上在华盛顿对政府施加影响的说客数目可能10倍于此。抗议示威，甚至暴力行为常常成为对抗的极端手段，被利益集团作为对抗和影响政府决策的压力加以利用。建国伊始有马萨诸塞州的谢斯暴动；19世纪后期，为解决劳工问题既有和平示威也有暴力抗议；大萧条时期，退伍军人曾先后2次进军华盛顿要求

---

[1]〔美〕施密特等：《美国政府与政治》，梅然译，北京大学出版社2005年第1版，第53—62页。

发放退役金。

美国人基本生活在各有所属的社团社会中。据估计，美国社会各类社团多达 10 万个，既包括有组织的利益集团，也有松散、非正式的协会和私人机构，名目繁多。它们"流动不居，无时不有，无所不在"[1]。事实上，无论对州或是全国性政府来说，其权力和政策的有效性很大程度上有赖于对遍布美国的各种社会团体的控制或吸引力，而来自各种社团的不同凡响则是对公共政策最好的检验。

（三）社群（个人的联合体）内部或彼此的对抗——相当于私对私的对抗

对于美国这个多元化的社会，社群内部或社群团体之间的对抗既不可避免，也是社会实现自治的内在要求。个人及个人的联合体（社会利益团体）无论何时都是政府和社会运转的基本单位和中心。政府的主要任务就在于调节各类利益冲突，而多种利益的对抗性压力和影响必然有益于政府认清问题并设法及时改革自身的弊端。如 1824 年，"吉本斯诉奥格登案"（Gibbons v. Ogden）是两个汽船经营商之间就垄断航运经营权和打破垄断之争。但首席大法官马歇尔在此案中的裁决，为联邦贸易的发展清除了地方保护主义的障碍，并扩大了联邦管理协调州际贸易的权力。1810 年，"弗莱彻诉佩克"（Fletcher v. Peck）一案则涉及对土地投资者土地所有权的认可和保护。正是此案的判决确立了最高法院的司法审查权。[2]

---

[1] 〔美〕丹尼尔·布尔斯廷：《美国人：民主的历程》，谢延光译，上海译文出版社 1997 年第 1 版，第 3 页。
[2] 在依据宪法取消国会 1789 年《司法法》同时，最高法院确立了自身的司法审查权。该司法权力可以判定政府机构或官员的行为是否超越了自己的宪法权力。一旦判定其超越了宪法规定的行动范围，最高法院有权宣布其行为非法或无法律效应。最高法院可以审查立法和行政行为合宪性，并宣布其违宪和无效的权力无疑是自治实践对宪法规则的发现，是对自身自治功能的强化，有助于限制权力滥用，纠正制度安排中的失误。

三　对抗的影响

　　政府对大众和社会利益集团的不同声音及时了解，并及时针对冲突作出反应，将有助于社会秩序的稳定。如果说贪婪、滥用权力等人性中的弱点可能通过内在的道德感、正义感得到一定程度的抑制，对立面之间理性、合法的对抗则更能有效实现拨乱反正，克制谬误，避免动荡。政府和执政党的积极作为意味着有效决策和科学应对，而不是转移矛盾，压制对抗，甚至以维护社会秩序之名行专制暴政之实。同时，接纳合法的对抗有利于凸显问题，澄清差异，促进不同利益团体间的沟通和相互理解，提供及时纠错的机会，推动社会改革和进步。

　　就个体的权益而言，合法对抗有助于维护和保障大众的公民权和自由权。对抗和冲突总是由于背后实质性的利益纷争而来，包括统治者和被统治者之间的利益冲突、特定利益团体或个人之间的利益冲突。宪法确立的原则和程序为公民和利益团体乃至政府机构自身权益的实现过程中产生的对抗提供了平衡、妥协、疏导的可能和体现公正的正常渠道和机制。即社会大众和各类自治主体可以诉诸合法的对抗手段，表达吁求，维护自身权益。在法治的体制下的对抗不但利于冲突的最终解决，也会影响社会公共决策的过程和结果。这必然有利于维护社会良知，培养公平正义的社会氛围，促进公民权、自由权的实现。

　　理性、合法的对抗固然是美国社会自治体制运作的内在要求和规范，体现在分权和制衡的制度设计中，也反映在政党制度的形成发展过程中，但是，对抗本身在约束权力过程中也存在自治或自我管理的问题。即在合乎理性的对抗与有效表达异议纠正谬误之间如何平衡？这一问题早在邦联时期就已突出。1786 年 8 月至 12 月期间，马萨诸塞爆发"谢斯叛乱"。马萨诸塞西部的自耕农在参加过独立战争的一位老兵——丹尼尔·谢斯（Daniel Shays）领导下，包围了西部地区政府机构，反对政府强制用他们的土地来抵押他们的债务，并扬言得不到回应将进军波士顿，包围州政府。州政府向邦联国会求援之后，国会却因无力协调反应不力。最终，自耕农的起义遭到州政府镇压。华盛顿当时的态度是，这场叛乱就是人民向自己的宪政体制提出的挑战。"如果叛乱者事出有因，必须尽可能为他们伸张正义……如果无事生非，就应当动用政府力量立即镇压"。一旦两者都无法解决问题，只能说明我们的政府结构"不合时宜，需要立即修正"。[1] 这一事件也在一定程度上促使人们意识到改革邦联体制和管理弊端的紧迫性。而当时身在巴黎的杰斐逊则从人民主权的角度对此加以反思，提出平息暴乱和反抗绝不能用取消人民权利的手段，而是应诉诸宪法和法律的手段保障人民的各种权利，包括发展教育，保持舆论的畅通，让人民提高明辨是否的能力，充分了解国家大事。因为"人民是统治者唯一的审查者；甚至他们的错误也有助于使统治者遵守其体制的真正原则"。"我们政府的基础是人民的舆论"，而"过于严厉地惩处人民的错误，就等于镇压公众自由的唯一保障"。[2] 归根结底，"毁灭一个共和国的并非是叛乱，而是暗中腐蚀公众精神，并使之瘫痪的暮气"。他甚至认为造反是维护政府健康的良药，提出"自由之树必须经常以爱国者和暴君的鲜血浇灌"。[3] 从围绕奴隶制的争端、工业化时代的工会集体谈判权到进步时代社会经济改革，以宪法赋予的权力诉诸对抗和解决对抗无疑是美国社会治理得以有序开展的保障。换言之，无论是协调合作，或是异议对抗，法治乃是贯穿自治的灵魂。

打破《邦联条例》的政治桎梏，创制并通过《合众国宪法》是美国人对殖民时期以来自我管理的经验作出的制度化的总结。作为美国独立后的第一个国家宪章，《邦联条例》首先反映了殖民地以来美国社会的

---

[1] George Washington to Richard Henry Lee, Mount Vernon, 31 October 1786, in *The Writings of George Washington from the Original Manuscript Sources, 1745-1799*, ed., John C. Fitzpatrick, Washington: Government Printing Office, 1938, Vol.29. 33—35.

[2] 〔美〕托马斯·杰斐逊：《杰斐逊选集》，朱曾汶译，商务印书馆2009年第1版。第405—406页。

[3] 托马斯·杰斐逊，转引自〔美〕梅利亚姆：《美国政治学说史》，朱曾汶译，商务印书馆1988年第1版，第79页。

自治实践和政治经验，同时也体现了各州独立自由的理想和共识。《合众国宪法》则是以合众国人民的名义，针对邦联机制的弊端，既立足现实更着眼未来，"组织一个更加完善的联邦"[1]的美好蓝图。冲破邦联的体制牢笼，创建宪法规范的新机制，是身负建国重任的美国人克服体制弊端，化解政治危机，从而谋求国家的团结和发展的政治创举，是以制宪者为代表的建国者富于自治智慧的象征。作为最初13州共同确认的自治制度，《合众国宪法》旨在落实《独立宣言》所提出的革命理想。但与《独立宣言》所体现的高昂的革命激情相比，《合众国宪法》则体现了对激情的控制，是着眼当下和未来的理性务实的结果。

诚然，《合众国宪法》塑造了一个"权力中的权力"，中央政府不仅在国内事务中获得较大程度的独立权威，而且在公共政策上享有立法和财政权。但同时，这个复合制共和国是一个开放的系统，州与联邦政府不存在主从关系，而是彼此分享政治权力；联邦政府参议院代表各州利益，众议院则通过直接选举富于人民主权色彩。于是，在这个多元而广阔的社会，社会自治的习俗与政治的统一令人惊讶地彼此结合起来。在美国社会自治观念的改造和实践中，美国的现实融合欧洲文明的遗产创造了美国社会自治的新规范、新标准。英国混合政体的观念转化为"制衡"观念，政府职能的分类则产生了"分权"观念。[2]对政府权力的控制不仅体现为传统上的单一权威被分割为两个独立的政治权威，而且体现为行政、立法、司法以及国会两院在宪法地位上彼此分立、互不隶属但又相互依赖所构建的网状结构。从联邦到各州，在整个社会组织结构内部，没有等级划分和最高的权力中心，各个部门相互独立并相互作用。而推动各部门间互动，焕发整个组织活力的不仅是谋求共同利益的合作，而且有依据宪法为维护彼此利益展开的对抗。《合众国宪法》在赋予年轻的美国社会政治统一性，确立社会自治运作的组织原则同时，也

---

[1] "The Constitution of the United States", in Henry Steel Commager, ed., *Documents of American History*, NY: Meredith Corporation, 1973, 139.
[2] 〔美〕斯科特·戈登：《控制国家》，应奇等译，江苏人民出版社2001年第1版，第305页。

在制度上确立了美国社会自治的运作规范——对抗性原则。

从先后两部国家宪章的制定、批准和通过到政党制度的形成发展，开国伊始社会治理机制的选择对于美国的未来发展意义深远。但法治和秩序是否就此成为美国社会成长的主流？作为凝聚美国大众、维系联邦各州统一和发展的根本大法，《合众国宪法》提供了人们追求自由平等和繁荣、追求自治之梦的可能性。在社会和地域两方面的急速扩张中，宪法所确立的自治原则和体制既是美国自治传统的发展，也注定将不断面临新的考验和挑战。

第三章
地域扩张的挑战

从《独立宣言》确立美国革命的理想,到《合众国宪法》以成文的根本大法来落实这些理想,[1] 美国社会自治的开端既是将理想付诸现实的实践,也是推进社会自治制度化的不断探索。对于自治的内涵、形式以及自治的社会条件的认识从未一成不变,而是开放发展的过程。以宪法制度为代表的自治规范在此过程中不断确认,并不断修缮。如宪法原则的适用性在美国社会西进扩张的过程中不断得到应用,也不断遭遇新的挑战。从13州的合众为一到自东而西的跨越,西部成为合众国社会不断成长的一大标志。西部的土地既是希望和机会所在,也是美国社会扩张中主要矛盾的起因。

杰斐逊推崇农业共和国理想,认为农业是最为明智的追求,因为普天之下只有"耕作者是最有价值的公民"。在品质上,农民是"最朝气蓬勃、最独立自主、最富美德的人。"在政治上,他们通过土地这个"最持久的纽带与自己的国家联结在一起,与国家的自由及利益联结在一起"。[2] 因而,农耕生活的理想是与民主共和的理想完全一致的。不断向西扩张既是出于对土地的狂热,也源于独立战争胜利后美国社会不断扩张的自由进取精神。自由成为美国胜利的果实,成为席卷荒蛮的西部以及一切落后保守思想的时代精神。但地域的迅速扩张、西部所激发和

---

1 钱满素:《美国文明》,中国社会科学出版社2001年第1版,第226页。
2 〔美〕托马斯·杰斐逊:《杰斐逊选集》,朱曾汶译,商务印书馆2011年第1版,第371—372页。

释放的狂热也几乎将年轻的共和国付之一炬。从美国革命开始到美国内战，美国政府就不断尝试从制度上为自由的西部构建秩序。而随着边疆的推进，西部的开发不仅推进了联邦和州层面政治、经济秩序的重构，为未来美国社会的自治提供了更为广阔的空间，也启发了美国社会对于自治的社会条件和社会自治主体的反思。

1783年，在赢得自由，并确立对于阿巴拉契亚山以西、密西西比河以东领土的所有权之后，美国面临的首要挑战是：如何管理西部的领土？如何应对地域扩张带来的社会和政治问题？为解决这些问题而通过的"一系列里程碑式的法律最终树立了一个模式，确立了西部和政府的关系，并在此后西进扩张过程中得到遵循"[1]。然而，伴随西部准州的出现和西部新州加入联邦，美国遭遇了联邦历史上最为严峻的挑战：南部的分离。可以说，是西进带来的地域扩张和社会经济格局的调整引发了一系列变革和冲突，最终演变为南北对决、兵戎相见。而当内战结束，围绕西部土地及其未来体制的尘埃落定时，联邦政府的权威以及国家统一的意识已达到前所未有的程度。

第一节　不确定的西部

美国历史上，西部不仅是个不断更新的地理概念，而且是不断丰富发展的一种象征。最初的西部仅仅是指纽约和宾夕法尼亚以西地带，后来是指俄亥俄一带或阿巴拉契亚山脉以西到密西西比河地区，此后又迅速西移直至太平洋海岸，而今天所谓的美国西部主要指加州西海岸地区。

---

[1] Ray Billington, *Westward Expansion, A History of the American Frontier*, Fourth Edition, New York: Macmillan Publishing Co., Inc. 1974, 204.

弗里德里克·杰克逊·特纳（Frederick Jackson Turner）在1893年写道："时至今日，美国历史在很大程度上仍是一部向西殖民的历史。辽阔自由的土地、人们不断迁入以及美洲殖民地的不断推进，说明了美洲发展的原因。"[1] 西部是否足以最终解释美国社会发展的独特性，也许值得讨论。但关于西部概念的变化既说明了美国社会一如既往追逐物质财富和更美好生活的狂热，也印证了美国以文明进步之名扩张新秩序、新制度的使命意识。独立建国后，无论对于美洲印第安土著或是西进拓殖的移民，西部都不是等待入住、迎合想象的世外仙境，而是饱含不确定性的处女地，是理想和现实彼此角逐的运动场。印第安土著视西部为远离白人文明袭扰的家园，白人则视之为遵循"显性天命"实现美国梦想的天赐福地。对于刚刚诞生在东部的这个国家，西进不单纯是领土的扩张，也是观念的征服过程，是美国落实并巩固其自治制度的开端。取得西部地区的绝对控制权成为合众国建立秩序、繁荣发展的一项使命。西进运动成为东部的制度和观念西进扩张的运动，而西部的推进及西部特有的边疆传统又在很大程度上影响着东部的观念和决策。从每个东部的移民可以自由开拓定居的西部，到纳入合众国政治体制的西部，西部无疑拓展了人们对于自由、自治和全国性政府的认识。

一 先到者先得的自由土地

新世界的魅力首先就是她的可能性或不确定性，而对于独立之后的美国来说，西部潜在的各种机会和资源使广阔的西部成为冒险家和新移民的希望之乡。或许可以说，早在南北战争爆发之前西部的不确定性已经引发了"一场全新的西部式的内战"[2]。

---

[1] Frederick Jackson Turner, "The Significance of the Frontier in American History", in *The Frontier in American History*, 1.http://www.gutenberg.org/files/22994/22994-h/22994-h.htm. 访问时间 2014/10/20

[2] 〔美〕丹尼尔·布尔斯廷：《美国人：民主的历程》，谢延光译，上海译文出版社1997年第1版，第39页。

1783年以前的西部属于每个抢先到达的开拓者。在美国革命爆发之前，所谓西部首先是指阿勒格尼山脉和阿巴拉契亚山脉一线。向西至密西西比河流域乃是印第安人的聚居地，少有移民进入。然而，西部始终不乏白人探险者的足迹，因为西部的魅力在于那里的土地——它象征着自由和希望。殖民时期，西部土地问题就是令历届英国内阁头疼不已的麻烦，但这个麻烦却将造福美国社会向西部的扩张。

对于西部边疆的拓殖，英国的土地政策遵循自私的重商主义原则，旨在鼓励边疆的殖民，发展殖民地区，从而为英国货物和英国商人提供市场。此外，鼓励边疆迅速殖民也是防御法国和西班牙人的威胁以及促进皮毛贸易的重要手段。1763年，英国将法国赶出了北美洲。法国的威胁解除后，密西西比河谷地可以向北美英裔边疆居民全面开放。但是为保障英国在东部的投资和土地投机商在西部的利益，英国政府希望直接控制西部的殖民和发展。因此，英王发布了《1763年诏谕》，划定诏谕线禁止殖民地人越过阿巴拉契亚山向西移民，禁止殖民地总督对任何从西部和北部流入大西洋的河流源头以外地区颁发测量许可或注册证。但在利益驱动下，投机公司千方百计使边界线迅速向西移动，掀起土地经纪人非法购地的浪潮。这一方面表明大西洋两岸的投机商藐视权威的一贯作风，另一方面也表明人们坚信西部终将会为拓居者开放。在宾夕法尼亚，大量越界拓居者甚至面对死刑处罚也无所畏惧，公然对抗殖民地立法机构和英王，不愿返回诏谕线以东的白人区。在英王、投机公司和殖民地利益的较量中，投机商贪婪妄为，印第安人保留地不断被侵蚀。从1763年签署《巴黎条约》到1776年美国革命爆发，英国的禁令始终没能约束那些渴望得到土地而摆脱保守的东部限制的移民。这一切说明了英国政策的专制自私与殖民地人渴望自由的对抗，证明了英国（限制殖民地人向西扩张的）西部政策的失败，并最终影响了邦联国会和联邦政府关于西部问题的一系列决策。

这种影响来自两个方面。首先是西部边疆强烈的地方主义和个人主义特征。1763年以后，尽管有英王的禁令和印第安人的袭扰驱逐，移民们不但没有放弃向西渗透,而且逐步建立起定居点移民自治联合体,尝试维护并扩展自身权益。到美国革命开始时,从俄亥俄河谷、肯塔基到田纳西河上游地区,边疆拓荒者的居民点已经随处可见。以瓦托迦定居点为例,由于西进而得不到法律保护的非法占地者采取的是边疆居民惯用的手法:制定公约,组织联盟,伺机争取合法的权益。这种拓殖方式早在殖民地早期就为新英格兰开拓者所熟知。1769年,詹姆斯·罗伯逊(James Robertson)和约翰·塞维尔(John Sevier)率领一批弗吉尼亚移民来到瓦托迦流域定居,并拟定成文宪法,形成了一个独立的自治体。他们选举了五名委员,授权他们负责立法、司法、维持秩序、招募民团、登记土地出售契约、颁发结婚证以及审判罪犯。

美国革命时期,西进的步伐并没有因为独立战争而停止。与世隔绝的边疆居民对于导致独立战争的糖蜜、茶叶和进口税等问题几乎毫不关心。他们更加关注英国限制西进的禁令和保卫自己在西部的自由和扩张的权力。由于印第安人大都被英国人收买,原先孤立分布的定居者社区加强了联合,建立起坚固的要塞抵御印第安人袭击,保卫自己的定居地。以南部边疆为例,经过与印第安人的激战,1777年《德维特条约》和《长岛条约》的签署确保了南部边疆一段时期的和平。1779年,罗伯逊带领瓦托迦部分移民进入田纳西,在坎伯兰河地带的纳西威尔建立殖民点。由于1777年北卡罗来纳和1779年弗吉尼亚颁布的法令在西部土地价格、政策等方面的鼓励,东部移民西进的热潮在1780年达到高潮。据说肯塔基的居民一度多达2万,许多人甚至不得不继续向西涌向新的乡镇,开辟新的定居点。而在西北部边疆,英国召集的保王派和印第安人的袭扰不断。乔治·克拉克(Gerorge Clark)为代表的边疆居民与印第安人的战斗甚至持续到1782年。保卫家园是他们最为直接的目的,除此之外即便大陆会议的军事部署和命令也常常难以动员边民。大陆会议部署的两次底特律远征的失败一定程度上也说明了边疆地方主义的顽固。

其次,西部拓荒定居者熟知东部殖民地社会成长的模式,素来善于自我组织，自我管理，抗拒专制统治，富有自行其是建设新家园的胆略和才能。辽阔的西部激发并孕育了在西部建立独立州甚至领主殖民地的梦想。西进寻求土地、珍视自由的移民从来不愿放弃自治的权力。但同时，他们也乐于求助邦联和东部的州来保护自身的权利。如西北边疆俄亥俄河源头附近的移民们就曾尝试组建独立的自治政府——"西夕尔维尼亚独立州"，但是他们加入邦联的申请遭到国会的否决。瓦托迦定居点则在 1776 年并入北卡罗来纳州。法官理查德·汉德森（Richard Henderson）创建的横贯夕法尼亚公司被称为"北美最富梦想的投机计划"[1]。理查德·汉德森从印第安人手中购买了肯塔基河与康伯兰河之间的土地后，制定了公司的土地政策，向后来的移民售卖土地征收税收，并希望在西部另立一个业主殖民地，成为第 14 个殖民地。北卡罗来纳和弗吉尼亚都拒不承认其独立地位，国会也拒绝了他们的申请。对汉德森公司的土地政策不满的移民代表则向弗吉尼亚递交请愿书，要求并入弗吉尼亚，并组织了 21 人革命委员会管理该地区。汉德森强烈抗议移民们的"背叛"，但无济于事。1777 年初，弗吉尼亚正式把横贯夕法尼亚公司的地盘并入弗吉尼亚成为肯塔基县。尽管汉德森的投机计划落空，但到美国革命开始时，这类拓殖活动已经开辟了一片新的边疆。数以万计的移民向西越过弗吉尼亚西部，推进到肯塔基和田纳西东部。

  向西部进军的移民立志争取和捍卫的是自由的土地和自由的机会，普遍表现出强烈的地方主义和个人主义特征。由于英国在西部政策问题上的前车之鉴和边疆个人主义传统的强大，1783 年后邦联和联邦政府不得不在西进问题上采取渐进方式，慎重决策，避免在土地法令和管理政策上的重大失误。但也正是西部所特有的地方主义、个人主义和印第安人问题，在遏制攫取土地的狂热、界定东西部关系、维护东部各州业已确立的社会自治规范和原则等方面，美国社会的自治面临又一次严峻考验。

---

[1] Ray Billington, *Westward Expansion, A History of the American Frontier*, Fourth Edition, New York: Macmillan Publishing Co., Inc. 1974, 174.

二 寄托理想的公共土地

1783年独立革命胜利后，合众国通过各州的自愿转让，取得西部地区的绝对控制权。西部居然没有沦为各方割据的战场，究其原因，是战争的危急、共同的利益，以及"美国信念"的凝聚力最终促进了人们的国民认同和自觉的政治行动。

1783年，当13个殖民地摆脱母国获得独立时，其土地疆域包括北起英属加拿大，南至西属佛罗里达，西至密西西比河的广大区域。在原来的13州之外，新的国土增加了从阿巴拉契亚山脉以西到密西西比河的广大区域。但1783年《巴黎和约》签署之时，邦联政府并未真正拥有西部。对于东部来说，西部的土地所有权始终是开放的。人们习惯了向西择地而居，开辟家园。面对战争欠下的国债、邦联和各州对退伍老兵土地奖励的承诺，西部意味着希望和新的起点。任何忽视西进占地者、投机公司或各州对西部土地要求的决策都可能重蹈英国西部政策的覆辙，引发西部的动荡甚至邦联的分裂。而没有对西部地区的控制或有效管理，合众国未来的秩序和发展也无从谈起。

其实，在独立战争开始时13个州中的7个就曾根据英王颁发的特许状纷纷对西部，甚至直至太平洋海岸的区域提出要求。其他6个没有领地的州的代表则主张将西部土地转让给合众国作为公共财富，期待日后由中央政府重新分配。而作为边疆的居民出于保护自身利益考虑，并不希望在任何单独某个州的管制下。独立战争胜利后，由于国会和各州都曾承诺向独立战争的退伍军人和英国逃兵颁发土地奖励证，他们都需要西部土地增加税收，减轻财政困难，兑现承诺。对西部土地所有权的不同要求和期待首先是不同利益主体各自经济利益的反映。《邦联条例》制定和批准的过程就集中表现了围绕西部土地问题的斗争和妥协，突出反映了各州利益、土地投机商利益与公共利益间的较量。

一定程度上，土地投机商和西部边疆居民的独立自治要求共同推动了西部土地的转让。弗吉尼亚南部各州由于遭受战争创伤惨重,迫切渴望从西部土地获利。北卡罗来纳州议会在1783年就匆忙对移民开放田纳西地区,使得西进移民激增,土地投机活动狂热。出于保护自身利益目的,土地投机商鼓动北卡罗来那州对西部田纳西地区的有条件转让,甚至促成了1784年向邦联转让田纳西地区的决议。而对于从北卡罗来那开放田纳西地区政策中获得土地的边疆居民而言,牺牲已有利益换取邦联控制后利益保障的不确定自然令他们无法接受。1784年6月北卡州议会通过的转让决议遭遇边疆居民的强烈抗议,甚至引发了一场西部独立建州运动。土地转让决议通过2个月后,西部田纳西地区居民自发地在琼斯博罗召开居民大会,决定建立自己的政府,要求作为独立州加入合众国。

独立建州运动令北卡罗来那州议会在11月撤销了西部土地转让决议,并同意他们拥有自己的法庭和民团武装。但西部移民决心坚持主宰自己的命运,于12月召开第二次大会,投票表决成立新州——富兰克兰(后称为富兰克林),选举州长,采纳北卡的法律为临时宪法,并要求作为独立的州加入合众国,以保护其西部的家园。1785年他们正式制定了自己的宪法。于是,渴望独立的富兰克林州和原先隶属的北卡发生长期的争执。1788年,在与北卡罗来纳州的冲突中州长被俘,"富兰克林州"不复存在。尽管如此,边疆地区强烈要求独立的精神依旧。田纳西地区的动荡和我行我素令北卡无法管理。1789年,北卡议会索性再次通过了西部土地转让的决议,将这个"包袱"转让给了合众国。1796年加入联邦的田纳西州正是在此基础上演变而来。

西部的土地除了吸引渴望改善生活境遇的东部移民和冒险家外,早就是土地投机商的目标。捷足先登的几家大土地投机公司希望抓住机会从土地转让和售卖中牟利。通过吸收中部各州的政治家改组公司等手段,他们竭力争取州和国会对于他们西部利益的支持。在《邦联条例》草案讨论中,一度曾提议授权国会规定州的边界以及在西部建州。尽管该提议遭到拥有西部领地的7个州的否决,最后的《邦联条例》草案中保证"不得以合众国利益之名剥夺任何州的领土"。[1]但在《邦联条例》递交各州批准时，遭到抵制。1778年12月，马里兰率先提出：西部土地应被视为13州的公共财产，应由邦联国会在必要时以适当方式加以划分，建立独立自由的政府。他们宣布在拥有领地的州将西部土地转让给邦联政府之前，马里兰拒绝批准《邦联条例》。此后，1779年11月，当无领地的州控制国会时，国会通过决议规定在独立战争期间西部土地不得出售。随着战争形势的变化，各州迫切感受到的压力是：转让西部土地、批准邦联条例才能凝聚各州，战胜英国，赢得合众国共同的事业。当围绕西部土地归属的争执演变为国家利益和投机商利益之间的选择时，公众意见明朗化。1784年3月，弗吉尼亚除了一块留给退伍士兵的"军用保留地"外，将西部领地全部转让给了合众国。此举为其他北部各州树立了榜样。到1786年，除弗吉尼亚和康涅狄格的保留地外，合众国控制了西北部的领地。随着南卡交出其西部狭长带土地，佐治亚在1802年成为最后一个交出其西部领地的州，西部土地转让最终完成。合众国得以确保对阿巴拉契亚山以西，密西西比河以东的荒原地带的所有权。

尽管对自由、平等的定义人们存有争议，但正是由于美国自由思想的"复杂性、多面性和发展性"[2]，"美国信念"为各色人等提供了维系彼此关系的纽带及寄托彼此利益的可能。最初鼓舞和引领移民的希望和理想成为促成后来彼此认同和自觉政治行动的关键。从殖民时期开始，一旦定居点的生活让人感到不满时，每个人都可以选择离开。富于冒险精神的人们厌倦了东部的拥挤，于是结伴西行，期待开启新的生活。印第安人的驱逐、英国的禁令和荒蛮的自然环境都不曾阻挡西进的探险者、拓荒者和土地投机者。而任何对于西部的控制和统一可能意味着剥夺自

---

1 Ray Billington, *Westward Expansion, A History of the American Frontier*, Fourth Edition, New York: Macmillan Publishing Co., Inc. 1974, 198.
2 王希，转引自〔美〕埃里克·方纳：《美国自由的故事》，王希译，商务印书馆2002年第1版，第532页。

由，剥夺移民开辟新生活的希望。从13个殖民地到合众为一，作为彼此独立自治的州的"永久联盟"，其初衷是战胜英国实现独立自由。但联盟能否永久，彼此是否会互不买账、割据一方，则取决于联结彼此的纽带是否强大。单纯的利益得失、妥协权宜，甚至一时一地的牺牲都无法保障这个联盟的巩固。维系联盟的只能是西部为东部展现的共同的利益——西部提供的各种机会、资源和可能性，以及超越疆土资源、政府机构和种族界限的"美国信念"——包括对理想的坚持和实践。

尽管历史短暂，但从一开始，美国就被描绘成"希望之乡"，激励人们对于理想未来的憧憬。有学者提出，"让美国人走到一起的最强烈的东西是我们自觉选择的自由民主政治的实践，"[1]正是这一选择使美国社会有别于欧洲。在利益攸关时刻，美国人没有分道扬镳、各霸一方，而是投入理想和建设，维护共有的信念和利益。正是这个意义上，可以说"将美国人与自己的同胞紧密联系在一起的既不是种族，也不是传统，更不是过去的历史，而是他们共同创造的未来。"[2]对于渴望西进的东部而言，谋取西部土地控制权的较量没有演变为武力强权之争，而是诉诸共同的信念和希望，诉诸利益各方在现实要求下审时度势的妥协和协作。西部土地完成向合众国的转让，不仅推动了独立战争的胜利进程，也必然有助于各州在管理制度和思想观念上的协调合作，为构建一个有效的全国性政府奠定基础。作为普遍性原则，"美国信念"所蕴含的凝聚力和希望不断在此后的一次次社会危机中得到证明。

---

1 William T. Bluhm, *Ideologies and Attitudes, Modern Political Culture*, Englewood Cliffs, N.J.: Prentice-Hall, 1974, 100.〔美〕塞缪尔·亨廷顿：《失衡的承诺》，周端译，东方出版社2005年第1版，第28页。
2 雨果·孟斯特堡，转引自〔美〕赫伯特·克罗利：《美国生活的希望》，王军英等译，江苏人民出版社2006年第1版，第3页。

第二节　如何管理西部？

围绕西部出现的动荡首先源于西部谋求并维护自治权的内在要求。此外，西部本身缺乏统一的法度，加之外部的煽动和分裂，共同加剧了西部的不确定性。尽管有《邦联条例》和《合众国宪法》，但具体的法令决策总是落后于西部拓殖的速度和现实。西部边疆居民绝对不是温良恭谦的顺民，而是富于开拓精神的冒险家。他们都是告别东部老家或欧洲老家的分离主义者，乐于自己主宰自己的命运。当东部遥远的中央政府无法提供高效的行政支持，当西部的土地政策常常为投机商和官员所用，当西部真正的定居者无法得到宽松的税法扶持时，他们会像前辈抗议英国议会一样，通过递交请愿、独立建州，甚至鼓动分离来表达诉求，自行解决问题。独立自治就是他们承自父辈的秉性和传统。

独立革命时期，西部的独立建州运动就此起彼伏。宾夕法尼亚在1783年宣布对西部煽动独立者处以死刑。北卡罗来纳在西部移民组建富兰克林州时期，一度失去对西部边疆的控制，并最终不得不转让西部边疆的土地。肯塔基也在1780年后出现类似的分离运动。在谋求州和国会的支持同时，西部公共领地上的非法占地者常常组织土地协会保护自身权益，或索性宣布有权自行制定法律自我管理。俄亥俄北部的占地者就积极向国会申请成为新州，以保护对所开辟土地的权益。显然，西部不会满足作为东部殖民地的地位，否定西部的自治权必然意味着分离或另一次革命。"只有各个部分平等自治，联邦才可能继续存在"。[1]

西进运动早期的土地狂热导致的不仅是西部移民占地投机的纷乱无

---

[1] Ray Billington, *Westward Expansion, A History of the American Frontier*, Fourth Edition, New York: Macmillan Publishing Co., Inc. 1974, 211.

度，也不断引发外国的觊觎。例如肯塔基州的分离运动就是由于西班牙的介入。由于弗吉尼亚拒绝承认其独立州地位，在1788年肯塔基召开的西部移民代表大会上，詹姆斯·威尔金森 (James Wilkinson) 试图利用西班牙的援助煽动革命和分离。他积极活动，向大会递交起草新宪法提案。但因其出发点在于为投机商谋求私利而不是为定居点居民谋求福利，遭到大会否决。1789年华盛顿就职时，这场"西班牙阴谋"[1]的危机刚刚宣告结束，但孕育叛乱的因素仍在。而英国为保护在北美的贸易，依托在加拿大保留的据点，一直在暗中支持印第安人袭扰和驱逐西部定居者，试图在西北部建立一个印第安人缓冲国。建国伊始，美国人在西北边疆必须对付英国，在西南边疆必须对付西班牙的分裂阴谋。

西部土地的分配和管理是所有不稳定和不确定因素的关键，但西部也成为凝聚联邦的纽带。在处理东部与西部的关系上，平等原则最终成为各方的共识。大陆会议在1780年10月通过《西部公共土地的决议》，承诺所有转让给合众国的土地都将"组成独立的共和体的州，成为联邦的平等成员，与其他各州享有同等的主权、自由和独立。"[2]自此，对待西部的总原则得到政府正式确认，有关西部的辩论和争执主要围绕西部土地政策、西部新建州的规模和管理方式。

一 如何处置西部的公共土地？

在取得西部土地的控制权后，合众国政府着手测量和拍卖西部公共土地，以满足西部定居者的土地要求。其意图不仅是鼓励西部的开发，在经济上促进西部的稳定，更主要的目的是解决当时邦联政府的财政困难。因此，制定一套西部土地政策是政府工作的当务之急。从组织土地

---

[1] Ray Billington, *Westward Expansion, A History of the American Frontier*, Fourth Edition, New York: Macmillan Publishing Co., Inc. 1974, 227.

[2] Henry Steel Commager ed., *Documents of American History*, NY: Meredith Corporation, 1973, 120.

测量和公地拍卖,到认可土地先买权、颁布宅地法,美国土地政策自由化趋势就是土地民主化的实施过程。这一趋势的背后既有移民渴望土地和投机商追逐利润的动力,更有人们追求自由平等理想的狂热。从根本上看,联邦政府西部土地政策的演变无疑是宪法精神的具体落实和体现。

首先,从"先到先得"到统一测量、公开拍卖。

早在完成西部土地转让之前,西进的移民已经自发形成了南北两种不同的土地制度。北部的"新英格兰制度"采取先整体规划市镇,然后集中移居的办法;而从宾夕法尼亚向南的"南方制度"则通行自由占地在先,申请转让在后的做法。两者特征反差,利弊明显:北方制度鼓励集体化的殖民开拓,移居开拓有序,便于地块的测量分配,但在移居地块的选择上必须优劣搭配;南方制度承认个性化的选择,完全依据个人喜好择地而居,利于家庭为单位的拓殖,但由于边界模糊常常引发纠纷,闲置土地也造成公共土地资源浪费,因为"缺乏条理规划尤其不方便管理"。[1] 两种制度显然反映了南北不同的拓殖方式和要求,对于中央政府制定统一有效的土地政策必然提出挑战。选择前者将得到秩序而牺牲移居;选择后者虽则鼓励移居但将难以管理。

西部的土地是政府和移民共同的需要,但是西进的移民希望按照自己的方式移居开拓,改善生活,而国家不但需要鼓励西部开发,还需要出售公共土地获得收入,解决财政困难。由于此前南北不同的土地制度,加上多数移民资本较少甚至没有资本,关于西部土地的现实和愿望显然难以协调。围绕如何将西部大量公共土地转为私人土地,尽管1781年人们就有许多探讨,但国会在1785年才正式任命一个委员会研究对策。《1785年土地法令》就是经过辩论和修改,在协调南北两种不同制度的基础上形成并通过的。该法令明确规定了土地测量、出售办法,并

---

[1] Richard A. Bartlett, *The New Country, A Social History of the AmericanFrontier,1776-1890*, New York: Oxford University Press, 1976, 68-69.

规定设立土地管理局。法令中特别考虑未来社区的发展,规定每个镇区应预留教育用地。尽管实际完成所有土地测量工作以及鼓励人们按照"镇区"或地块进行土地交易耗时长久,许多移民更加受到最低购地要求的限制,国家财政难以立刻从中受益,但是理论上说牺牲短期利益换来的将是西部未来的制度化和秩序化前景。正是在这一意义上,该土地法令"奠定了美国公共土地政策之基础"[1],正式开启了西部开发的大门。此后,伴随边疆不断西移,联邦政府不断修订并颁布新的土地法令,越来越多的移民涌向西部,有效地促进了西部的开发。

在政府本身对于遥远的西部知之甚少,也无法实际控制的情况下,开拓者的步伐总是先于政府的决策和规划。西进的移民们总是一路西行,择地而居,从来不需要政府的测量,也不可能等待政府为他们开山劈岭。西进的移民关注的是土地的质量,先行者历来奉行的是"先到先得"。在抢占土地的狂热中,人们无视政府公共土地之说,总是在按自己的方式开荒拓居,甚至制定和执行定居点自己的法律。作为合众国第一个正式颁布后得以实施的土地法令,《1785年土地法令》有效解决了西部土地测量和分配中的技术问题。但是,随着越来越多的移民涌入西部,社会不断向西扩展,人们不断抗议远在东部的低效行政和土地投机商的压迫,呼吁实现更加民主的土地分配。

其次,从公开拍卖到居者有其田。

西部土地政策自由化的发展具体体现了宪法倡导的立国精神——自由平等。建国后,美国社会政治经济建设方方面面奔涌着一股自由平等的豪情,而土地政策自由化的演变也正是这种时代精神的体现。通过西进,美国人在地域空间和社会自治两方面,将美国革命以来积聚的能量发挥到淋漓尽致。

从政府关于出售西部土地的规定来看,诸如土地购买限制和土地最

---

[1] Henry S. Commager ed., *Documents of American History*, NY: Meredith Corporation, 1973. 123.

低拍卖价等都倾向于逐步满足西部定居者的要求和东部土地投机商的期待。《1785年土地法令》中对西部公共土地出售价格的定价是每英亩1美元,但由于最低购买面积要求是一个地块,即640英亩,因而实际上就对单个购买者的资本提出要求。1787年颁布的《西北地域法令》为西部建立起严格的测量和出售公有土地的程序。1796年通过的土地法令修正案将土地每英亩单价提高到2美元,但允许只付一半现金,而另外一半可贷款一年,实际上较前减轻了个体移民的经济负担。1800年5月,"哈里森土地法令"放宽了政策,虽保留每英亩2美元的底价,但购地面积下限从640降到320英亩,且允许买主赊购(即买主可以仅支付全额的1/4,其余在之后3年内分期付款,该赊销制度一直实行到1820年)。这使普通移民可以直接向政府设立的土地管理处购买,鼓励了真正的移民,并一度排除了相当部分土地商人的投机炒作。路易斯安那购地之后,国会在1804年进一步放宽土地购买限制政策,将购地下限降到160英亩,并将土地单价降低到每英亩1.64美元。《1820年土地法令》取消了赊购制度,但是将购地下限降到80英亩,土地单价也降低到每英亩1.25美元。至少在理论上,任何人如果拥有100美元,就可以在西部购置土地。1841年,西部又得到重大让步,即"优先购买权"[1]。国会通过的《分配和优先购买权法》接受西部移民在政府土地上事先非法开辟的土地购买要求,并同意他们有权在土地拍卖时按照最低价格购买。这使得长期以来西部占地者的非法占地合法化。到1862年《宅地法》颁布后,所有符合基本条件的西部定居者每人将免费得到土地160英亩。通过降低土地价格、降低购买面积的下限、土地拍卖制度以及土地购买不设上限的做法,联邦政府的土地政策极大地鼓励了移民和土地

---

[1] 〔美〕丹尼尔·布尔斯廷:《美国人:建国历程》,中国对外翻译出版公司译,生活·读书·新知三联书店1993年第1版,第87页。"优先购买权"既是对西部土地政策的建设性调整,也是议员们务实的选择。因长期以来,西部任何一个新的地区有1/3到1/2的移民都是在公地上占住者。例如,1828年底前,伊利诺伊2/3的居民都是先行私自占地的移民。他们迫切希望得到追溯既往的先买权,保卫自己开发的土地。为此,西部占地者自发地组织了土地保护协会,或称为"产权俱乐部"。

投机，使得西部最终全面开放。

固然，在推动政府决策，解决土地问题方面，土地投机公司出于自身利益发挥了举足轻重的影响力。但毫无疑问，联邦土地政策的自由化是对民主的土地占有形式的鼓励。自由的土地，自由的机会鼓励了一种自我主导、自我约束、自我实现的生活方式。就西部土地政策的制定和贯彻来看，与其说是政府外在地对西部加以限制和规范，不如说在西部开拓的现实面前，限制自身的权威，鼓励自由开拓的务实精神，推进了西部的开发，促进了西部自治社会的成长。

在旧世界，长达千年的土地私有制是欧洲社会秩序的基础。土地的垄断成为社会变革的障碍。在新大陆，伴随殖民地自治形成的南北两种土地制度建立在完全没有土地私有权的土地之上，排除了封建世袭特权和人身依附关系的出现（如果将黑人奴隶和契约奴作为特定条件和历史时期的产物看待）。如果无视印第安部落的存在，西部的土地无疑成为名副其实促进自由生活的土地。从东向西自由迁徙并拥有土地的过程就是土地民主化的推进过程。然而，值得注意的是，西部的扩张始终是以牺牲土著印第安人的权利为代价的。印第安人被联邦政府视为外国人，排除在美国政体之外。在利益驱使下，联邦政府、州政府不断以"文明"和"进步"的名义剥夺印第安人对自己家园的自主权。托克维尔在1831年访问美国时，曾直言当时美国人"对印第安人的剥夺，经常以一种正规的或者说是合法的形式进行"，甚至预言"北美的印第安人注定要灭亡"。[1]

自治是美国社会的开端，也是这个社会不断追求的生活方式。自治首先是建立在个人权利基础之上，是包括个人的判断权、良心良知等一系列天赋人权。可是，以追寻自由、平等生活理想为目标的西进拓荒却同时演绎着扼杀土著居民自由的悲剧。"美国印第安人和白人在同一个

---

[1] 〔法〕托克维尔：《论美国的民主》，董果良译，商务印书馆1988年第1版，第378、380页。

民主政体下携手共进的基础也许在 19 世纪根本不存在"[1]，但印第安人问题永远成为美国社会推进自治理想无法忘却的一个伤痛和警示。而伴随西部土地政策的调整以及西部土地的不断开发，东部各州和联邦政府面临着更大考验：西部建州和社会自治的政治问题。

二 如何管理西部定居者？

理论上，在 1802 年完成西部土地转让后，联邦政府就取得了对于西部未被赠予土地的绝对控制权。实际上，西进的移民早已在自由地瓜分那里的公共土地。独立建国之后，各州尤其是西部强烈表现出自我发展和自我管理的要求，而仇视和抵制中央集权专制的观念早已成为一代代移民的传统。在地理上遥远和环境荒蛮的现实条件下，西部移民历来我行我素，各地的定居点自成一体。从一开始，西部定居者的管理就是新政府无法回避的挑战。联邦政府必须面对独立、自由的西部与远离西部的政府管制之间的矛盾。发挥政府的效用，建立西部的秩序成为政府管理的主要目标。

但是，西部的移民对政府的计划方案和土地政策常常并不热情。因为有条不紊的计划不是西进移民的追求，更好的土地和更好的生活才是他们的目标。他们没有预设的终点，也没有固定的行程安排，更不会期待一劳永逸。为了更好的土地和机会，他们会随时继续西进，义无反顾。而在联邦法律难以企及的地方，他们往往自我组织，制定乡规民约，维护自己的利益。正如丹尼尔·布尔斯廷在《美国人：建国历程》一书中所述，在建立政府之前的西部，移民们创制西部社会的"自然法则"，为自己立法，在事实上成立了多个"自作自为的政府"[2]。随着边疆

---

[1] Robert H. Wiebe, *Self-rule, A Cultural History of American Democracy*, The University of Chicago Press, Chicago and London, 1995, 88.

[2] 〔美〕丹尼尔·布尔斯廷：《美国人：建国历程》，中国对外翻译出版公司译，生活·读书·新知三联书店 1993 年第 1 版，第 79 页。

的不断推进，西部日益富于多样性和流动性，并自成一体。虽然除去用于馈赠和教育的保留地以外，联邦政府坚持所有西部土地归合众国所有，但在一定意义上，那里完全可以视为一个没有政府的社会。由于西部的广袤无边以及日益自由化的土地政策，投机致富是多数开拓者西进的目的。土地不仅是杰斐逊式农耕理想生活的起点，也成为人们单纯谋取财富的商品。而土地投机热带动了西部经济的繁荣，也使得信贷扩张过度，甚至引发金融恐慌。以下主要从两个方面来讨论作为合众国中央政府是如何通过法治应对西部管理的挑战：一是西部社会的法制建设；二是西部社会自治的有序发展。

第一，通过为西部立法构建西部的社会秩序。

伴随大量移民西进的一个问题是西部社会的法律和秩序缺失。联邦政府土地政策的制定和修订成为构建西部秩序的基础工程。如前所述，早在政府研究起草并制定西部土地政策之前，东部就形成了南北不同的开拓方式，被称为"新英格兰制度"和"南方制度"。围绕西部土地开拓的差异、分歧和利益之争伴随着边疆的不断西移，构成西部社会的常态。而西部秩序的建立首先是从制定和实施土地政策开始的。

《1785年土地法令》兼顾了南北移民的习惯和要求，被称为"批发和零售计划"[1]。它规定西部公共土地出售时，一半按镇区为单位出售，其余一半按分区为单位出售。前者照顾了北方移民和土地批发商，后者则照顾了南方移民和个体定居者的喜好。在土地管理的机制上，这一法令提出了具体的行政设置原则和安排。法令明确将西部公共土地出售权归属财政部。各州选派一人作为土地测量员负责土地的具体测量。他们的工作由政府委派的一位地理专家指导和监管。此外，财政部下设三个专员专职负责公共土地管理由。联邦宪法批准后，《1785年土地法令》的原则得到进一步确认和遵循。财政部长获得授权管理土地出售事务。

---

[1] Richard A. Bartlett, *The New Country, A Social History of the American Frontier, 1776—1890*, New York: Oxford University Press, 1976, 72.

作为首位财政部长，汉密尔顿最早提议创设"土地事务总局"，下设一位专员负责该局工作，一位土地测量总长监管具体工作。

此后，1796年法令扩大了财政部长在土地管理方面的职权，并正式设立土地测量总长办公室；1800年，"哈里森土地法令"则在西部创建了四个土地事务处，并在各处分别设立了记录土地交易的注册官员以及受理交易支付的收款官员；最终在1812年，如汉密尔顿的提议，国会正式成立"土地事务总局"，隶属财政部。（直至1849年，转而归并为内务部）在此期间，西部土地政策逐步得到修订，全国掀起西进的热潮。19世纪30年代、50年代先后出现了西进购地的"狂热"。土地交易所人头攒动，甚至出现文件积压，工作人员应接不暇的局面。而在美国英语中"the land office business"甚至成为"好买卖、大生意"的代名词，并收入英文字典。尽管在西部土地拍卖交易中出现过先行占地移民的抵制、投机者的欺诈以及官员的腐败，但是正是由于联邦政府果断及时行使其立法权，并逐步建立健全土地售卖登记制度，西部占地定居和投机的狂热才得以在一定程度上得到管制，而没有陷于彻底的混乱。公共土地的交易和档案管理也从那时建立起来并不断完善。即便今天，在联邦政府购买土地时，相关土地在国家档案馆土地事务处的档案里都尽可以查阅到土地转让证和土地转让登记的原始文件。

西进开拓的移民抛弃东部的一切，是为了摆脱经济或政治的困境，寻求自由的土地和自由的机会。《1785年土地法令》首次以政府的名义为西部提供了土地测量和产权保护方面的服务，但法令对西部和东部的关系，或西部的政治身份没有任何说明。其实，早在1784年4月，杰斐逊就向国会提出密西西比河河谷地带建州，并以平等身份加入联邦的构想。尽管由于西部土地转让问题造成的延误，以及东西部的不满，该方案未能付诸实施，但其中关于西部管理的设想被视为"美国西部殖民制度的总原则"，此后在土地投机公司和其他利益集团的一再推动下得到邦联国会的正式采纳。[1]

将杰斐逊的设想真正加以具体化实施的是1787年《西北地域法令》。该法令根据1784年杰斐逊的主张，提出了从中央政府控制到各州独立自治的渐进式管理方案，其终极目标就是实现西北领地的自治。正是因为它所倡导的体制，分离主义的传统在西部得到驯服。这一法令成为西部扩张的"基本法"。[2]

根据这一制度，西北建立的准州，将经历从完全接受国会控制（或称为接受东部的殖民控制）到以平等身份加入联邦，实行自我管理的演变过程。即，从一个准州转变为一个新州将遵循预设的三部曲：第一阶段，在人口稀少的准州，将由国会任命一个治理机构，全权负责准州事务管理，其成员包括地方长官、准州秘书和三名法官。准州立法机构获得授权制定本地的法典，拥有绝对的管理权力，但这种权力受国会否决权的约束。第二阶段，当该地区成年男性自由居民达到5000人时，可以按照居民意愿建立代议制政府，组建一个两院制的议会，包括一个直接选举产生的众议院，以及一个经过众议院提名由国会选择组成的5人"立法委员会"。地方长官对一切立法均拥有否决权。两院共同投票选出的一名代表将在国会拥有一个席位，有权参与国事讨论，但没有表决权。第三阶段，当成年男性自由居民达到6万人时，该准州即可作为一个正式的州，加入联邦。显然，在第一和第二阶段，西部没有自主权，准州立法机构必须绝对服从国会的否决。这一过程固然体现了东部的控制，但在政治秩序和人口经济的稳定发展方面为准州升格为州奠定了基础。所谓东部对西部"殖民控制"的终极目标正是结束这种控制，过渡向最后一个阶段，将有准备的成熟的准州接纳为州，兑现宪法保障的独立自治的权力。

---

[1] Henry Steel Commager ed., *Documents of American History*, Vol.1, NY: Meredith Corporation, 1973. 128.

[2] 〔美〕丹尼尔·布尔斯廷：《美国人：建国历程》，中国对外翻译出版公司译，生活·读书·新知三联书店1993年第1版，第518页。

同样的危机面前，不同理念指导下不同的法令政策必然带来不同的命运。当初，在独立革命之前，英国国会对于北美殖民地的控制也是通过一系列法令加以实施，例如 1763 年《英王诏谕》、1774 年《魁北克法》等。其目的是令殖民地服务于重商主义殖民政策，团结帝国抵御外侮，但其最终结果是北美殖民地的独立自治。而今，在独立革命胜利之后，美国国会通过一系列法令对于西部实施控制或管制，做法似乎无异于当年英帝国的殖民和专制。一些历史学家视其为"新的帝国控制"，认为西部不过是东部谋求利益平衡的工具，是东部或美利坚帝国的殖民地。[1]在联邦政府对于西部新领地的控制或统治的背后，固然存在东部商人的利益和政治需要，但是西部扩张对于杰斐逊等开国领袖来说并非为将西部纳入附属地位，建立一个北美帝国，而是为扩展美国的自治制度，用杰斐逊的话说是使新领地"受制于相同的体制和类似的法律"[2]，建立一个相互独立的共和国组成的体系。这样，在那里定居的人民不但来自美国，而且坚信美国的信念，高举美国的榜样。

　　美国的西部土地政策不但加快了人们西进的步伐以及西部的有序开发，而且推进了西部社会的自治。以 1787 年《西北地域法令》为基础，西部社会纳入制度化建设轨道，西部经济和政治秩序稳步建立起来。美国史学家雷·比林顿（Ray Billington）就认为它是"邦联时期最为重要的一项立法，在维护联邦方面其作用仅次于宪法"[3]。依据这部法令，在西北地域范围内将建立三个以上、五个以下的州，并明确新接纳的州在"一切方面将与原有各州平等，且能够自由地制定永久性的宪法，成立州政府。其先决条件是新州制定的宪法和成立的政府都必须采纳共和政体，符合《邦联条例》所包含的各项原则。"经过在西北地域的试验性

1　〔美〕丹尼尔·布尔斯廷：《美国人：建国历程》，中国对外翻译出版公司译，生活·读书·新知三联书店 1993 年第 1 版，第 516—517 页。
2　〔美〕Warren I. Cohen ed.,《剑桥美国对外关系史》，王琛等译，新华出版社 2004 年第 1 版，第 177 页。
3　Ray Billington, *Westward Expansion, A History of the American Frontier*, Fourth Edition, New York: Macmillan Publishing Co., Inc. 1974, 213.

调整和适应,《西北地域法令》的原则和程序成为西部建州的基本法得到承认和推广。作为邦联国会针对西部社会的重要法令,《西北地域法令》的基本原则在合众国第一届国会又被作为新联邦制度的一部分得到重新确认。由于其在建州步骤和政体上的明确规定,这一制度在程序上保障了西部社会的政治秩序,各个准州最终能够有序地实现其平等、独立、自治的政治身份,并纳入宪法明确的体制之中。这是一种"可以预见的"演变而不是激烈的革命,是东西部和平有序地融为一体的成长过程。正如布尔斯廷所说,它所遵循的基本原则,即"从(联邦政府控制下的)专制的殖民统治转向(新州)自治的进程以及国家内部的演变"已成为"美国国家成长的道路"。[1]西部独立分散的定居点经过整合,相继组建准州,继而成长为联邦新州。这一自我成长的过程中,西部社会摆脱了彼此分割的无序发展,宪法倡导的自治原则得到贯彻落实。这部法令不仅成为西部社会秩序建立的基础,而且也标志着合众国政府通过立法构建秩序的良好开端和法制典范。

事实上,从邦联时期开始,国会就已经充分认识到西部各个定居点惯于自行其是、各自为政的实际,以及移民社会自治的趋势。只有遵循东西部平等的原则,才能避免发生第二次独立革命,将一个自由独立的西部纳入宪法所规范的体制之中。土地政策的起草和修订正是西部社会治理走向制度化的重要开端。新的全国政府从一开始就毫不犹豫地在全国范围积极行使宪法赋予的权力,为新的共和国立法、征税。"东部的美国政治体制也正是靠这种权力以及为地界不明的西部制定法律的习惯来定型的。"[2]西进开发的过程见证了联邦政府对于这种权力的行使。

良法有助于治国、安邦、平天下,而恶法则可能成为变乱、亡国,或加速亡国的重要原因。英国在北美殖民地的失败一定意义上就是重

---

[1]〔美〕丹尼尔·布尔斯廷:《美国人:建国历程》,中国对外翻译出版公司译,生活·读书·新知三联书店1993年,第519页。

[2]〔美〕丹尼尔·布尔斯廷:《美国人:建国历程》,中国对外翻译出版公司译,生活·读书·新知三联书店1993年,第516页。

商主义思想指导下的英国殖民政策和法令的失败。从1765年的《印花税法》到1774年的"不可容忍法令"等自私粗暴的恶法不断激化冲突，加速了英国在北美的失败。从1783年摆脱英国独立到1789年首届政府成立，这一阶段被称为美国历史上的"危险时期"。因为这是一段新旧过渡，道路抉择的关键时期。不同于当年英国颁布的西部政策，《西北地域法令》并非自上而下，力图维护中央权威和维持西部社会秩序的独裁式的禁令，而是自下而上，由西部移民、东部各州、大土地投资公司谋求西部发展以及西部自身发展的需求共同推动的结果。它将国会的具体监管和鼓励地方自治相结合，有序地促进了西北地域内新州的独立自治，并为1790年通过的《西南条例》提供了借鉴。此外，它立足美国革命的精神和美国社会的自治传统，从解决西北公共土地管理问题出发，提出了保护民权、禁止奴隶制的要求，不仅为美国告别旧秩序，建立新体制提供了一种示范，也为未来美国地域的扩展和社会政治传统的传承奠定了制度化基础，成为邦联时期最为重大的一项立法成就。

第二，西部社会的自我成长模式。

西进扩张时期正是从立宪建制转向国家全面建设的历史阶段，是联邦政府推进宪法体制、国家主义的要求和西部独立自由要求彼此较量的非常时期。奔向西部的都是向往平等自由、怀揣分离主义传统的拓荒者。西部在激励开拓者进取和创造的同时，也蕴藏着革命的激情。追逐自由的时代精神和有序自治的联邦政策共同促成了西部社会的自我成长模式。

首先，从准州到新州的有序发展消化了西部社会争取独立自由的革命激情。自从1803年俄亥俄作为西部首个公地州被接纳加入联邦后，新的准州不断建立起来。一个半世纪的时间里，这片大陆三分之二的地区从"殖民地统治"或"半殖民（控制）"转向了自治。这种按照预设的程序迈向自治的不但保障了秩序也加快了西部开发的进程。更具意义的是，从公共土地到准州，从受制于邦联国会的绝对否决权到以平等身份加入联邦成为自治州的过程，创造了构建西部社会秩序的一种模式。

1787 年《西北地域法令》所确立的西北领地管理方案不但为西北也为整个西部的发展树立了榜样和典范,即提供了西部实现社会自治的一般性原则和标准程序。西部社会独立自治的要求和激情溶解在了简捷的步骤和现成的公式中。

西部新州的成长和加入联邦的进程事实上发展成为一种标准化推广过程。自治的规范和原则被预设为"标准化制度"[1],在不断的复制中得到推广。人们不必重复当年北美殖民地人请愿——抗议——分离的激烈抗争,而是可以在联邦政府的一系列法令保障下,通过不断复制建州模式,达成自治的愿望,集中精力改善环境,追求更好的生活。从殖民地准州到新州的标准化制度安排的特殊意义还在于,它有效地帮助西部移民从各自为政的割据式的定居点,平稳地转入联邦政府提供的全国性代议制政体之下。平等的政治身份、独立的自主管理机制为新州居民排除了放任西部自主扩展的狂热可能带来的诸多政治纠葛,使得定居者不必诉诸对抗或者暴力,而是腾出更多时间和精力建设家园。因此,为平等自由而斗争的激情更多化作建设性的创造。在这个意义上,丹尼尔·布尔斯廷认为"革命在美国被驯化了"[2]。

其次,西部新州以宪法的形式作出扩大选举权的规定,西部社会的自治趋向有序发展轨道。随着西部新州取消选举权财产资格限制,及东部各州的效仿,社会治理的参与度得到提高。

最早前往西部的不乏单枪匹马的探险者和旅行者,但他们热衷的是冒险而不是定居西部。西部的开发始于后来那些结队而行谋求在西部定居,并不断向西开拓的移民们。正如丹尼尔·布尔斯廷在《美国人:建国历程》中所描述的,陌生的环境、印第安人的威胁和共同的向往使他们团结一致,通过集体行动和集体生活相互扶持。从第一个定居点俄亥

---

[1] 〔美〕丹尼尔·布尔斯廷:《美国人:建国历程》,中国对外翻译出版公司译,生活·读书·新知 三联书店 1993 年第 1 版,第 520—521 页。

[2] 〔美〕丹尼尔·布尔斯廷:《美国人:建国历程》,中国对外翻译出版公司译,北京:生活·读书·新知 三联书店 1993 年第 1 版,第 521 页。

俄河谷地开始，在开辟家园，保卫土地和利益过程中，他们积累了结社的经验。例如，密苏里的独立城就是移民和商人集结西进的起点。从这里，他们组成商队或是大篷车队，沿着"圣菲小道"（Santa Fe Trail）、"加利福尼亚和俄勒冈小道"（California Trail, Oregon Trail）一路协作，患难与共，直至西部目的地。以家庭为单位或独自一人能够安全旅行抵达西部，则要到铁路通车以后。集体行动和集体生活的必要性培养了组织者的才智和权威，也培养了人们对于组织者权威的尊重。同时，在政府建立之前，那些移民组成的团体或移民定居点就凭借类似《五月花公约》的协议和章程，通过自己的"法律"自我组织和管理，形成事实上的"自作自为"的"政府"。几乎每一个西进的移民团体都制定了旨在"管理集体"的章程和规矩。没有政府机构的空白被移民们的自我创造填补起来。常常是移民团队的全体成员就是"立法机构"和"司法机构"。他们通过自警制、多数决定原则，提供法庭，倡导良知，维护一方秩序。诸如"产权俱乐部"一类自治社团的法律在执行中即便存有不足，也基本快速有效，因为人们关注的是这种法律的出发点和实质——维护社区共同利益和公正。¹结社的经验、注重法律实质的精神就来自于西部社会的自我成长和人人身在其中的广泛参与。当土地政策开始实施，西部准州逐步建立时，西部各个定居点居民自我管理的习惯和风尚早已蔚然成风。

由于当初各个州对于选举资格的意见不一，《合众国宪法》中没有具体规定选民的资格，而是把这个问题留给了各州自己决定。而对于选举权设立财产条件的质疑，早在独立革命时期就已开始。当时有一位普通的马萨诸塞居民就曾写到"一个人在选举中如果不能发出自己的声音，他何以能被称为自由和独立的人呢？"。²自治的权利不再仅仅意味着接受代议制政府的管理，同时也意味着个人直接参与政治的权利。随

---

1 〔美〕丹尼尔·布尔斯廷：《美国人：建国历程》，中国对外翻译出版公司译，生活·读书·新知三联书店1993年第1版，第61、76、79、88—106页。
2 〔美〕埃里克·方纳：《美国自由的故事》，王希译，商务印书馆2002年第1版，第45页。

着西部准州的出现,新州加入联邦,人们对于限制选举资格不断质疑,在杰克逊时代达到高潮。一方面,保守党人认为财富是智慧和德行的保证,没有财产的人无以信赖,难以担当社会责任,所以建国初期东部各州都通过对选举权的财产限制约束公众对政治的参与。麦迪逊在制宪会议上也曾表示支持。另一方面,反对派认为共和国应该是一个用契约凝聚社会大众的联盟,而不是一个商业合资公司,由"每位合伙人按照投资比例获取相应的利益"。"权利并不取决于德性"。而"根据传统的共和思想,财富使人堕落"。"没有话语权就是没有生存权"。[1] 通过宪法,共和国为它的每个公民享有完全平等的权利提供了原则保障,而今西部社会的扩展和西部新州的建立为定居者谋求正式而明确的政治权利提供了机会。

  在西部边疆新州制定宪法时,起草者都倾向于把他们迁出的老州或东部各州宪法作为模板,有时甚至几乎完全照搬。但不同于东部对选举权资格普遍加以限制,新州的宪法中普遍取消了限制,扩大了选举权。例如,与弗吉尼亚的宪法不同,肯塔基州宪法规定凡是在本州居住满两年的自由男性公民均享有选举权。此外,肯塔基州宪法中还明确规定,肯塔基任何合法的选举人都有资格获选州长或州议会议员。通过扩大选举权,西部新州宪法突出强调了作为一个自由政府的重要原则——政府需要经过人民的同意而统治。新加盟的印第安纳州(1816年)、伊利诺伊州(1818年)和阿拉巴马州(1819年)等都在州宪法中明确保障所有成年白人男性公民的选举权。较之东部,政治上更多的民主参与成为西部社会的共同特点。对于依然保留财产资格或纳税资格要求的东部老州来说,边疆的自由人已然实现了政治平等。在西部新州率先通过州宪法明文赋予所有白人成年男子选举权时,东部老州逐步跟进加以效仿。例如,康涅狄格(1818)、马萨诸塞(1821)和纽约州(1821)通过修宪方

---

[1] 〔美〕茱迪·史珂拉:《美国公民权——寻求接纳》,刘满贵译,上海人民出版社2006年第1版,第21,34,39页。

式，也纷纷取消选举权的财产资格限制。到 1860 年时，所有州都取消了对选民选举权的财产资格限制。尽管女性和黑人的选举权依然受到忽视，毕竟公共事务决策不再只是特别阶层关起门来享用的专利，而是与社会成员息息相关，并得到法律保障的趋向大众的权利。

对于大众而言，选举权的意义并不只是投票表决，还在于它所体现的公民资格、共同参与社会事务的平等关系。它是美国革命胜利后，美国人迷恋自由的社会情绪的产物。大众对自由的追求不仅催促政府推进各阶级可以共享的经济繁荣，而且要求在公共教育、禁酒立法等方面灌输道德原则，实现一个摆脱外在限制，自我约束和自我主导的社会。西部新州宪法扩大选举权的规定无疑在全国范围推进了社会治理的大众参与度以及大众的政治要求的实现。

随着在宗教、性别和种族方面的排他性限制日益遭到人们的质疑和抗议，美国社会逐步拓宽对于自由界限以及实现自由方式的认识。正如方纳所说，"自由不再是一套具体的权利，也不再是为某一特定群体和人民在某种社会环境下所享有的特权，而成为一种凡人皆应享有的权利了"。[1] 选举权不再局限于达到某种主观标准的少数人，而是从一部分人的权利日益变为普通人的权利。在地域和社会的扩张中，有关自由的观念彼此碰撞，自由的内容得到拓展，自由的权利通过对社会事务的平等参与要求逐步开始实现。

三 如何应对西进引发的社会变革的要求？

独立革命推翻了英国王权的统治，建立了一个共和制政府，并通过制定宪法表明其合法性是建立在被统治者的同意之上。但这场革命涉及的是"政府的变革，而不是社会的变革"。[2] 如果说美国革命标志着美国

---

[1] 〔美〕埃里克·方纳：《给我自由！——一部美国的历史》，王希译，商务印书馆 2010 年第 1 版，第 285 页。
[2] 〔美〕塞缪尔·亨廷顿：《失衡的承诺》，周端译，东方出版社 2005 年第 1 版，第 132 页。

社会从殖民统治向独立自治的政治体制变革，那么西进扩张则促进了宪法确立的美国体制下的社会变革。新体制无法立竿见影地兑现美国梦想，但当初围绕独立自治的理想所展开的论辩，不断鼓舞和激励着一个新社会的改革和发展。西进运动既是人们追寻自由的运动，也极大地推动了社会的扩张，激发了综合性的社会改革的热情。从东到西，人们在社会扩展中逐步从传统的等级观念和习惯的奴役中解放出来，在全国范围参与到社会自治之中。边疆的西移、西部的开发迅速改变了美国原有的经济和政治格局。当美国社会遵循宪法所明确的体制步入自我治理的轨道，一场综合性社会变革运动蓬勃而来，并在杰克逊执政时期达到了高潮。

就社会经济领域而言，西部移民的增加，加之交通革命带来的西部与北方和南方的商贸发展都极大地促进了社会生活的民主化变革。其一，经济领域的一些特权取消。合众国银行被取缔，国家银行系统得到开放；通过公司法，公司组建由特权变为常规权力；其二，社会改革热情普遍高涨。如公共初等教育进行了改革和扩大；首次建立了社会改良机制和机构，包括州监狱、精神病院、孤儿院、教养院等。

就政治体制的变革而言，从联邦政府到地方各级政府，在政府运作机制的改革的同时，人的法律地位得到确立。首先，自治的主体从少数人扩大到普通人。如前所述，根据财产或纳税限制选举权的做法首先在西部普遍取缔，并带动东部逐步取消选举权的限制。这种排除按照财产将人等级化的做法拓展了自治的主体，实现了人的法律地位的重大变革。随之而来的是普通人法律地位的确立。例如，白人男性普选权的规定极大地扩展了人们的政治参与；总统选举人普选，从选举团选举制度发展为普选制；国会的秘密推选制度取消；总统、副总统选举制度的变革表明原先局限于国会部分核心成员的特权被剥夺，少数人的权利转变为多数人的参与。其次，社会自治的方式趋向多元化。例如，通过政党制度的发展，社会治理参与度得到广泛的前所未有的提高。第一次全国代表大会召开，全国性政党形成；院外活动和院外集团作为影响政府的附加工具发展起来;选任的公职高度流动,这在众议院尤为明显;由于立法机关的选举要进行全国性严格票检,参议院的选举部分民主化了;强调官员实行轮换制度,获胜政党实行政府职务任命制度;要求票选的官职大大增加,其中包括国家级和地方级的法官。

如果说,1780年通过的《西部公共土地的决议》确立的平等原则解答了西部领地和东部的关系问题,《1785年土地法令》确立的土地测量和拍卖办法解答了西部领地如何分配的技术问题,那么,1787年邦联国会通过的《西北地域法令》则是作为西部社会管理和发展的"基本法",奠定了美国社会由东向西跨越扩张的基础。也正是由于这一法令,西部从各州、私人占地者和土地公司的争斗中解放出来,避免了邦联因西部土地之争而四分五裂。随着第一届国会把它作为新的联邦制度的一部分加以重新规定,西部的社会秩序稳步建立。由中央政府的控制到实现新建州自治的历程,说明了这个自治社会的扩展以及"美国国家成长的道路"[1]。在很大意义上,西部领地不仅成为凝聚和平衡各州利益的纽带,西部的开发也推动了美国大众参与广泛的社会变革,参与落实美国体制的过程。西部新州的建立和地域的扩张,促进了宪法原则的贯彻,在一个全新的地域和社会基础上奠定了美国社会发展的未来。

第三节 如何应对南部的分裂?

1787年邦联国会颁布的《西北地域法令》和1788年生效的《合众国宪法》表明,建国之初美国人就在规划西部土地的未来,以及接受北部自由州和南部奴隶州共存的社会现实问题方面达成了共识。伴随西部

---

[1] 〔美〕丹尼尔·布尔斯廷:《美国人:建国历程》,中国对外翻译出版公司译,生活·读书·新知三联书店1993年,第519页。

新州的成立，交通革命带来的经济和社会生活范围的扩张，西部不仅孕育了平衡和推进美国社会发展的力量，也对美国社会能否秉持自治的理想以及维护社会自治的法治原则提出了挑战。奴隶制与自由平等的立国理想、州的自治权与民族国家的统一性、完整的联邦与法治原则和法治精神成为美国社会必须重新加以权衡选择的首要问题。

地域的扩张逐步强化了南北在经济模式和发展观念上的差异，一再打破一度的平衡，并演变为全国性政治问题。经济和政治的较量达到难以调和妥协之时，南部的分离将联邦共同体置于生死存亡的危机之中。在分裂和反分裂的斗争中，能否维护宪法的权威、延续人类自治的理想成为困扰美国人的重大考验。对于各州是否有权退出联邦，宪法没有明文规定。因此按照长久以来的自治习惯，南部各州要求脱离联邦以维护自治权。而建国之后国家发展和国内外经济政治的严峻形势则要求维护联邦统一体，维护宪法作为联邦成员共识的契约性。此外，19世纪30年代以后美国反对奴隶制运动不断发展，并形成以北方为基地与南方的对峙。到1860年，北方的经济和政治力量在与南部的对比中渐渐处于上风，南北不同利益集团间的力量均衡处于一个关键敏感时期。政治、经济、道德诸多因素的发酵将建国以后持续扩张发展的美国社会置于分裂的边缘。

亚伯拉罕·林肯诉诸宪法，直面这一考验，但他也被视为超越传统的总统职权，强化行政分支，甚至僭越宪法的一位总统。林肯的努力拯救了联邦，也为美国社会的自我治理，即"通过深思熟虑和自由选择来建立一个良好的政府"[1]树立了信心。以下从政治、道德、历史传统三个方面来认识作为总统的林肯如何诉诸法治应对南部的分裂，并赋予美国社会自治的灵魂——法治一种全新的阐释。

---

[1] 〔美〕汉密尔顿、杰伊、麦迪逊：《联邦党人文集》，程逢如等译，商务印书馆2009年第1版，第3页。

一 法律是治国安邦的工具

实证主义法学派认为，法律本质上是国家治理的工具，是由国家主体设定的系统化规则，强调其至上性、协调性、合法性。法治是美国社会自治久已遵循并铭刻于心的传统。但它既是宪法确认的社会自治的原则和共识，也成为州权与联邦政府权威较量的工具。

1860年10月，南卡罗来纳州以州代表大会投票表决方式，率先宣布自己成为"主权州"并宣告联邦解体，南部其他10个州紧随其后宣布退出联邦，并于1861年2月制定新的宪法，正式组成"美利坚同盟国"。此前，南部就坚信"正义和宪法是站在南方一边的"，[1]并宣称退出联邦符合其认定的公正原则和宪法权利。如今，他们"基于各州的主权和独立，为创立一个永久的联邦政府，维护正义，保障国内和平，并谋求国民及子孙后代永享自由"[2]为目的，制定并宣布新的宪法。事实上，除奴隶制和州权两方面，在其他内容上南部宪法与1787年宪法基本无异。且在分裂和反分裂的合理性上，南北同时诉诸于法治及其公正性。

为维护社会秩序和稳定政局，法律历来都是社会治理的必要工具。无论是防范政府权力的侵占性或是克服个体常常无法避免的人性弱点，必须诉诸法治而非人治。对此，各州在建国之初已经获得共识。每一届总统，每一项重大公共事务决策无不强调以宪法为依据，遵循法定程序。但南部州的独立无疑是对宪法至上性的挑战。面对南部的分裂，为树立判断是非的标准，林肯首先呼吁南北双方共同尊重宪法的原则和权威，纠正在自由和奴役、自治和专制上的认识。当南部以自治名义退出联邦时，林肯不仅借助宪法法律的武器全力履行总统职责，同时，他引领美国人重新认识立国的原则、作为美国人的希望和值得为之奉献的美

---

[1] 卡尔洪，"关于奴隶制的最后宣言"，转引自〔美〕J·艾捷尔编：《美国赖以立国的文本》，赵一凡等译，海南出版社2000年第1版，第252页。

[2] Henry Steel Commager ed., *Documents of American History, Vol. One*, NY: Meredith Corporation, 1973, 376.

国事业，从而维护宪法作为联邦最高法的至上性。南部的分离打破了统一的联邦与自治的州之间在宪法通过时达成的妥协或平衡。州权和联邦权威针锋相对的关键是，作为政治工具，在涉及联邦整体利益与州地方利益的矛盾时，联邦宪法是否享有更高的权威？这种更高权威的根据何在？

  在这个新兴的国家，宪法作为最高法律的职能在于推进美国事业和美国体制，保障美国社会自治理想从蓝图化作现实。在南部分离伊始，林肯就毫不犹豫地明确宣布，自己的目标是拯救联邦，维护这个民族国家的统一，从而在此基础上捍卫和实现《独立宣言》提出的自由与平等。第一次就职演说中，林肯援引了"同胞之情"希望动之以情。在萨姆特要塞炮击之前，林肯一再强调历史赋予美国人的共同使命。为此，林肯表示尽管"没有流血和战争的必要"，但面对拯救国家这一重任，他"愿意为之而生……也愿意为之而死"。[1] 因为林肯坚信，宪法的生命存在于统一的国家、完整的联邦之中。"没有国家，宪法就没有意义"。[2] 如果说，当初宪法的制定和通过就是得益于大州与小州、北部工商业主集团与南部种植园主集团之间的和解与妥协，林肯首先努力以求的就是和解或妥协之道。

  无论在经济或是政治命运上，美国由于各州的共识和团结才得以长存，各州由于彼此相依才得以共荣，当初如此，如今依然。而为了拯救联邦这个最高目标，林肯勇于诉诸一切必要的手段，而不是止于审慎权衡。"如果我能够拯救联邦而不解放任何一个奴隶，我愿意这样做；如果为了拯救联邦需要解放所有奴隶，我愿意这样做；如果为了拯救联邦需要解放一部分奴隶而保留另一部分，我也愿意这样做"。[3] 由于在战时所采取的一系列措施和法令，他甚至被许多反对者视为"独裁者"。林肯饱受争议的几项政策包括暂停执行人身保护令；未加审讯关押大批同

---

[1] 〔美〕亚伯拉罕·林肯：《林肯选集》，朱曾汶译，商务印书馆1983年第1版，第154页。
[2] 〔美〕亚伯拉罕·林肯：《林肯选集》，朱曾汶译，商务印书馆1983年第1版，第243页。
[3] 〔美〕亚伯拉罕·林肯：《林肯选集》，朱曾汶译，商务印书馆1983年第1版，第204页。

情南部的北方人；暂停一百多份报纸等。[1] 自然，作为总统他有足够多滥用权力的机会，但"他对联邦和宪法所规定目标的追求是诚实的"。如他本人所说，在权力的运用上他十分克制。事实上，"他因为仁慈所受的批评与其因为严厉所受的指责一样多。"[2] 即便在内战的非常时期，包括 1862 年的中期选举、1864 年的总统选举都被视为完全符合现代标准，是"公正的"，没有出现任何阻挠公正选举的事情。[3]

面对国家分裂的危机和宪法权利的争论，林肯始终把宪法的权威置于首位。这是因为宪法权威来自于各州最初建立一个永久、完善的联盟的共识，这一共识的前提是《独立宣言》提出的对所有人生而平等的天赋权利的捍卫。作为国家的最高法律，《合众国宪法》所捍卫的正是包括奴隶在内的所有人的自然权利。分裂联邦则意味着背弃联盟共识。自治权本身不仅是主张各州或地方管理自己事务的权力，而且同时强调各州接受宪法的约束，以及主动自我约束的义务。面对州权主义与国家主义、分裂与统一的辩论，林肯高度审慎，又独立决断，始终将职责和国家置于首位。通过恪守宪法职责，林肯不仅拯救了联邦，避免了国家分裂，而且强化了美国社会合众为一的理念以及民族国家的意识。如埃里克·方纳所言，"内战以保存旧的联邦开始，却产生了一个新的民族国家"。[4] 美国内战之后，美国社会获得新的国家自我意识。政府的权力和责任得到扩展，工业现代化的发展令美国面貌焕然。

林肯的胜利在于他对法治工具本质的认识，并运用于维护人类有能力进行社会自治的信仰和希望。无疑，在他心中宪法制度存在的基础是

---

[1] David Herbert Donald, *Lincoln Reconsidered*, New York: Vintage Books, 2001, 152-154,158. 另参见〔美〕乔治·P. 弗莱切：《隐藏的宪法：林肯如何重新铸定美国民主》，陈绪钢译，北京大学出版社 2009 年第 1 版，第 6 页。

[2] 〔美〕西德尼·M. 米尔奇斯、迈克尔·尼尔森：《美国总统制：起源与发展（1776—2007）》，朱全红译，华东师范大学出版社 2008 年第 1 版，第 164—165 页。

[3] David Herbert Donald, *Lincoln Reconsidered*, New York, Vintage Books, 2001, 156-157. 西德尼·M. 米尔奇斯、迈克尔·尼尔森：《美国总统制：起源与发展（1776—2007）》，朱全红译，华东师范大学出版社 2008 年第 1 版，第 169 页。

[4] 〔美〕埃里克·方纳：《美国自由的故事》，王希译，商务印书馆 2002 年第 1 版，第 150 页。

国家的统一与每个国民的天赋权利。尽管利益分歧,在事关国家理想和统一的大业上,分歧应是证明美国社会能够维护并实现自我治理的起点,绝不应该成为分裂这个民族国家的借口。

二 法律承载一个社会的道德和价值观念

自然法学派认为,法律体现的是人的理性和社会的道德良心,是促进社会公平正义的程序和规范。背离人类共同的道德价值,建立在专制和暴政基础上的统一和稳定无疑是不得人心的,也只能是短命的。林肯在寻求宪法权威和原则下政治解决南北分歧同时,始终拒绝牺牲道德良心以谋取政治利益。将道德良心注入宪法权威和北方代表的正义性之中正是联邦政府得以凝聚人心的关键。

首先,南方州的分离,实质是以维护主权、自治权为名,将州的私利凌驾于联邦利益之上。南方将其分离权的正当性诉诸当初《独立宣言》提出的独立自由的逻辑:政府的正当权利是经过被统治者同意而产生的。任何政府一旦趋向破坏人民包括生命权、自由权和追求幸福的权利之时,人民有权改变或予以废除,建立一个新的政府。然而林肯超越法律条文的教条,深入南北双方分歧的实质,指出南方要求的"自治"权的不正当性——南方维护的是非道德的奴隶制度。南北之间"唯一实质性的争执"[1]在于奴隶制是否正确,是否应该接受奴隶制从蓄奴州扩张到自由州。

对此,早在1854年,在伊利诺伊州皮奥里亚的演讲中,林肯就极力反对将奴隶制纳入"神圣的自治权"加以维护。因为,尽管自治本身"绝对和永远正确",但不适用黑人问题。"白人管理自己是自治,但是,如果他管自己又管别人,这就超出了自治,是专制"。南方所维护的自治权背后是支撑南方生活方式的奴隶制和被视为财产的价值高达2亿美

---

[1] 〔美〕亚伯拉罕·林肯:《林肯选集》,朱曾汶译,商务印书馆1983年第1版,第161页。

元的奴隶。将奴隶视为财产而不是人,从而强调宪法保护的财产权、自治权,无疑是对《独立宣言》和共和国原则的亵渎和背叛。坚持"一部分人奴役另一部分人"的所谓自治无疑与《独立宣言》所宣告的原则互不相容、彼此对立。[1] 因为"我们的先辈并没有把这个国家缔造为半奴隶半自由,或部分奴隶部分自由。……(他们)通过废除奴隶贸易来切断奴隶制的根源,并采取措施限制那些没有奴隶制度新准州实行奴隶制时,(我认为他们懂得,)奴隶制是在走向最后灭亡。"[2] 1859年,林肯再次公开表示反对奴隶制的扩张,强调"奴隶制是错误的,道德上和政治上都是错的"。[3] 正是基于这一认识,林肯认为废除密苏里妥协案,在实质上违背了控制奴隶制扩张的宪法和法律精神。

建立在南方的"自治权"理论基础上的分离要求,毫无疑问旨在维护南部奴隶制为基础的生活方式和价值观念。而长久以来凝聚这个联邦的是《独立宣言》所体现的思想,它不但给予美国人以自由,而且给全世界以希望,并保证终有一天人人都将获得平等的机会。无疑,奴隶制与自由和平等的思想永远势不两立。接受南部所谓的自治权或南部脱离联邦的要求意味着放弃《独立宣言》的思想,容忍南方在奴隶制问题上的一己之私意味着牺牲自由精神和平等原则。

其次,州权与国家主义的对抗背后是地方利益与联邦利益之争,是社会价值取向的标准问题。宪法是各州之间通过利益平衡和妥协以谋求共同利益的结果,而今在地方利益扩张的要求下,面临廓清主权分配、利益优先性的挑战。美国内战之前,南卡罗来纳州从拥护到反对保护性关税的斗争就集中反映了州与联邦的利益之争。来自南卡罗来纳州的副总统约翰·卡尔霍恩(John C. Calhoun)关于废止联邦法令的思想集中代表了南方的主张。他认为,一个州有权宣布任何它所认定违反宪法的联邦法律在这个州无效。据此,南卡罗来纳州在1832年通过《废除国

---

1 〔美〕亚伯拉罕·林肯:《林肯选集》,朱曾汶译,商务印书馆1983年第1版,第60—66页。
2 〔美〕亚伯拉罕·林肯:《林肯选集》,朱曾汶译,商务印书馆1983年第1版,第106页。
3 〔美〕亚伯拉罕·林肯:《林肯选集》,朱曾汶译,商务印书馆1983年第1版,第120页。

会议案法令》，宣布本州不受1828年和1832年《国会关税法令》约束，禁止联邦官员在1833年2月1日后在该州征收海关关税，并不惜以退出联邦来捍卫自己的权利。而借助南部产品市场的发展，南部州的代表也得到西部的支持。安德鲁·杰克逊总统（Andrew Jackson）此前虽然支持州权，但在联邦面临的威胁面前，他坚决否认南卡罗来纳不遵守联邦法令的权利。在这场州废止联邦法律的危机中，他体现了一贯的现实态度，采取了坚定却"温和的策略"。[1]一方面，他建议降低南方反对的税率，同时他要求制定新的法律，加强总统实施法律的权力，以提高联邦的地位。最终，南部成功达成了联邦政府在1833年保护关税上的妥协，赢得了近30年的经济保护。[2]但各州作为联邦成员是否有权出于地方利益以自由的名义废除联邦法律，甚至任意脱离这个共同体？安德鲁·杰克逊在1832年致南卡罗来纳州的答复中声明：一个州擅自废除合众国法律的行为"是与联邦的存在相违背的，是与宪法内容相抵触的，是宪法精神所不允许的，是与制定宪法的所有原则相背离的，并且是对宪法伟大目标的破坏"。[3]

当南部宣布退出联邦并成立临时政府，亚伯拉罕·林肯也是依据同样的观点，诉诸宪法原则，并驳斥南方出于一己之私对于"契约精神"的破坏。脱离联邦的举动本身并非捍卫宪法的权威，而是实质上的"无政府主义"和"毁约"。因为，南部开创的将是"一个不断导致自我分裂和毁灭的先例"。[4]南部各州组织的新的邦联将难免再度分裂，任何这类邦联的宪法必然毫无强制力和规范力，也毫无权威可言。

---

[1] 〔美〕查尔斯·A.比尔德、玛丽·R.比尔德：《美国文明的兴起》，许亚芬等译，商务印书馆2010年第1版，第590页。

[2] 这一保护一直维持到1861年莫理尔提案的通过。不仅在关税问题上，州权主张还表现在银行、货币制度以及土地制度等方面。具体可参考比尔德的详述，见〔美〕查尔斯·A.比尔德、玛丽·R.比尔德：《美国文明的兴起》，许亚芬等译，商务印书馆2010年第1版，第592—600页。

[3] Andrew Jackson, Jackson's Proclamation to the People of South Carolina, in Henry Steel Commager ed., *Documents of American History*, Vol. One, NY: Meredith Corporation, 1973, 264.

[4] 〔美〕亚伯拉罕·林肯：《林肯选集》，朱曾汶译，商务印书馆1983年第1版，第157、160页。

面对南方的分离要求以及维护统一的职责,林肯无疑面对另一种选择,即牺牲黑人权益来保存联邦。但在内战的非常时刻,林肯将道德意识和人的理性注入到捍卫宪法,捍卫联邦的事业之中。他强调法治精神,不但将法律的原则服务于联邦的统一,而且始终没有放弃自己坚持的社会公义和道德原则。不同于他竞选伊利诺伊州参议员时的竞争对手道格拉斯,林肯拒绝以奴隶制的扩张为代价来拯救联邦,因为"那样做会使宪法脱离《独立宣言》的道德基础"[1]。正是立足道德的基础,面对战后的重建,林肯呼吁南北双方消除恶意,彼此宽容。在林肯看来,奴隶制是个历史的错误,因为接受这个错误才有了联邦的统一体,也因为正视这个错误的勇气和行动才最终保存了联邦和国家的完整。在这个错误中,南北双方因其"同谋关系",彼此都"付出相当代价"。[2] 他用富于政治智慧的努力证明"只有认为法律指向的是高于其自身的事物,我们对法律的敬畏才能被证明是正当的"[3]。对于欣欣向荣正处成长中的美国来说,强大的经济军事力量固然有助于实现维护联邦的目标,但诉诸道德和理性的优势无疑为联邦政府克服内战分裂的危机,争取国内和国际的支持赢得更多先机。

三 法律的生命在于经验

历史法学派认为法律是一个民族和社会文化传统的历史演进和具体体现。特定历史环境赋予法律的道德和政治上的合法性可能被另一种历史环境所剥夺。脱离特定的文化传统,忽视现实国情的法制只能是抽象的教条、囚禁社会活力的牢笼。"法律不只是道德或者政治,也不只是道德和政治的结果,法律还是历史。……历史,即社会经验生活,可以

---

1 〔美〕西德尼·M·米尔奇斯、迈克尔·尼尔森:《美国总统制:起源与发展(1776—2007)》,朱全红译,华东师范大学出版社 2008 年第 1 版,第 156 页。
2 〔美〕亚伯拉罕·林肯:《林肯选集》,朱曾汶译,商务印书馆 1983 年第 1 版,第 244—245 页。
3 〔美〕哈罗德·伯尔曼:《信仰与秩序:法律与宗教的复合》,姚剑波译,中央编译出版社 2011 年第 1 版,第 364 页。

为道德和政治的调和提供条件甚至起到推动作用，使二者结合在一起。实际上，法律也可以定义成根据经验对正义和秩序进行平衡"。[1] 作为一名实证主义者，奥立佛·霍姆斯（Oliver Wendell Holmes Jr.）大法官一方面认为经验本身不是法律，而是法律效力的潜在渊源，坚持法律是适用于案件的规则，同时又强调法律原则的历史发展，认为"法律的生命不在于逻辑，而在于经验"。[2] 然而，正是对历史和传统的不同解读，北方与南方在各自对宪法和法治原则的理解上彼此分道扬镳。

从建国到颁布《解放奴隶宣言》，奴隶一直被视为奴隶主的财产，对此宪法虽没有明文的说明，但无论南北，奴隶是获得宪法保护的奴隶主的一项财产。宪法最初立足并反映的正是美国南北不同的生活方式和社会价值传统的现实。除奴隶外，印第安人和妇女也被明确排除在美国公民范围之外。

林肯坚信奴隶是人，拥有与白人相同的自治权，但是在奴隶制问题上，他始终摒弃激进手段而是采取审慎务实的态度。他坚持奴隶制的现状和历史带来的矛盾需要在宪法原则下，通过理性的办法逐步解决。为此，林肯拒绝认同废奴派的激进策略，提出过诸多温和的设想，例如鼓励黑人接受向境外移民的安排，开始新的生活；又如通过向奴隶主提供联邦补偿和赎买的办法逐步实现奴隶的解放。果能如此，在和平理性的环境中，这一代美国人可以兑现独立革命之初先辈们在《独立宣言》中立下的誓言和理想。尽管这些设想未能付诸实施，因其审慎隐忍，林肯甚至被批评为没有政策的总统。但林肯领导下的联邦政府始终把握人类理性和时代变革的要求，通过强化行政权和联邦权威推动法治观念的变革。人们常常将法律制度等同于法治，忘却立法的目标和时代的发展。身为律师，林肯深谙法治原则和法律条文之重要；作为总统，在坚守法

---

1 〔美〕哈罗德·伯尔曼：《信仰与秩序：法律与宗教的复合》，姚剑波译，中央编译出版社 2011 年第 1 版，第 279 页。
2 Rosecoe Pound, *An Introduction to the Phiopsophy of Law*, rev. ed. New Haven, CT, 1954, 62. Oliver Wendell Holmes, Jr., *The Common Law*, ed. Mark Howe, Cambridge, MA, 1963, 1.

治精神的同时，他更强调强调克服教条，以抵达法治所应实现的目标。当法治的基础受到动摇，当文化传统受到时代洗礼时，拘泥于法律的细节和条文毫无意义。在这个意义上，林肯认为"有些措施本来是不合乎宪法规定的，但为了保全联邦而必不可少时，这些措施就变成合法的了。"[1] 另一方面看，为奴隶主的利益和南方生活方式的未来考虑，南方谋求奴隶制在西部新州的扩张不仅超出了保护财产权的意义，而且也是对19世纪30年代以后社会影响日巨的废奴运动的蔑视。以宪法权利为名维护其价值观、扩张其经济政治势力，无疑是对社会和文化变革的一种漠视和反动。

显然，林肯的谨慎、冷静和务实源于他对法治和理性的信仰。迫在眉睫的不仅是联邦存亡问题，而且是一个向人类大家庭提出的课题："一个宪法规定的共和国或由人民自我管理的政府，到底能否抵挡住它自己内部的敌人而维护领土完整"。面对法治的困境，"难道一个政府要么必须强大到限制自己人民的权利，要么就必须弱小到不能维持自己的生存？"[2] 林肯所努力维护的正是法治的传统和人类社会自我治理的希望。美国南北战争中，林肯所面对的不仅是国家分裂的政治危难，也有宪法在奴隶制问题上的道德困境。作为总统，林肯的纠结和抉择证明，法治社会的建设是一个不断发展和发现过程，无法一劳永逸。作为特定社会历史和文化的遗产，法律的生命存在于立足历史经验基础上的发展。

作为立法者的意志，法律代表着政治的强制。作为理性和道德价值的反映，法律意味着道德约束。作为不断演化发展的文化历史传统，法律体现了民族性格。实证主义者、自然法论者、历史法论者分别从政治、道德和历史的视角来审视法律，并各执己见。于是，关于正当与良善、理性与意志、道德与政治的关系或矛盾成为人们争议的话题。而现实是，它们彼此互动、相辅相成。离开政治、道德、历史这个三维的视

---

1 〔美〕亚伯拉罕·林肯：《林肯选集》，朱曾汶译，商务印书馆1983年第1版，第243页。
2 〔美〕亚伯拉罕·林肯：《林肯选集》，朱曾汶译，商务印书馆1983年第1版，第165—166页。

角,任何关于法制和法治社会的争论都是狭隘和盲目的。

林肯的胜利说明,单凭宪法和法律制度远远不够,因为制度由人制定、修订,由人解释、执行,也为人和变革的社会而存在。正是人赋予法制以意义、权威和价值,只有在尊重宪法法律的权威同时,将道德和良知注入冰冷的法律条文,对民族文化传统加以继承和扬弃,非人格的体制、条文才会拥有生命,给人希望。当南部将奴隶制在西部的扩张视为受到宪法保障的自治权时,法治原则和立国信念之间的矛盾背后是政治、道德、传统间的冲突。没有法律约束的社会是无法想象的,但是"一个社会如果只有法律标准而没有其他标准,那么它就不配成为人类社会。"[1]因为作为促进社会治理的工具,法律不只是行为准则,也反映并传递这个社会的价值取向。根本上说,"法律也是人与人之间的一种关系"。"法律实际上是将公义或爱融于关乎大众的社会环境的一种方式"。[2]因此,法律制度不仅仅是一个社会施与人们的外部规范,也同时是社会大众普遍向善的理性的向往。此外,"法律的生长具有其内在的逻辑,……法律不只是在发展变化,法律也有历史传承。"而"不论是在某个特定时期还是从长远看,不断发展的法律体系对于国家本身都具有约束力。统治者可以立法,但不得任意为之。除非依法修改法律,统治者理应受到当前所立法律的约束"。[3]

林肯通过权衡政治秩序、道德秩序和文化传统三个方面,确立了美国社会自治的根本,为未来美国社会治理的现代化奠定了基础。美国内战之后,美国社会工业化的发展以及迅速跨入现代化社会的历史证明,林肯的努力维护了美国的利益,促进了宪法目标的达成。

美国社会由东向西的地域扩张不仅是自治空间的扩张,而且是对宪

---

1 索尔仁尼琴,转引自〔美〕哈罗德·伯尔曼:《信仰与秩序:法律与宗教的复合》,姚剑波译,中央编译出版社 2011 年第 1 版,第 363 页。
2 〔美〕哈罗德·伯尔曼:《信仰与秩序:法律与宗教的复合》,姚剑波译,中央编译出版社 2011 年第 1 版,第 296,367 页。
3 〔美〕哈罗德·伯尔曼:《信仰与秩序:法律与宗教的复合》,姚剑波译,中央编译出版社 2011 年第 1 版,第 287 页。

法确立的法治原则和程序的超常规"过载"测试。它证明,法治是自治的灵魂。一个自治的社会必然是一个法治的社会,而一个法治的社会是建立在尊重和捍卫个人权利基础之上,包括个人在政治、经济上的平等和自由等一系列天赋人权。自治不是为所欲为,各自为政,而是在共同制定的规则——即宪法和法律——下的有序自治。

"如果说美国诞生在东海岸,那么她的成长则发生在西进运动的过程中。"因为对于美国而言,"西部不只是边疆,它是社会进程的标志。它孕育了既尊重国家政府又有地方自决的精神,促进了民族身份的形成。"[1]西进运动见证并坚定了美国人对于未知的茫茫西部的想象和使命感,体现了年轻的美利坚合众国不断成长的信心和力量。这种信心和力量固然来源于《独立宣言》所表达的美利坚人对社会自治理想的认同,但不可否认的是,面对印第安人问题,面对和英国人、墨西哥人的谈判,"美国扩张的历程,突出的是实力的作用"[2]。新的边疆不断向西推进直至消失,既是美国价值观念的征服过程,也是物质利益的扩张、掠夺和博弈过程。西部带给美国的不仅仅是疆域、资源,更有对自由平等的立国信念和理想的深刻反思,以及作为年轻的民族国家未来发展的警示。

伴随地域的不断扩张,在经历现实和理想、狂热和理性、分离和统一的较量后,美国大众的国家意识逐步增强,彼此的社会认同感得到加强。社会自治的实践在前所未有的范围得到展开,保障自治社会能够常态运作的法治精神更加深入人心。至为重要的是,在这一进程中,以宪法的形式确立的自治制度克服了地域扩张的挑战和国家分裂的考验,最终得到贯彻和确认。经过西进扩张以及美国内战的洗礼,当边疆在人们追逐自由的狂热中消失,美国人跨入了社会工业化的新时代——美国体制和美国理想的新考场。

---

[1] J·卡尔顿,转引自〔美〕J·艾捷尔编:《美国赖以立国的文本》,赵一凡等译,海南出版社 2000年第1版,第86页。

[2] 〔美〕Warren I. Cohen(孔华润)主编:《美国对外关系史(上卷)》,王琛等译,新华出版社 2004年第1版,第175页。

第四章
工业化变革的挑战

　　工业化过程促进了美国城乡的现代化。但在经济上取得前所未有的进步和繁荣同时，美国社会也在社会阶层分化、生产生活方式诸方面发生了前所未有的变革。工业文明取代农耕理想，急剧的经济变革令农场主和工商企业俯仰于市场的莫测变幻，许多人为决胜市场竞争而千方百计，甚至不择手段。城市化、现代化的发展既坚定了美国人的自信，揭示了前所未有的物质成功的可能，也对传统的自治规范及社会价值标准提出了挑战。这是一个从农业社会的田园、孤岛和宁静走向工业社会的车间、市场和喧嚣的巨变时代，是激励个人才智、扩张思想眼界和社会财富急速增长的时代，是贫与富、传统与创新、个体与社会、地方与国家彼此博弈又彼此交融的时代，也是一个在物质和精神两方面都日益大众化和民主化的时代。

　　自由放任的经济政策在物质和精神两方面引发一系列矛盾，激发了社会大众的改革要求和实践。面对农业社会向工业社会的转型中背离立国信念的种种问题，人们开始反思经济自由放任的弊端。社会大众和团体纷纷采取主动，尝试行业自治，改善自己的经济和社会处境。为抵御物欲对社会风尚和政府行政的腐蚀，改革者或口诛笔伐或结社而行，推动地方乡镇、州和联邦各层面经济和社会的改革，要求回归美国信念和《合众国宪法》所倡导的基本原则和价值观念，纠正和修缮个体自治及社会自治的规范和价值标准，为促进工业化转型时期的自我治理创造社会条件。

第一节　行业自治的考验

一　农场主如何应对工业化的挑战？

乡村是美国理想开始的地方。南北战争结束后,工业化发展给社会生活和生产带来翻天覆地的变化。农产品过剩、市场化竞争、土地投机盛行和城市化发展使得传统农耕生活的不确定性和经济风险增加,越来越多的农场主不愿或无力安于农耕理想。困扰农场主的既有经济上的压力,也有对社会地位衰落的愤怒。为了摆脱困境,农场主们首先想到的是组织起来,走出乡村"孤岛"[1]生活,维护和增进自身利益。对习惯于农业社会独立的田园生活的人们而言,组织起来尝试行业自治无疑是极具革命性的变革和挑战。

（一）建立农场主自治组织

西部的粮食产品的销售完全依赖私营铁路公司,待运出售的粮食必须经过储运公司。而储运公司或是由铁路公司经营,或是与铁路公司沆瀣一气,强制农场主接受指定的仓储服务,且随意定价。这还只是农业生产者普遍遭受商人和大企业压榨与不公待遇之一例。如何维护自身的利益？

19世纪60年代末开始,针对大企业的垄断和剥削,农场主自发组织的抗议运动风起云涌。当时规模最大的农民自治组织是1867年成立的"农业保护者协会"（The Patrons of Husbandry）,也称全国格兰其,主张通过社会活动、互助和教育来改善农村长期以来闭塞和麻木的"孤

---

[1] Robert H. Wiebe, *The Search for Order, 1877-1920*, NY: Hill and Wang, 1983, 1.

岛"社会状态，帮助农村适应工业化和经济变革，增进农民的利益。到1873年底，除四个州 (Connecticut, Rhode Island, Delaware, Nevada) 外它在全国其他32个州都拥有了自己的机构，成为内战后第一个全国性农民自治组织。1874年通过的"全国格兰其目标宣言"呼吁以立法规制铁路运费，倡议团结合作推进经济自救和社会公平，不仅成为该组织的行动纲领，甚至成为后来各类农民组织纲领的模板。[1]在格兰其运动的影响下，许多州纷纷修订州宪法，授权制定禁止铁路实行歧视性运费的立法。

针对农场主的抗议和各州禁止铁路歧视性运费的立法，铁路公司不甘示弱诉诸法律针锋相对。在伊利诺伊州，农场主和铁路公司彼此争执不下，甚至一路上诉到联邦法院。1874年，联邦最高法院对"穆恩诉伊利诺伊州案件"(Munn v. Illinois) 判决后，一系列禁止铁路垄断和歧视性运费的法律得以通过。鉴于格兰其运动的广泛影响，这些法律甚至被称为"格兰其法"(The Granger Laws)，标志着涉及社会公共利益问题上要求政府承担责任，有所作为的新时代的开始。通过自我组织，并诉诸法律，格兰其在全国范围维护农场主利益，反抗铁路公司和储运仓库垄断经营的抗争，成为美国大众规制垄断行为的最早篇章。

（二）从经济联合到政治参与

铁路仓储问题之外，同样困扰农场主的还有债务问题。1869年，为了偿还内战中发行的国债和纸币，联邦政府决定支持债权人，以金币偿付国债。1873年，政府又决定紧缩通货，实行金本位制。政府的决策导致价格下跌，债务上升，使已债务累累的农场主雪上加霜。面对金融资本对社会中下阶层的掠夺，19世纪70年代在中西部和东北部兴起了绿背纸币运动，甚至建立了以农场主为主体的全国性政党。此后，联合

---

[1] Richard B. Morris, ed., *Encyclopedia of American History*, Harper & Brothers Publishers: New York, 1953, 248.

自救并诉诸政治成为农场主摆脱困境的共识和行动。进入19世纪80年代,农场主地方自治组织和联盟组织大量涌现。最具影响力的跨州联盟有2个:"全国农场主联盟",即北方联盟;"全国农场主联盟和工业联合会",即南方联盟。尽管彼此存在分歧,两大联盟的政治、经济纲领和实践为后来的政治改革和经济改革提供了思路,例如"国库分库计划"就为建立联邦储备体系提供了蓝图。

1892年,农场主联盟演变为人民党组织,被称为当时"声势最为浩大的政治造反派"[1]。人民党的纲领提出国家干预经济,实行政治经济改革的具体方案,不仅吸引了农场主,也得到科罗拉多等州矿工和产业工人的支持。格兰其运动有关教育、合作的主张得到人民党的继承,并通过创办地方报纸、旅行演讲等发展为更大规模的社区教育和宣传活动。作为历史上两党之外首次拥有在全国政治舞台发言的第三党,人民党不仅是"对两大政党独揽的选举政治的挑战",更"在全国范围激发了大众的改革热情"。[2]尽管就全国政治看,人民党没有取得最终的胜利,但在各类农场主自治组织的社会活动和政治参与过程中,乡村逐步摆脱"孤岛社会",形成推进变革的共识和要求。19世纪90年代组建人民党(平民党)及其与民主党的合并成为农场主抗议运动的最高潮。正是在这一系列主动参与自救和改革的组织过程中,"农场主逐步学会如何凝聚力量,管理自我,服务切身利益"[3],并最终走出自我束缚的传统,成为改善自身命运,推进经济和政治变革的一股社会力量。农场主的经济困境和利益保护要求开始得到联邦的重视,体现在国会一系列立法中,如1914年通过的《克莱顿法》,1916年通过的《联邦农村贷款法》以及1922年通过的《卡帕—沃尔斯德合作社法》等法案。

---

1 〔美〕埃里克·方纳:《给我自由!——一部美国的历史(下卷)》,王希译,商务印书馆2010年第1版,第812页。
2 Alan Brinkley, Ellen Fitzpatrick, *America in Modern Times: Since 1890*, New York: The McGraw Hill Companies, 1997, 37—38.
3 Samuel P. Hays, *The Response to Industrialism, 1885-1914*, Chicago: The University of Chicago Press, 1957, 32.

继 19 世纪 60 年代兴起的"格兰其运动",70 年代的"绿背党",到 80 年代的"农民联盟",再到 90 年代的"人民党",农场主在诉诸宪法维护自身权益的斗争过程中不仅逐步打破了乡村生活狭隘的个人主义习惯,也为谋取自身福利营造了新的社会条件。从最初纠结于经济、社会地位的衰落到诉诸国家政治,农场主的抗议和自救运动不仅是乡村社会自治传统的继承,也为这一传统增添了新的内容。

二 工人如何争取并维护自身权益?

工业文明促进了物质财富的增长,也把大半个国家变为车间和工地,将工人关进了工厂和工资制度的牢笼。南北战争之后,制造业的发展进一步刺激了大企业和商业公司的发展,资方和劳方间的雇佣工资关系取代了传统作坊和小工业中的学徒和师傅之间的私人关系。老板们为追逐利益无不千方百计。对于工人来说,根本不存在任何退休、医疗、工伤和孕产妇休假等福利和保障。为了生存,在失业的恐惧和终身劳作间徘徊和沉默,是绝大部分工人的生活状态。要求改善劳资关系,维护劳动者权益是劳工共同的愿望。而工厂和工资制度的环境下,共同的际遇和共同的诉求促进了劳动者群体联合起来,通过劳工自治组织,维护自身权益。

(一)自发的罢工风潮

共同的命运使劳动者逐步意识到底层劳工构成了社会的大多数,而拥有社会绝大部分财富的工厂主、资本家占据少数。作为大多数,仅存的出路在于团结起来成为有影响力的多数。1877 年的大动荡(The Great Upheaval,1877 年 7 月 18 日--8 月)就是由自发的铁路工人罢工开始,并引发多个城市暴乱的一场出乎资方和政府意料的社会风暴。虽然没有事先计划,也没有任何工人社团参与组织,甚至最终无胜利可言,"唯一幸运的只有那些罢工中的死者",但正如艾伦·内文斯(Allan

Nevins）所说，这次罢工增强了工人之间的凝聚力，产生了广泛的社会影响。首先、社会失业现象和工人难以为继的生存状况获得社会普遍关注和同情。其次、这次罢工和骚乱对社会秩序和公共利益的维护提出了要求。第三、打击了铁路公司为代表的资方牺牲工人利益，肆意削减工人工资，肆无忌惮追逐利益的做法。在承担更多社会责任，面对工人利益采取更审慎态度方面，罢工对资方提出了现实的警示和要求。工人的福利保障和权益问题开始得到社会关注。[1] 更为重要的是，从这场自发的铁路工人罢工到全国各地工人的支持与声援中，工人阶层看到了大多数人的力量，促进了全国性工会组织的产生。

（二）有组织的工人运动

在全国范围尝试将各行业工会联合起来的第一个工人组织是1866年成立的全国劳工同盟。它是13个州的代表召开的历史上第一次全国性工人代表大会的成果。该同盟主张八小时工作制度，采取改良而不是罢工等激进手段对抗工业制度的弊端，并于1870年选举产生美国历史上第一个群众性工人政党——全国劳工党全国执行委员会，成为工人参与政治争取自身权益的一个开创性实践。1869年成立的劳工骑士团则宣称接纳一切以工资收入为生的劳动者（甚至包括妇女和黑人），强调教育、合作，宣传经济体制的改革。1881年各行业工会开始与骑士团分道扬镳，最终行业工会会员和来自劳动骑士团的反对派在1886年，联合组建了"美国劳工联合会"，取代劳动骑士团，成为美国最大的工人组织。该组织聚焦具体而直接的经济斗争，善于抓住一切机会通过罢工、选票与两党或政府进行妥协和博弈。在1893年经济萧条之后，劳联的成员在1900—1904年达到160万。

尽管改良主义一直占据美国工会社团运动的主流，但激进主义的主

---

[1] Allan Nevins, *The Emergence of Modern America, 1865-1878*, NY: MacMillan Company, 1954, 392.

张和活动始终没有因此消失。随着工业化发展和欧洲社会主义思潮的涌入，人们也试图从马克思的理论中寻找答案。1901年美国社会主义党成立，提出为公民免费提供教育，为改善劳工工作环境立法，通过对铁路、工厂等机构公有制改革实现经济的民主化，在一定程度上为后来的社会福利、公共制度改革提供了借鉴。较之社会主义党人更为激进的是1905年成立的"世界产业工人协会"，声称要成为团结所有劳工的工会。正是由于这个协会争取罢工权利以及抗议禁止露天公共演讲的斗争，公民自由成为20世纪工人运动的一大主题。劳工运动不再仅仅是经济问题，而是作为大多数的劳动者维护自身自由和平等权利问题。

劳工运动是工人为应对工业化变革而改造自我、改造社会的自治运动。从最初抗拒工厂制和工资制寻求摆脱工业技术和制度的控制，到接受工资制和工业化变革的现实，致力于维护和提高自身的经济政治权益，劳工大众在打破自身的沉默过程中得到一定意义的解放。其方式既有温和的改良主义也有强烈的激进主义。有的反对罢工，主张通过谈判和仲裁解决劳资纠纷；有的则希望打破传统和制度的束缚，通过国有化、罢工、抵制抗议运动或建立工人自己的政党组织，破除劳资之间的壁垒。其规模从地方和行业性、地域性工会发展到全国性，策略从抵制、罢工和仲裁等经济手段到政治参与。劳资关系不再仅仅是经济关系也是权利和责任关系。通过游行、抵制、罢工和谈判等手段，8小时工作日逐步成为立法，工人的安全、福利和保障日益成为社会共同关注和致力改善的问题。至关重要的是，工人阶层不再沉默，而是积极行动起来抵制少数人无视宪法原则和社会责任的行为。沉默的大多数成长为自我组织、捍卫自己生存权和宪法权利的大多数。

三　商人如何应对工业化变革的挑战？

"自由劳动的思想，原本是主张在一个广泛平等的社会中建立独立自主的小生产者社会，如今却嬗变为一种维护资本主义市场不受限制地运作的理论。"[1]工商企业最早察觉到工业化时代生产和流通的组织化、现代化变革，并在利益驱动下一马当先地通过组织化运作将商品、市场、资本、人力和生产资源加以综合利用。于是，在联邦政府的支持下，自由劳动演变为无限制的市场竞争，市场成为社会自治的战场。而内战以来自由放任精神和经济技术变革既促进了自由竞争和大企业的发展，也给工商企业带来新挑战。一方面，成功的企业家固然代表了这个宣扬"财富福音"时代的成功典范，广受景仰，同时也被斥为"强盗大亨"[2]受到批评质疑。这是因为加剧的商业竞争加剧了他们的无情和贪婪，许多企业牺牲劳工利益，唯利是图，无视社会公益。为此，农场主和工人通过罢工和抵制针锋相对，并赢得社会大众的同情和支持。另一方面，由于战争的刺激，工商业得到前所未有的发展，但财富的增长没有成为社会繁荣稳定的福音。在无限制的自由竞争中，少数垄断大企业获得了对资本和市场的绝对支配地位，而大批中小企业即便不被淘汰，也只能在大企业的围剿下苟延残喘。显然，自由劳动、自由市场和自由竞争并没有创造更多的自由，提供平等获取成功的机会，而是剥夺了大批劳动者和小企业生存发展的空间。

（一）企业的联合自救运动

为赢得竞争攫取利益，商家向内立足自我管理，通过经营或资本的联合不断开创新的经营模式，向外则必须应对劳动者的抵制抗议和舆论压力。美国内战之后，随着竞争的加剧，企业的联合运动成为大趋势。其联合方式基本包括五种：一是合伙经营(the pool)，二是托拉斯(the trust)，三是控股公司(the holding company)，四是合并(the merger/fusion)，五是利害互通（community of interest）。[3]联合最终促进了企业

---

1 〔美〕埃里克·方纳：《美国自由的故事》，王希译，商务印书馆2002年第1版，第181页。
2 Matthew Josephson, *The Robber Barons: The Great American Capitalists, 1861—1901*, New York: Harcourt Brace Jovanovich, 1962.
3 〔美〕哈罗德·福克纳：《美国经济史》，王锟译，商务印书馆1964年第1版，第82页。

的规模化发展,但也催生了垄断企业和垄断资本,催生了伴随资源垄断而来的罪恶与公愤。

在很大程度上,企业的联合或垄断的出现乃是工业化发展、市场竞争或经济行为的自然结果,既有助于控制生产和价格,提高资源使用效率,也易于引发危害社会公益或消费者利益的"经济与社会的罪恶"。而"当一个国家的经济命脉操控在利用权力谋取私利的少数人手里时,真正的危险迫在眉睫"[1]。进入20世纪20年代,在人们广泛研究、讨论并试图解决垄断问题的同时,企业的合并也进入前所未有的发展阶段,并引发一系列社会和政治问题。

在解决企业的经营问题同时,工商企业组织商业协会联合对抗劳方,或是通过影响政府立法来维护自身利益,甚至诉诸法庭。但来自外部的压力不仅把企业内部经营和彼此的竞争变为社会问题,也在很大程度扩展了企业自治的范围,促进了公众管理和政府管制时代的到来。例如当农场主联合抵制抗议铁路储运费政策时,铁路公司诉诸合伙协定和最高法院,寻求立法保护,促使铁路管理由州政府最终转到联邦政府手中。

此外,伴随企业超级合并和垄断资本而出现的控制和盘剥所引起的公愤,常常表现为劳工抵制和社会舆论的压力。因为人们相信"当私人财产用于与公共利益相关的目的时,……必须为了公共利益接受公众的控制(管理)"。而作为贸易管理条例"只有借助普遍性的规则和原则才能恰当地存在,这要求它应该由国会根据宪法关于贸易的条款加以制定。"[2]于是,从私人利益出发的竞争和联合将公共利益和公众管理的必要性摆到了社会大众面前。

出于公共利益的考虑,在州和联邦层面开始对经济行为加以立法和管制。如1887年,国会通过了《州际商务法令》,并成立"州际商务委

---

[1] 〔美〕哈罗德·福克纳:《美国经济史》,王锟译,北京:商务印书馆1964年第1版,第82—87,95,112页。
[2] 首席法官韦特在"芒恩诉伊利诺伊州案"中的陈述,参见斯坦利·库特勒:《最高法院与宪法》,朱曾汶等译,商务印书馆2006年第1版,第224,230页。

员会"负责执行,开始联邦政府对铁路的管理。1890年通过的《谢尔曼反托拉斯法》尽管起初对于企业联合运动影响不大,但在西奥多·罗斯福总统任内,联邦法院先后据此提起了19项民事诉讼和25项刑事诉讼;塔夫脱总统任内的执行则更为认真。1903年,通过的《埃尔金斯法令》旨在取消回扣制度。1914年通过的《克莱顿法》则在限制公司合并,禁止价格歧视同时,限制在劳工争端中使用禁令。私人利益与社会公共利益的较量最终成为问题的焦点和解决问题的切入点。

伴随州际贸易的发展,地方自治和州的立法越来越难以满足实际需要时,联邦政府开始被赋予规制和协调的责任和权力,而工商企业则必须自我约束,避免无视劳工福利和公众利益可能增加的风险。无论从人道或成本的角度,企业不得不开始考虑工业化时代经营规模和市场的扩大带来的社会影响,改善工人的工作条件,提高工资,克制无所顾忌地追逐利润背后的贪婪和冷酷,营造一个维护社会公益的氛围,从而在企业自治理念中强化了社会责任意识和公民义务。

(二)控制与反控制的较量

当农业时代的店铺升级为现代公司企业,商人面对的是更为广阔的市场和变革风险,无法适应竞争者将被淘汰出局。从企业联合运动到反托拉斯运动,追逐财富的竞争、利益集团间的博弈和社会公益的要求成为一场控制与反控制的较量,而谋求控制与实施规制的过程见证了企业的自我成长。商人和企业家的进取精神主导了控制和调适的过程,也推进了政府及社会大众对企业经济行为的立法和规制,并最终促进了工商业的自治以及在更大规模上的发展。

无限制的竞争最终剥夺竞争的自由,自我约束和政府规制则是社会大众重建自由和平等原则的客观要求。事实上,最初的一些殖民地本身就是公司,自治乃是他们生存的原则。但在独立战争之前公司化运作的行业很少。内战到20世纪初,美国经济历经惊人的发展,商人和企业家的进取精神尤其得到极大的鼓舞和发扬。一方面是以财富为目的的经济组织的急剧发展，美国俨然变为"公司员工的家"[1]，成为商业竞争的竞技场；另一方面是工业化点燃了进取者的雄心壮志，为他们提供了献身美国理想的现实机会。商人和企业家的动机尽管并非一定单纯，但自由和平等的观念始终是这个社会的共识，是社会大众判断和评价经济行为的出发点与归宿。

包括企业联合运动在内的一切商业模式的创新背后是寻求组织化，实现对资源、市场、价格的控制，从而兑现自由理想所激发的抱负和雄心。这种不断进取、永不满足的追求心和体制化被韦伯称为"资本主义精神"，被里亚·格林菲尔德（Liah Greenfield）视为美国"经济文明"的标志。如约翰·D. 洛克菲勒（John D. Rockfeller）就曾这样回顾自己的一生："我没有发财的野心。单纯的发财牟利从来不是我的目标……我想投入到使国家强大的工作中。我的抱负是建设"。卡内基则声称自己渴望的是"干实实在在的事"，而非单纯追求个人财富。富兰克林·罗斯福（Franklin D. Roosevelt）也曾说过"幸福不在于单纯拥有钱财，而在于成功的愉悦，在于创造性的兴奋"。[2] 自由和平等意味着可以竭尽所能谋求个人的成功，并争取和名垂青史的伟人平起平坐。但工业化变革的现实促使人们深刻反思社会自治理想的内涵。

如果说垄断最大限度地体现了进取和竞争的成就，"强盗大亨"的背后是自由（竞争）的传统。追求控制正是基于这一传统。企业的联合运动就是通过对行业风险的控制寻求稳定和保障。为避免无限制的竞争，工商业借助合并和资本垄断又造就出前所未有的大企业、大资本家。这样，从合伙经营到托拉斯、股份公司，公司资本主义改变并控制了整个社会的生活方式，也对个体自治和社会自治的条件、规范、价值标准提出了新的要求。作为企业联合运动的结果，决定社会和经济稳定

---

[1] 〔美〕里亚·格林菲尔德：《资本主义精神：民族主义与经济增长》，张京生等译，上海世纪出版集团2004年第1版，第481页。

[2] 卡内基，转引自〔美〕里亚·格林菲尔德：《资本主义精神：民族主义与经济增长》，张京生等译，上海世纪出版集团2004年第1版，第480，578—579，576页。

的权力和责任日益集中在少数人手中。无限制的竞争的结果必然是垄断和集中。时任新泽西州州长的伍德罗·威尔逊指出,在这个非常时代,没有人在"为自己"工作,人人都是大公司的"雇员"。[1] 19世纪末,泰勒(Frederick W. Taylor)的"科学管理制度"、公司福利计划的实质都在于对劳工主权加以控制,稳定劳动力资源。而小企业往往在企业合并运动中遭到淘汰,或沦为垄断企业主宰的经济体系中的一个雇员,丧失其自主权和经济保障,最终被迫加入到农场主和劳工的抵制运动中。控制最终导致反控制——劳资冲突的加剧。

此前,宪法所维护的平等和自由权是打破旧世界社会等级观念,平等谋求自由发展的权利。这就意味着鼓励人们各尽其能,自由竞争谋取幸福,甚至包括本性中对私利的追逐。而事实上,包括垄断公司在内的大企业无疑的确帮助整个社会降低了消费价格,创造了更多的工作机会,总体上促进了社会的物质进步。但是,在成功的商人和企业家中不乏沉溺敛财、挥霍无度、缺乏教养的骗子和强盗。"抱负无疑可能使人无视所用手段的合法性和道德性"[2],从而破坏社会正义,引发众怒,制造和激化社会矛盾。同时,在竞争中脱颖而出者(如垄断企业),固然最大程度地实现了竞争精神,也在一定程度上终结了竞争。从平等的理念来看,垄断剥夺了多数人谋求利益的平等机会。"从人类的永恒本性法则出发(即对于财富的无限追逐),财富将最终落入主管者手中。无论其目的如何善良,这将会把他们变成暴君"。[3] 因此,当地方自治或行业内部的协调无法奏效时,外部的压力,尤其是社会舆论和商业企业间无序消耗迫使商人们求助并接受国家权力干预。于是,自由放任导致了资源的垄断和权力的集中,财富和权力带来的腐败必然激发社会大众打

---

1 转引自〔美〕史蒂文·迪纳:《非常时代:进步主义时期的美国人》,萧易译,上海人民出版社2008年第1版,第26页。

2 〔美〕里亚·格林菲尔德:《资本主义精神:民族主义与经济增长》,张京生等译,上海世纪出版集团,2004年第1版,第583页。

3 〔美〕里亚·格林菲尔德:《资本主义精神:民族主义与经济增长》,张京生等译,上海世纪出版集团2004年第1版,第588页。

破垄断，促进政府立法，恢复自由竞争和维护机会平等。

如果说 1896 年麦金利的胜利代表了商人的胜利[1]，那么 1901 年罗斯福的胜利[2]则打击了托拉斯的发展，宣告了政府为响应工业化变革而有所作为的时代的到来，以及各阶层民众要求规范社会自治、调整自治机制的大众社会的到来。从自由放任到立法规制的发展过程说明，为适应工业化变革，行业自治和社会自治的内涵和条件必须与时俱进不断拓展，自由和平等作为社会自治的目标本身既矛盾又统一，需要诉诸法治进行调整以保持平衡。农场主和商业企业主们不仅仅是坐享宪法权利和自治制度所开辟的自我发展空间的消费者，更是通过自我组织与联合，促进这一机制及时调整和纠错的改革者，是营造社会自治条件的实干家，是美国社会自治传统的捍卫者。

传统和现实之间往往充满隔阂与矛盾。农场主局限于农耕生活方式习惯，生存的压力往往剥夺政治上的远见。工商企业主执著于市场和利

---

[1] 1896 年帮助麦金利赢得大选的马克·汉纳说："要赢得选举，需要两样东西。第一是金钱，第二我就记不得了。"美国前国会议员奥尼尔在解释金钱与选举的关系时讲的更具体："任何竞选都由四部分组成，候选人、政策立场、竞选班子和金钱，没有金钱，其他三项都可以忘掉。"19 世纪 90 年代，美国人因为美国货币政策而分为两派，是支持现行的金本位货币政策？还是支持以黄金和白银为共同支撑的货币政策？"金币政策者（gold bugs）"主张实行以黄金为唯一支撑的货币政策，他们绝大多数是工商界人士、银行家和投资者。"银币政策者（silverites）"主张实行以金银为共同支撑的货币政策，他们中绝大多数是农民、工人和小生产者。1896 年总统竞选事实上成为金钱的较量。在竞选期间，支持银本位的民主党总统候选人威廉·詹宁斯·布莱恩花费仅有 65 万美元，而支持金本位的共和党候选人威廉·麦金利则耗资 350 万美元。两者花费悬殊超过 5 倍。

[2] 西奥多·罗斯福的胜利体现在两个方面：其一是总统任期内，他在推进保障经济公平和公共利益方面毫不妥协地努力，并有所作为，如坚决推行《谢尔曼反托拉斯法》，解散垄断美国西部铁路运输业的铁路公司等大型垄断企业；把维护第三方利益，即公众利益放在政府行政的首位，任命一个独立委员会来协调 1902 年煤矿工人罢工事件。此外，他还开辟了政府立法保护自然环境的先河，将大量的森林划归国家所有，设立了五十个野生动植物保护区，建立了大量的国家公园。其二是他改革了美国政治传统中狭隘的限制政府权力观念，通过加强总统的权力，拓展了美国社会自治的内涵和条件。他为何胜利，且广受民众欢迎？用他本人的话说："因为我说出了他们心里想说的话，而不是他们嘴上要说的。""我的任务就是要让所有的人，无论是资本家还是领取工资的劳动者都能够享受平等。我所做的一切就是要确保每个人都平等地进行交易，不多也不少。"针对反对派关于政府非法干预企业经营的指责，罗斯福的回应是："我们不是要向这些大企业发起进攻，而只是要将存在于这些大企业中的魔鬼驱逐出去。我们对这些大企业没有任何的敌意，但我们认为这些大企业必须受到控制，以便更好地为公众利益服务。"

润,无时无刻不在金钱的枷锁中。工业化体制下的工人们在工资制度束缚下,很难摆脱机器和技术的奴役。尽管如此,适应经济大变革的共同要求迫使人们权衡利害冲突做出新的选择。工业化巨变揭示了自由和平等间的内在矛盾性,也扩展了社会自治的范围,重新确认经济变革时代社会自治的条件和规范。人们开始普遍认识并积极要求政府或国家权力在经济正义上承担的责任。"国家的权力,简言之即法律,既是斗争的工具,又是斗争的结果:它是一条取得社会利益的途径,又是支配一系列规范和价值的宪章"。[1]从经济上的自我拯救到横向联合适应变革,社会大众不再局限于狭隘的个人主义,而是走出农耕社会的"孤岛",主动参与经济变革。人们诉诸独立自治的传统,在捍卫个人权利的进程中由沉默的普通大众汇聚成为一股巨大的力量,造就了社会变革的时势。从投身行业自治和合作运动,到大力推进公共管理和政府干预权的立法,社会自治的力量首先来自大众,来自这个社会共同体组织的各个单元的协同进取,而不是任何救世主或政府官僚的恩赐。

第二节 经济改革的考验

美国社会的一大特点在于它是改革者的天地。从殖民时期起,每当人们无法容忍现实和理想的差距时,改革运动便风起云涌。以新英格兰为代表,不同身份、不同主张、不同教派的社会组织和公益团体五花八门,层出不穷。"任何一项改进社会的主张都会吸引一批热心人为它到处奔走,请求赞助,要钱要人"。而"改革的活力正是整个社会活力的

---

[1] 〔美〕劳伦斯·弗里德曼:《美国法律史》,苏彦新等译,中国社会科学出版社2007年第1版,第365页。

最佳指标"。[1]《独立宣言》的原则遭到破坏之时便是诉诸改革之时。19 世纪上半叶的美国,人们不仅"为拯救自己的灵魂而奋斗",而且"怀着极大的热情去改革社会"。[2]内战后,随着工业的霸主地位确立,美国社会成为自由进取的竞技场,每个人都可以一展身手,其中既有造福社会的壮志雄心也有攫取私利的冷酷贪婪。伴随财富和权力的集中,广大百姓业已成为"奴隶",垄断企业则成了"主人"。[3]就生产资料的支配权和经济生活中的地位而言,民众普遍感受到巨大落差。工业化巨变和生存发展的现实对有关自治主体、自治范围以及自治的社会条件等传统认识提出了挑战,要求人们立足现实更新观念,改革社会经济环境。

一 经济关系改革

从美国内战到 19 世纪末,美国社会见证的是"一场其他国家从未经历过的最深刻的经济革命"。新兴工业体系创造了新型生产和生活方式,催生出"一个永久性的工厂人口",新世界似乎象旧世界一样被分割为不同的阶级。[4]工业化在促进经济繁荣的同时,也在促使社会阶层日益分化。一方面是经济急速的发展。到 20 世纪初,美国制造业总量超越英、德、法三国的总和,农业、工商业、金融业繁荣发展。金融资本和制造业日益集中在少数人手中,膨胀的经济能力对政府和政治的影响力巨大。另一方面是持续的就业压力,尤其是 19 世纪 70 到 90 年代的经济萧条使得劳工阶层的绝大多数生活贫困,劳资冲突不断。在这个诞生于自由平等理想的国度,广大劳动者面对的却是经济自由的丧失和财

---

1 〔美〕丹尼尔·布尔斯廷:《美国人:建国历程》,生活·读书·新知三联书店 1993 年第 1 版,第 49 页。
2 Nelson Manfred Blake, *A History of American Life and Thought*, New York: McGraw-Hill Book Company, Inc.1963, 205.
3 Mary Lease,转引自〔美〕史蒂文·迪纳:《非常时代:进步时期的美国人》,萧易译,上海人民出版社 2008 年第 1 版,第 11 页。
4 〔美〕埃里克·方纳:《美国自由的故事》,王希译,商务印书馆 2002 年第 1 版,第 175—177 页。

富分配的不平等。改革这种彼此对立而力量悬殊的经济关系成为人们共同的要求。随着社会生活日趋市场化,个体的独立和自治首先要求人们争取经济自由的机会,获得经济上的自主和保障。从自由劳动、契约自由、工业自由到新政时期的经济保障,美国大众通过拓展对自由的认识重新审视自治的内涵,通过推进经济关系的变革,创造工业化时代社会自治的条件。

劳动者首先谋求的无疑是经济的独立和自由。奴隶制废除之后,北方的自由劳动思想成为经济关系的主导原则。"自由劳动意味着拥有选择经济生活方式的权力,以及终止雇佣关系,选择创业和置业的机会"。"一个人如果得以自己创业,拥有一份自己的资产———家公司、一个农场或是一间店铺,他就是个成功的劳动者"。[1] 北方的胜利令自由不再仅仅局限于享有自身劳动成果的权利,而是与联邦或国家不可分离。依据 1865 年批准的第 13 条宪法修正案,自由在法律上成为一项具有普遍性的权利。然而,寻求经济独立的劳动者难以摆脱工业化时代工厂制、工资制的奴役,以及存在于立国信念中的内在矛盾。美国社会的现实是"政治与经济领域的分离、政治平等与经济不平等并存"[2]。南方重建的历史证明,剥夺经济自立的自由不是真正的自由,无论黑人或白人都不可能在政治、经济依附他人的状况下走向独立自治。最终,第 14 条和第 15 条宪法修正案通过有关平等法律保护和公民权的条文"改造了联邦制","转换了宪法的功能"[3],在原则上为社会大众要求实质性自由,反对政府侵害公民权利提供了工具和保障。

其次,雇员与雇主、工人与企业主、公司与银行以及企业之间的契约关系是"镀金时代"的核心关系。当市场成为实现自由的竞技场,这个时代的经济关系便只是契约关系。于是,自由劳动的思想转变成为无

---

[1] Eric Foner, *Free Soil, Free Labor, Free Men: the Ideology of the Republican Party before the Civil War*, New York: Oxford University Press, 1971, 16-17.
[2] 〔美〕埃里克·方纳:《美国自由的故事》,王希译,北京:商务印书馆,2002 年,第 172 页。
[3] 〔美〕埃里克·方纳:《美国自由的故事》,王希译,北京:商务印书馆,2002 年,第 163 页。

限制的自由竞争思想。工业经济时代的到来不仅促进了资本的集中，也改变了普通劳动者的价值和地位。农耕时代劳动者的独立和尊严让位于技术、机器、管理，以及一切可以增进效益或经济成果的工具和手段。结果是，在契约自由的背后，繁荣与萧条相继，富豪、大型公司与贫困无助的无产者并存。1890 年占美国人口百分之一的最富裕阶层的收入总和相当于底层一半人口的收入总和。而镀金时代的社会理论家诉诸"科学"，宣称"自然选择"和"适者生存"乃是社会发展、文明进步的自然法则：上天赐予强者财富和成功；弱者的命运则是自然淘汰。社会历史的进步被视为强者不断淘汰弱者的过程。据此，穷人的不幸应该由自己负责，而与富人、企业或政府无关。以自由的名义，经济的不平等被赋予合法性。然而劳工运动、农场主运动和小工商业主的抗议表明：经济不平等的现实中不可能孕育真正的自由。通过《奥马哈宣言》，平民党人强调经济自立和地方自治是维系社会的基础，否定自由放任的思想，提出由联邦政府来遏制大型公司和企业的权力，从而解决极端的经济不平等问题，即发挥"政府的力量"，消灭美国生活中的"压迫、非正义和贫穷"[1] 为争取经济的自由创造公平有序的社会条件。这一设想无疑为进步时期和新政时期的社会经济改革提供了启发。

第三，谋求"工业自由"或"工业民主"成为 20 世纪经济关系改革运动的主题。进步时期的改革者们努力争取政治权力来扩大经济自由。进步主义改革者坚持"工业自由"的缺位和美国民主基础的衰落是劳工问题、经济不平等的源头。只有通过工会组织参加经济决策，劳工才可能获得工业自由。为此，20 世纪初的罢工运动带来全国性影响。而企业雇主、法院、地方政客和保守的中产阶级对于工人运动竭力抵制。一方谋求的是基本生计和尊严，另一方则是最大利润和权力。这种对抗激发了进步主义改革者对政府功能的再思考。工业化时代，国家有

---

[1] Henry Steel Commager ed., *Documents of American History*, Vol. One, NY: Meredith Corporation, 1973, 594.

责任为大众的全面发展有意识地创造条件。"只有一个充满活力的政府才能创造自由的社会条件"。[1]这一时期一系列法律和措施表明,社会福利保障开始成为政府的工作内容。如1910年之后,各州先后通过法律来保障实施"母亲保障金计划",到1920年,基本上各州都颁布了工伤事故赔偿的法律。

第四,推动国家立法,建立经济保障。进步时代各种改革思潮的交流碰撞最终都集中在政府的角色以及政府与公司、个人之间的关系上。劳工运动在20世纪30年代中后期进入激进发展时期,并促进了联邦政府采取行动干预社会保障。1933年通过的《全国工业复兴法》和1935年通过的《瓦格纳法》在法律上承认了工人的集体签约权,工人的公民权通过工会得以合法行使。产业工人联合会提出的综合性改革计划以及其他群众运动的推动下,经济正义问题成为政府的议事日程之一。在罗斯福发起的新政下,针对失业保险、老年养老金、残疾人和未成年人资助的社会保障法、为兴建公共住宅拨款、建立全国性最低工资制和工时限制的1938年《公平劳动标准法》等法律措施共同构成了美国式福利体系。以解决经济问题为切入点,政府开始承担起维护经济正义的责任。最终,镀金时代曾与自由放任的经济同行的有限政府,在激荡的经济关系变革中开始承担干预的角色,投入规制经济安全的工作之中。

工业文明带给美国社会物质成就的同时,也摧毁了恬静自由的农耕生活传统。经济成为"基本的人生驱动力",人们前所未有地感受到经济占据的"支配地位"。[2]经济关系改革成为社会改革的起点。而实现经济上的自由和公平正义必然要求诉诸劳资关系和政府体制的变革。在努力摆脱经济困境过程中,人们认识到经济自由不仅是经济问题,也是社会政治问题。

---

[1] 〔美〕埃里克·方纳:《美国自由的故事》,王希译,商务印书馆2002年第1版,第223页。
[2] 〔美〕里亚·格林菲尔德:《资本主义精神:民族主义与经济增长》,张京生等译,上海世纪出版集团2004年第1版,第480,482页。

二 劳资关系改革

内战之后到 19 世纪末，美国社会经历了"资本主义发展史上劳资间最剧烈的斗争"[1]。从工业化时期美国工会组织争取合法性、集体谈判权以及促进劳资关系立法的努力可以说明：劳资关系的改革首先归功于劳工自治组织的维权斗争，而同样至关重要的是这一维权努力始终得到宪法的支持。

（一）工会组织及其活动是否合法？

鉴于美国社会的结社传统由来已久，结社权被许多人视为自然包含在言论自由或集会权利之中。然而，从最初以阴谋论罪到后来承认工人组织工会、罢工请愿的合法权利，美国的工会组织奋斗了近一个世纪。

最初，工会组织仅存在于大城市、技术性行业和铁路公司，是随着技术进步和工厂制的出现而发展起来的工人社团。工人社团要求改善待遇和工作条件的活动普遍遭到业主敌视，甚至被视为非法。1806年，美国早期行业工会中历史最久的"费城鞋业联合会"以罢工来要求雇主提高工人工资，业主诉诸法院。此案即"联邦诉普利斯"案（Commonwealth v. Pullis），又称费城制鞋工匠案（the Philadelphia Cordwainers' case）。工会是否合法以及罢工是否构成犯罪成为该案争议的焦点。法院最终以组织破坏生产为名，判决工会犯有合谋罪（有组织犯罪），勒令解散工会，并处以每个被告 8 美元罚款。相当长时期里，针对有组织的工人罢工，司法和雇主一直占据优势，坚持认为可以按合谋罪处罚罢工者。19 世纪前 20 年，法院对于劳资纠纷案件的判决普遍不利于劳工。但工会和罢工活动并未就此停止过。

1842 年，马萨诸塞州高等法院在"联邦诉亨特案"中首次裁定工人

---

[1] 〔美〕埃里克·方纳：《美国自由的故事》，王希译，商务印书馆 2002 年第 1 版，第 175 页。

有权组织工会。理论上，工人享有和平集会和罢工的权利。事实上，从一开始，劳工的维权和工会组织的发展在相当程度上受制于各种集团利益和法院的判决，是从接受消极自由向争取积极自由的成长过程。19世纪80年代开始，"罢工禁令"取代"合谋罪"成为雇主和法院限制工人活动的主要手段。在罢工期间，公司往往通过申请法院颁布禁令来维护自身利益。一旦无视法院的禁令，工会则面临藐视法庭的指控，并可能受到惩罚，工会领导者和成员甚至可能入狱。据统计，1901-1928年由联邦法院正式发布的禁令达118条，另有116条未及发布而所涉罢工大多已告终止。比较而言，由州一级颁布的禁令数量更多。[1]

法律上，劳动者维护自身权利的诉求无可厚非，然而劳资双方地位和权力的不平等日益加剧。法院接受罢工本身并不违法这一主张，但是通过颁布禁令，事实上罢工和参与罢工者被置于不利的境地。一方面，具体的罢工行为合法与非法常常存有争议，一些罢工手段如联合抵制被明令禁止。另一方面，企业主的行为和管理措施则少有被视为违法，甚至从未有过法院针对企业主解雇参加工会活动工人、罗列工会组织者黑名单等行为，以合谋论罪的判决。[2] 如何在宪法结构下，限制利益集团的贪欲和政治影响，促进立法保护，即如何促进社会公正成为工业化时期公共生活的核心问题。

（二）工会是否具有集体谈判权？

显然，工会面临的问题不是公民权的理论和原则问题，而是如何维护和运用宪法权利，争取集体谈判地位。自愿结社的传统由来已久，而作为工人自治组织——工会的合法权利在事实上往往得不到雇主和法院的承认和保护。工会逐步意识到走出行业和地方的局限，争取集体谈判

---

[1] Richard B. Morris ed., *Encyclopedia of American History*, NY: Harper & Brothers Publishers, 1953, 469, 523.

[2] 〔美〕劳伦斯·M. 弗里德曼：《美国法律史》，苏新彦译，中国社会科学出版社2007年第1版，第616—617页。

地位的重要性。进入 20 世纪,相对于单纯为经济目的而罢工,要求承认工会的地位或集体谈判权成为工会的主要目标。因为没有对等的集体谈判权,工人合法权利的维护只能寄托在企业主的仁慈或富于同情心的法官的判决。如 1881 年的罢工中五分之三是要求增加工资,只有十六分之一要求承认工会;而 1905 年的罢工,不到三分之一是为增加工资,一半的罢工则要求承认工会。[1] 工人希望得到的是对等的谈判权,是自由表达和自由申诉并改善自身状况的权利。

"工业自由"的缺乏是进步时期美国劳工问题的核心,但"问题的要害并不只是工人的生活状况问题,而是美国民主的基础"。[2] 当劳工的集体谈判权未得到尊重和承认,工会就无法真正代表劳工,在劳资冲突中只能处于劣势,劳工的权利也就无从谈起。内战之前的劳工组织大多具有地方性,规模有限。到 19 世纪 70 年代不仅每个大城市都有自己的工会、报纸和图书馆,而且全国性工会不断组织起来。到 20 世纪初,工会的力量不断壮大,罢工活动影响广泛,最终促进了国会立法,包括《克莱顿法》(1914)、《铁路劳工法》(1926)。20 世纪 30 年代开始,劳动力市场得到严格的立法规制,劳工权益得到一定保障。1933 年通过的《全国工业复兴法》正式确立了工会组织的集体谈判权,建立了全国复兴管理局,具体执行有关劳动条件、工资、企业活动等规定。1935 年《全国劳工关系法》规定雇主阻挠工人成立工会的做法为不正当行为,应予禁止,并为有组织的劳工运动提供了政府帮助。

(三)劳工权利如何保障?

工会组织及其活动所要求的是宪法所主张的集会请愿和自由言论权,是劳动者自我管理的权利,也是实现社会自治的基本条件。劳工权益的谋求和达成离不开普通劳动者长期有组织地集会请愿、勇于自由表

---

[1] 〔美〕哈罗德·福克纳:《美国经济史》,王锟译,商务印书馆 1964 年第 1 版,第 126 页。
[2] 〔美〕埃里克·方纳:《美国自由的故事》,王希译,商务印书馆 2002 年第 1 版,第 209 页。

达的努力,而劳工权利的最终保障则离不开法治。

首先,争取言论自由,捍卫宪法权利。尽管权利法案对言论自由权有明确保障,但公共辩论的权利最初并未被视为自由的基础。甚至在20世纪20年代之前的美国,"真正有效的、法律上可以实施的言论自由权"根本不存在。进步时期,许多州法院针对罢工者发布禁令,禁止罢工者公开发表演讲或散发文字宣传材料。对于工会组织反对禁令的要求,法院一般也持否定态度。因为未事先申报演讲内容公开演讲而遭到监禁的事时有发生。据1912年"国会工业关系委员会"的调查,许多工业社区受到工厂保安或地方官员的管控,工会组织者无权公开、自由演讲,公民自由几乎无从谈起。但历史证明,正是工人们争取自由表达、宣传工会运动主张、反对禁止露天公共讲演规定的斗争"真正使得言论自由成为有影响力的公共问题"。[1] 作为工人革命的鼓吹者和组织者,"世界产业工人协会(IWW)"坚持在街头巷尾集会和讲演以宣传其激进主张,争取公众支持。这种公开宣传激进思想的做法在洛杉矶等许多城市受到明令禁止。但"世界产业工人协会"采取的对策是置禁令不顾,故意违背禁令坚持公开演讲。该协会还通过其主办的报纸《产业工人报》号召劳工们通过塞满监狱来表达抗议。结果是,1908—1916年,该协会约有5000名会员被捕,一度使各地监狱无法安置。[2]

正是由于工会活动所体现的"集体力量",国会成立了无党派的"全国劳工关系局"来协调《全国工业复兴法》有关劳工问题规定的落实;促使总统指派独立仲裁机构处理具体的劳工纠纷;促使参议院教育与劳工委员会着手调查"言论自由和集会权利遭受破坏,工会集体谈判权受到不正当干涉的事件",并揭露了雇主和公司破坏人权的事实。[3] 历

---

1 〔美〕埃里克·方纳:《美国自由的故事》,王希译,商务印书馆2002年第1版,第236—237页。
2 〔美〕埃里克·方纳:《美国自由的故事》,王希译,商务印书馆2002年第1版,第237—238页。Joseph G. Rayback, *A History of American Labor* New York: The Free Press, Macmillan Publishing Co., Ltd., 1966. 220-224. *1905-today: The Industrial Workers of the World in the US* 网站: http://libcom.org/history/articles/iww-usa 访问时间: 2013/12/24
3 〔美〕哈罗德·福克纳:《美国经济史》,王锟译,商务印书馆1964年第1版,第137页。

史上，从无政府主义、合作运动、工团主义到社会主义，工会运动曾诉诸各色主张。或倾向于用革命打破工资制的束缚，或倾向于改良以适应工业化巨变。激进暴力的革命最终没有成为大多数人的选择。而正是捍卫自由表达权为主的理性维权为劳工们赢得了更多社会关注和支持。工会维护劳动者言论自由的成就首先取决于工人的自我组织和积极斗争，但在一定程度上也有赖于他们的努力获得了中产阶级的同情、鼓励和政府在道义和立法两方面的支持。

其次，诉诸法治原则。法治无疑是改善劳资关系，维护劳工权益的理性手段和可靠保障。以"罢工禁令"为例，1890年通过的《谢尔曼反托拉斯法》尽管不是针对工会，但在该法案通过后即被更多应用于限制工会活动。"罢工禁令"成为压制劳工自由、滥用权力和歧视劳工的合法工具。在劳工不断抗议下，国会先后通过《克莱顿法》(1914)、《诺里斯—拉瓜迪亚法》(1932)、《全国劳工关系法》(1935)禁止联邦各法院使用禁令来制止罢工。但随着劳工势力的膨胀，劳资之间的平衡趋于打破。由于工会组织的迅速发展，20世纪30年代始全国的罢工总数迅速增加，激烈甚至暴力的罢工活动在一定程度上得到鼓励。¹资方的反对最终又导致《劳资关系法》(1947)的通过，其中具体列举劳工"不正当"行为，予以禁止，且又恢复行使罢工禁令。工会组织的目的在于争取和维护工人经济利益，而工会活动涉及的问题本质在于公平正义。因此，在一定意义上，该法也是对劳资关系和利益的一种平衡。

在维护和实现劳工经济目标的同时，工会的组织和社会活动全面涉及了资源和产品的分配、社会保障以及作为社会成员的人的地位。伴随工业化变革，劳资关系必然处于不断调整中。继州和联邦关于工作时间和工资保障、妇女和童工权益保护等法令出台之后，1933年通过的《全国工业复兴法》从立法上加强了劳方对于资方的地位，维护了劳资关系

1　Charles W. Baird, *Opportunity or Privilege: Labor Legislation in America*, Ohio: The Social Philosophy and Policy Center, Bowling Green State University, 1984. 35.

的平衡。1935年通过的《社会保险法》则从保障劳动者生活的实际出发建立了社会保险制度。劳资之间对抗与控制的历史证明，在法治的框架下，任何一方超越公平界限的行为最终会遭遇另一方的抵制。压制和剥夺劳动者的权力最终在抗议中被新的立法限制和剥夺，而超越公平、打破均势的任何集团势力和非理性行为也必然在立法的修订中回归。无论在州或联邦，劳资之间的矛盾最终必须诉诸法律加以协调和解决。但不可否认即便劳工们在推进保护劳工的立法上有所成绩，许多法规往往在文本起草、执行和保障上漏洞百出难以维系。维护劳工权利的艰难境遇说明，任何权利的争取和维护从来都不可能一劳永逸。

工会组织只是美国社会千百个大众自治组织中的一员。但工会维权的斗争和促进公共关系立法的成就证明，美国社会的现代化不仅表现在技术的创新和物质的进步，也必然表现为社会大众权利意识的提高和与时俱进的自我教育。工业化时期美国劳工的维权斗争既是劳工集体反抗经济、政治自由限制的斗争，也是理解宪法权利并承担公民角色的成长过程。通过参与维权和促进立法，劳工本身逐步从被动的经济人角色转向了积极的公民角色，同时也推进了政府和社会的自我改造。

第三节　政府改革的考验

《合众国宪法》仅仅提供了国家治理的体制和原则，如何使政府和制度保持灵活性并适应变化着的情况则需要后来的改革者用智慧付诸实践。工业化进程中不断涌现的社会矛盾和政治腐败不断考验旧思想旧制度，并最终令政治改革势在必行。从乌托邦社会实验到人道主义改革，社会改革者们千方百计寻求新的社会秩序。内战之前的改革者们乐于

"相信社会和谐和人类合作进步的希望"[1]。较之内战之后的改革者,他们更执著于传统理想社会、宗教情怀,希望通过人自身的完善谋求社会的改善。进步时期的改革运动不仅针对社会工业化的根本矛盾,更在制度改革的深度和广度上史无前例。尽管改革路径的探索千姿百态,从观念到体制,实现进步的目标则是共同的。因为有了那些在宗教理想和乌托邦梦想激励下前赴后继的改革探索和实验,才有了观念的进步和大众自发参与的社会改革实践,并最终汇聚为进步主义潮流。伴随城市化发展,联邦——州——乡镇各个层面的政治改革得到推进,政府的责任和作为得到强调,社会自治主体的协作与共识进一步深化。

一　从乌托邦社会实验到人道主义改革

(一)乌托邦梦想及其局限性

19世纪之前,乌托邦仅仅是作家和诗人想象中的乐园或逃避现实的桃花源。但19世纪初开始,工业革命带来的巨大变革激励了无数乌托邦理想的追求者尝试将理想付诸实践。建设一个理想的新秩序替代现存的社会、政治体制成为19世纪倡导和参与美国社区共同体实验者的共同目标。1825年,英国实业家罗伯特·欧文(Robert Owen)招募移民在俄亥俄河畔建立"新和谐村",兴办学校,出版社区报纸《新和谐新闻》。这一令人瞩目的合作社会实验推动了美国的乌托邦社会改革运动。1825-1847年,美国各地建立起的欧文主义公社大约13个。1830—1914年先后建立的共产主义或社会主义公社达37个。19世纪乌托邦思想家查尔斯·傅立叶(Charles Fourier)的学说更是影响了一大批美国的追随者,启发他们通过组建"法朗吉"这一合作生产组织来实现社会改良,并在1844年将法朗吉合作社运动推向高潮。1841年到1860年,美国各地建立的法朗吉合作社达40多个。在倡导和实践集体改良实验的

1　Ronald G. Walters, *American Reformers, 1815—1860*, New York: Hill and Wang, 1991,19.

同时，1832年开始，主张极端自由主义的无政府主义公社也在美国出现。从1832年到1899年各地先后建立的无政府主义公社达10余个。尽管乌托邦社会实验一度轰轰烈烈，但多数只能维持几年，有的只有几个月寿命。最终乌托邦社会实验都以失败告终。

撇开自然灾害和外部干预，导致乌托邦公社解体或失败的主要原因在于其体制和管理。无论冠以何种名目，这些社会试验社团的终极目标相似：一个没有差别、没有社会对抗、没有金钱和私有财产的社会。然而体制和管理上的缺陷最终导致了这类社团的衰落和解体。早在殖民时期，佐治亚的开发就在一定意义上体现了在新大陆构建一个理想社会的规划和努力。作为英国慈善家心中的"模范农场"，佐治亚拥有运气、配给和立足长远的规划，但失去了其他殖民地最为根本的元素：自主和进取。生活在这个模范农场的人必须接受被动的生活，包括新生活的道德规范和严格的管制。而专制的管理最终剥夺了该殖民地人自主生活的权利和创造性，使得殖民地发展无以为继。最终，英国不得不放弃建设一个模范乌托邦的幻想。事实上，新世界之魅力和希望是"冒险性、自发性、独立性、主动性、以及迎合潮流、流动性大和充满机会"。即便是"美国平等的理想也是无法自上而下强加于人的。"[1]这种以理想的名义剥夺自主权的强制也是19世纪美国乌托邦社会试验走向失败的主要因素。

例如，在社团的管理模式和生活方式上，19世纪美国乌托邦实验社团的自治极富理想主义色彩。一些社团的宪章和内部管理要么纵容成员们的极端自由主义，要么恪守清规戒律，无视人性和人权。为消除社会阶层和男女区别，创建一个完全平等的环境，新和谐的成员按照欧文的要求必须一律穿着统一设计的棉布服装。布鲁克农场则禁止一切首饰和装饰品；奥奈达社团则要求女子一律短发，在短裙之下穿着紧身裤。然

---

[1] 〔美〕丹尼尔·布尔斯廷：《美国人：开拓历程》，中国对外翻译出版公司译，生活·读书·新知三联书店1993年第1版，第95—96页。

而，统一服饰的规定最终都难以实施或半途而废。以机构的组建和管理为例，争吵、改组和分裂几乎成为每个社团的痛苦经历。

"新和谐"（New Harmony）在1826年刚建立的短短四个月内进行了三次改组，不到2年半的历史中至少改组了6次，尝试了从集权到分权的不同管理体制。起初，按照宪章社团应在完全平等的基础上运作，但人们往往热衷于抽象的讨论而使得实际工作无法开展。随后，欧文利用人们赋予的权力得以强制推行他的机构改革方案，但人们对于社团事务的热情日减。有人提出实行以自治为主的预算管理后，"新和谐"划分为三个独立的合作社，彼此分工，按劳分配。然而，由于相互关系难以协调，管理失序，进而发生成员的分离。此后，当五人行政委员会的集权模式证明失败后，人们再次尝试分工合作，权力下放的模式。如此反复之后，"新和谐"最终陷入混乱和瘫痪。[1]

法朗吉合作社尽管有着更为系统和周详的经济和社会组织原则，但建立初期也经历了混乱的集体主义，之后则由于分工和分配等问题纠纷不断。如在"北美法朗吉合作社"（North American Phalanx）内部一度分工为三种：一为必须有人完成的累人的脏活，收入最高；二为有意义而容易做的工作，收入略少；三为表面的轻松的工作，收入最低。虽然有收入的补偿，但人们宁肯选择收入少但轻松的工作。于是，一些工作只能雇用非合作社成员的外籍工人。这样就又导致合作社员工的抗议，要求平等，享受同等薪酬。当合作社初期的热情消退后，鼓励劳动积极性和自律性，约束懒汉和自私成为合作社的日常问题。在相对封闭的社团环境下，狭隘自利与利他博爱、个人利益与集体利益、老一代和新一代之间的矛盾不断加剧内部矛盾，逐步磨灭着改革者的热情和梦想。[2]到1860年，全美40多个法朗吉已全部解体。[3]通过组织、命令和计划，强

1　Ronald G. Walters, *American Reformers: 1815-1860*, New York: Hill And Wang, 1991, 66.
2　〔法〕让-克里斯蒂安·帕蒂菲斯：《十九世纪乌托邦共同体的生活》，梁志斐等译，上海人民出版社2007年第1版，第126—127, 108—112, 116—118, 180页。
3　Richard B. Morris ed., *Encyclopedia of American History*, NY: Harper & Brothers Publishers, 1953, 520.

制改变生活方式来消除社会差别和隔阂，改变或塑造人性是当时所有乌托邦公社实验的一大共性，反映了 19 世纪社会改革者的迫切和乐观主义。事实证明，强调统一，抹煞自主，期待用一劳永逸的社会设计和模板来拷贝理想生活只能是幻想。

社会变革的历史上，倡导激进式革命者诉诸武装暴力，倡导和平者则诉诸渐进与改良。乌托邦社会实验运动寻求一种和平跨越式巨变。美国乌托邦公社试验中整齐划一的管理规划、理想化的分配和生活方式充分体现了改革者的教条和理想主义热情，但也在相当程度上扼制和牺牲了人的天性和基本需求。作为一种理想的社会模式，乌托邦公社试验致力于把某种信条或理论付诸实践，为世人树立理想社会的样板。其最大魅力也许就在于它所倡导的自治和平等。然而，当基本权利被忽视甚至剥夺时，人们必然会诉诸抗议，最终用脚来投票，向"理想"告别。但不可否认的是正是有了那些敢于梦想又敢于实践的改革者，《独立宣言》的理想才得以继承。同时，在社会改革的实践中人们开始更多关注人性和理性的要求。

（二）自发的社会进步运动

美国内战结束之后，人们对于社会改革持有两种不同的看法。一种观点强调人的内部因素，认为个人自身为自己负责，个人的道德、行为是社会进步的基础。另一种观点则强调外部因素，认为国家政府应该承担社会改革的责任和义务，为个人和社会的进步提供一定援助和保障。

19 世纪自发的人道主义改革运动就是前一种观点的集中反映。如乌托邦社会改革实验者选择乡村实践新社会的构想，期望一步到位。而在工业化城市化问题突出的城镇，各种社会团体纷纷自发建立并投入人道主义改革，期望通过解决具体问题推进社会改革。

起初，人们将希望寄托在"个人和社会公共道德问题"[1]上，致力于矫正个人德行，倡导慈善互助，改革坏的法律和环境。因为在第二次大觉醒的影响下，人们坚信道德对于稳定和净化社会的力量。在19世纪20-30年代传播福音的热潮推动下，禁酒一度成为摆脱罪孽、道德改良的途径。禁酒运动基本贯穿了19世纪，并延续到20世纪。到1920年1月第18修正案生效之时，美国三分之二的州通过投票而批准禁酒。此外，人们积极倡导以理性和人道精神解决社会问题。针对犯罪刑罚等社会问题的增加，人们开始关注并逐步改革有关罪犯、负债人和精神病患者管理的旧制度。如人们开始呼吁改革非人道的监狱管理方式和刑罚手段。

在人道主义改革运动中，以"基督教改革派"（或称"社会福音派"）为主的教会组织发挥了重要作用。人道和慈悲原本就是基督教的传统。面对社会变革的要求，宗教神学的信条转向推动进步和公正的伦理，农耕时代的个人修行转变为有组织的社会改良活动。如果耶稣面对工业化的社会现实该做什么？在富于社会责任感的质问中，"社会福音派"影响了一大批具有自由思想的牧师，从空谈道德投入到社会救助和福利工作中。专注于公益事业的"救世军"和"基督教青年会"等跨教派的世俗化的宗教合作组织纷纷成立。基督教的理想前所未有地融入到社会改革的要求和实践中。

改善个人和社会公共道德、社会环境的努力，从少数热心公益的个人到引发广泛讨论和参与，其过程缓慢而难免争议。但这种努力的结果是启发人们良心的觉醒和救赎的热忱，使帮助不幸的个人或部分人的个案逐步汇聚成进步的力量，发展为维护社会公平、保护劳动者权益的运动。

社会公正运动则代表了另一种观点，强调国家的义务、社会援助和

---

[1] Samuel P. Hays, *The Response to Industrialism, 1885-1914*, Chicago: The University of Chicago Press, 1957, 38.

保障等外部因素。19世纪90年代，农业不景气和经济恐慌进一步加剧了社会贫富对比，也促进了社会公正运动的开展。农民和工人通过联合请愿和罢工抵制改善经济状况的要求也使得社会公正和劳动者保障问题超出个人范围，受到全国关注。社会公正运动不仅促进了社会公正和社会保障制度化工作，也在承担社会道义和责任问题上推动了政府体制的改革。

社会公正运动并没有统一的组织和纲领，完全是热心社会改革者自发投入的一项公益行动。运动的先锋是在城市贫民窟工作的牧师和神父以及那些关注社会下层大众的社会工作志愿者。他们一般服务于慈善组织和社会福利机构，经常深入厂区街道为改善劳动条件、贫民窟条件和保护女工、童工权益调研和呐喊。进入20世纪，关注移民、劳工或少年犯罪等具体社会问题的人们虽各有专攻，但共同汇聚成为一股社会改革的力量。他们或直面披露美国生活的阴暗面，或直抒己见参与媒体讨论，或撰写社会报告向政府请愿呼吁，推动了进步主义运动。

保护童工和女工、缩短工作时间、保障因工伤亡工人权益既是这一运动的主要目标也是其令人瞩目的成就。就推动童工立法看，1914年《基廷-欧文童工法》的通过，无疑是这一运动最具意义的成果。"亨利街收容所"创办人弗罗伦斯·凯利（Florence Kelley）、莉莲·沃德（Lillian Wald）以及记者罗伯特·亨特（Robert Hunter）在1902年和1904年先后创建的"纽约童工委员会"和"全国童工委员会"为此作出了艰苦的努力。就维护女工权益看，正是简·亚当斯（Jane Adams）建立的赫尔会所的不懈努力缩短了劳动时间。1909-1917年间，39个州首次为工作时间立法。为推动女工最低工资立法，"全国消费者联盟"和"妇女工会联盟"作出了不懈努力。尽管艰难，到1923年先后有14个州为保障女工生活水平和健康而正式立法。促进工伤事故保险体制的建立则是社会公正运动带给所有劳工的福音。按照习惯法规定，因工伤亡的员工在自愿承担工作风险情况下无权获得赔偿。这种将风险和经济负担强加在雇员身上的做法显然有悖公正，也一直受到劳工组织的抵制和抗议。在劳工组织的压力下，最初个别州和联邦政府在有限范围建立事故保险制度，1909-1913年官方的调查报告表示通用的赔偿制度完全瓦解，颁布事故保险法迫在眉睫。由此，劳工抗议浪潮席卷全国。从1911-1916年，33个州和地区，加上联邦政府先后建立了保险制度。

19世纪美国的人道主义改革和社会公正运动表明，大众的力量是社会进步的基础。这种出自良心的人道或正义的社会力量尽管可能是即兴或分散的，但总能够凝聚那些身处经济和社会变故中的人们，给予他们安慰和希望。这种力量的存在和积聚常常受到各种利益集团，乃至党派的关注，进而为解决具体社会和政治问题提供契机。而社会问题的解决最终要求政府和制度与时俱进，并需要用法律加以保障。

二 进步时代关于政府改革的辩论

从19世纪最后20年到20世纪的前20年，是美国工业化基本完成的时期，也是美国社会财富和社会矛盾急剧增加的时期。由于这一时期完成的重大改革和社会和平转型，人们习惯于称之为进步时代或进步主义运动时期。进步时代的主题是改革和重建。因为，工业制度和市场竞争虽带来繁荣，也限制了企业和大众的自由发展，并腐蚀着社会政治生活。政治的腐败与自由放任政策下的垄断一样，反映的是权力压倒公正，个人或集团利益取代公共利益。为重建美国传统，改革政府和政治制度成为进步时代的普遍要求。

（一）关于改革道路的思考

内战以后，美国经历的是一个"工厂的时代、金钱的时代、强盗巨商的时代、资方与劳方斗争的时代"[1]，而最终，"胜利属于最有势力和最

---

[1] 〔美〕劳伦斯·M.弗里德曼：《美国法律史》，苏新彦等译，中国社会科学出版社2007年第1版，第362页。

无耻的人"[1]。社会改革势在必行，但改革的道路并不明朗。在1900年芝加哥托拉斯年会上，威廉·詹宁斯·布赖恩 (William Jennings Bryan) 的发言代表了进步主义者普遍的观点："我乘车经过衣阿华州时，曾看到猪在地里乱拱。第一个想法是这些猪在毁坏有价值的东西，之后，我记起当年在农场生活时我们也养过猪。当时我们用来防止猪破坏财物的办法是给猪的鼻子套上铁环；……这么做用意何在呢？是为了使它们能够长膘，同时又不至于毁坏超出其价值的东西。于是，我有了这样的想法，政府的一大目的就是给猪鼻子套上铁环。"因为垄断寡头就是一头令人恐怖的猪，"假如少数人控制全部生产资源并按少数人规定的条件给其他人施舍面包，一个民有、民治、民享的政府就不可能存在"[2]。但是，社会问题的原因何在？政府究竟应如何应对进行改革呢？对于社会问题和改革道路的探索和反思首先是一场思想观念的较量。

其一，有的人以捍卫自由劳动的名义，反对政府的干预，拥护自由放任。镀金时代是美国社会经济繁荣的时代，也是个人主义和自由放任思想占据上风的时代。从传统观念看，政府的管制与自由是格格不入的，占有巨大财富和权力的少数人尤其反对国家对于经济过程的管理干预。当时的《民族》杂志创办人戈德金 (Godkin E.L.) 表示，真正的自由体现在市场竞争中，而不在民主政治中。自由意味着不受政府干涉，"在任何地方、任何时候，用任何方式，自由地买卖、修理和创造"[3]。作为当时最有影响力的社会达尔文主义者，萨姆纳 (William Graham Sumner) 也认为自由是"对政府权力的彻底否定"。政府的目的仅在于保护"男人的财产和女人的名誉"，维护社会秩序。这个社会只有两个选择"自由，不平等，适者生存；不自由，平等，不适者生存"。[4] 中产阶级也普遍认为穷困源于道德上的无能，缺乏自立精神、自信和勇气。

---

1 〔美〕哈罗德·福克纳：《美国经济史（下卷）》，王锟译，商务印书馆1964年，第75页。
2 〔美〕里亚·格林菲尔德：《资本主义精神：民族主义与经济增长》，张京生等译，上海：上海世纪出版集团，第589—590页。译文有修改。
3 〔美〕埃里克·方纳：《美国自由的故事》，王希译，商务印书馆2002年第1版，第180页。
4 〔美〕埃里克·方纳：《美国自由的故事》，王希译，商务印书馆2002年第1版，第182—183页。

因此，穷人应该为自己的不幸负责。来自社会大众的要求政府出手相助有所作为的呼吁首先遭遇到传统和保守思想的驳斥和抵制。

其二，有人则倡导体制的改革，重建自由和谐。社会物质财富不断增长，但是贫富悬殊和社会矛盾反而加剧。为此，有人提出只有实行诸如"单一税"制改革（除保留土地税外废除一切税收）促进公正的财富分配，实现社会改良。因为，"贫困未必是无情的经济法则的结果，而是不良社会制度导致的不幸"[1]。对公共资源和财产的垄断必然导致腐败专制。为恢复自由与和谐，国家应对经济进行大规模的公共干预，为劳动者创造能够体现自身价值的社会环境，重建自由的市场。也有人寻求集体主义的改革模式，提出工业化时代的自由不再单纯是个体的奋斗，而需依靠相互依赖和集体合作。在工业现代化进程中，社会和谐必须依靠社会的集体力量和国家的参与。这种理性主义和国家主义的改革方向启发社会改革者懂得，人们不必受制于经济力量，通过发挥集体的力量，人们有能力掌握自己的命运。

其三，反对放任自由，提倡在社会变革中发挥国家的积极作用。1880—1900年间，知识阶层纷纷著书立说，抨击弱肉强食的自由放任主义，挑战社会达尔文主义和古典经济学传统观念。如社会学家莱斯特·沃德（Lester Ward）从进化论出发反对放任自由，反对用适者生存解释社会发展和贫富差距，认为只有鼓励创造和承认差别的制度安排才能够体现理性和文明，也应该是社会改革的方向。他坚持"个人自由只能通过社会规则才能得到"[2]，提倡把政府视为一种积极的力量，通过政府对经济生活的积极干预调节强势和弱势群体间的关系，为大众创造平等的选择权和成长机会。经济学家理查德·伊利也强调，国家"是一个倡导教育和道德的机构，国家提供的积极辅助是人类进步不可或缺

---

[1] Nelson Manfred Blake, *A Short History of American Life and Thought*, New York: McGraw-Hill Book Company, Inc.1963, 394.

[2] 莱斯特·沃德，转引自〔美〕埃里克·方纳：《美国自由的故事》，王希译，商务印书馆2002年第1版，第194页。

的一大条件"[1]。记者、学者兼社会活动家亨利·劳埃德(Henry Demarest Lloyd)则提议建设一种设立工会、互助会并采纳社会主义模式的"新型工业民主"。经济学家托斯坦·凡勃伦(Thorstein B. Veblen)对传统观念的批判启发人们从文化演变的视角看待经济理论,并把制度和理论放到现实环境中加以考察。

对于传统经济学理论和制度的挑战无疑是进步对保守的宣战,激励人们寻求变革的道路,帮助人们摆脱教条和习惯的束缚,积极探索符合美国社会发展方向的变革道路。在辩论和反思过程中,劳工运动、农场主运动、人道主义改革和社会正义运动轰轰烈烈,从思想到实践汇聚成为一股社会进步的力量,使得进步主义改革在全国各个领域展开,并演变为一场声势浩大的运动。

(二)反对自由放任主义,提倡"新国家主义"

赫伯特·克罗利(Herbert Croly)为进步主义的改革理论作出了系统的理论阐述,并影响了包括西奥多·罗斯福总统在内的一大批改革者。在这个改革的时代,个人目标和国家目标的实现息息相关,认识并发挥国家的积极作用正是美国生活的希望所在。他的这一思想开始为越来越多的人接受和拥护,并指导了未来美国社会的进步。

首先,改革的目标是什么?就个人生活看,内战以后的美国社会是"强盗大亨"主宰的社会,"另一半人的生活"中没有自由和平等。从农场主、工人、小商人乃至童工都不得不为放任自由的市场繁荣而付出牺牲。劳工大众希望借助工会这个工人自治组织争取经济自由,但从企业主、法院到保守的中产阶级无不坚决抵制。显然,在一个"工业奴隶制"社会,无论政治或经济自由都无从谈起。因此,克罗利质问:在现代工业化经济中,美国人能够成为自由的人吗?杰斐逊传统认为管的越

---

[1] 理查德·伊利,转引自〔美〕埃里克·方纳:《美国自由的故事》,王希译,商务印书馆2002年第1版,第194页。

少的政府才是好的政府,提倡地方主义和州权,反对政府的管制和扩大政府权力。汉密尔顿传统则主张强有力的政府管理,提倡"活力"政府和国家权威。作为美国政治的"两个基础理念","他们之间的区别不是目标各异,而是实现目标的方式不同"[1]。自由和平等是美国的立国信念,也是美国生活的共同理想。继内战之后,工业化的考验又一次打击了美国人对于国家未来的自信和自负。国家希望的实现并非理所当然,而是需要摆脱历史的束缚,摆脱传统观念上认为有两种对立政治观念的羁绊,认识其局限性,从制度着手恢复美国生活的希望。"根本上说,改革是对道德的维护和唤醒,改革的目的是恢复被亵渎的法律,重建美国的政治和经济秩序,让他们恢复最初的质朴和活力","最终意味着道德和政治的净化。"[2]如果说此前美国人习以为常的社会自治意味着有限政府和自由放任,那么在这个需要和期待变革的进步时代,"一个具有社会意识的有为政府"[3]才是实现社会自治的社会条件。

其次,如何进行改革?追求自由必然意味着反对专制,但在工业化时代自由放任观念最终却助长了贪欲和垄断的自由。平等排斥等级,但物质进步常常扩大差距和贫富对比。如何在工业化时代重建自由平等成为进步运动中改革者共同关注的问题。归根结底,这个问题既是经济发展问题,也是社会政治问题。美国体制原本旨在维护自由平等权利,其内在的缺陷正是进步时代改革的着眼点。当初惯于自治信奉自由平等的各个殖民地,在宪法的框架下合众为一,既是为了保障各殖民地的自治权,也是为了捍卫共和的原则——这一原则体现了殖民地自治实践和共同经历所赋予的共识。而自由平等的理想、自治的生活方式一方面将这个新世界凝聚在一起,另一方面也成为分裂和斗争的源头。美国政治体制内在的缺陷首先在南部脱离联邦的危机中暴露。内战结束了奴隶制,

---

[1] 〔美〕赫伯特·克罗利:《美国生活的希望》,王军英等译,江苏人民出版社 2006 年第 1 版,第 27、29 页。

[2] 〔美〕赫伯特·克罗利:《美国生活的希望》,王军英等译,江苏人民出版社 2006 年第 1 版,第 29、121 页。

[3] 〔美〕埃里克·方纳:《美国自由的故事》,王希译,商务印书馆 2002 年第 1 版,第 234 页。

却搁置了关乎体制的政治问题。因为战争之后,发展(经济发展)成为压倒一切的话题。国家迫切要求恢复被内战中断的经济建设,个人则争先恐后谋求发财致富。用行动代替思考的结果是"疯狂的工业、商业和投机活动[1]"。经济发展成为社会发展的主旋律,经济力量推动了社会各项事业的发展,促进了社会的商业化、专业化、组织化进程。伴随大企业和利益集团对资源的垄断及其权力的扩张,社会阶层日益分化、社会大众处境艰难,迫使人们认真审视并弥补体制的缺陷。

　　严酷的市场竞争促进商业专业化发展,就经济意义而言固然具有建设性,但商人和大企业出于商业利益的行为则导致政治腐败和社会分化。作为美国体制、观念和行为方式的产物,恰恰背离了造就这个社会的信念。如果说在商人利益之外存在国家利益,大企业与政治机器的联盟培养了政治"老板"。美国的政治传统强调每个人享有的权力,但商业化让每个人都学会利用自己的一份权力寻租交易。其结果必然是政治权力与政治职责的分离。工业化时代蓬勃发展的工会等劳工自治组织本身合乎美国政治传统,但作为不断壮大的特殊利益集团对于国家体制却产生了不曾预料的影响。他们一方面在与企业主的抗争中要求政府的保护,同时又反对政府干预。对此,不仅要求确立"一种更有效的国家观念",也需要"一个代表国家利益的强大组织加以平衡协调"[2]。如何才能从这场危机中拯救国家?克罗利明确提出,进步主义改革派应该放弃杰斐逊的政府不干预原则,采纳汉密尔顿主义的强化政府责任原则,制定符合公共利益的国家干预政策,实施"新国家主义"。

　　此后,政府的建设性作用日益成为众多改革者的呼吁和期待。通过"开创新的政治形式,……为新的经济增长做准备",变革的力量将转变为进步的动力。[3] 摆脱放任,用科学的精神驾驭变革是政府改革的出路所

---

1 〔美〕赫伯特·克罗利:《美国生活的希望》,王军英等译,江苏人民出版社 2006 年第 1 版,第 86—87 页。
2 〔美〕赫伯特·克罗利:《美国生活的希望》,王军英等译,江苏人民出版社 2006 年第 1 版,第 108—109 页。
3 Walter Lippmann, *A Preface to Politics*, Ann Arbor, 1962, 25-26.

在。沃尔特·韦尔、沃尔特·李普曼、查尔斯·比尔德等更多进步派知识分子加入到抨击保守思想和观念的讨论之中，形成一股针对保守势力的反叛力量，并最终发展为进步主义改革的思想动力。进步派知识分子的讨论、著述和改革热情不仅极大启发了社会大众，让人们在物欲支配的匆忙中放缓脚步，深入思考社会变革的要求，而且激励人们投入到进步主义的改革之中。

三 进步时代的政府改革

20世纪开始，政治的中心议题不再是政府是否应该或能否帮助实现个人的自由和平等，重建美国的传统，或"恢复个人自主权、维护民主"，而是政府如何实现这一使命。[1] 政府实际面临的两大主要问题是：社会两极分化和政治腐败。

（一）市政改革运动

市政腐败和混乱促成了进步运动第一个重要政治运动——市政改革。《合众国宪法》制订之初，市镇较少，其立法一般从属于州，相对联邦和州的立法十分薄弱。1790年，全国8000人以上的城市人口仅占总人口的3.3%。1860—1900年，这一比例从16.1%上升到32.9%。内战之后的城市化发展急速扩张了市政管理范围，也带来了一系列社会和政治问题。

首先，传统市政体制自身的缺陷导致了城市管理中"集团政治"或"党魁集团"的产生。19世纪末之前，美国城市普遍实行市长-议会制。市长和议会成员由选举产生，市长没有任命官员的权力，也没有否决议会决定的权力。市议会集中了立法和行政职能，在不需选举时负责任命

---

[1] 〔美〕史蒂文·迪纳：《非常时代：进步主义时期的美国人》，萧易译，上海人民出版社2008年第1版，第188页。

市政行政官员，议员本人也常常出任一些专门委员会的委员。市政事务管理主要由经直接选举或议会任命的行政官员、专门委员会负责。19世纪下半叶，由于普选权的实现以及城市新移民大量增加，一些利益集团在填补城市管理空隙，为城市贫民提供服务和福利基础上建立起集团政治。于是，集团头目"城市老板"篡夺了市政职能，利用政府公职和市政公共事业建设项目培养追随者的效忠感，巩固其政治机器，谋取个人或集团私利。因此，市政管理中贪污腐败、践踏法律现象层出不穷。这类政治机器中，纽约的坦曼尼会堂组织严密，最具代表性。他们既可以救济行善，无微不至，也可以横行霸道，无恶不作。

其次，传统市政体制的设计植根于最初城市和州的关系。出于对地方自治权的尊重，联邦宪法没有规定联邦政府与地方的关系。根据1868年"狄龙规则"从州权角度对第十条宪法修正案的解释，州和地方之间的法律关系是主从关系："地方自治机构不过是寄居在州立法机构意志之下的房客"[1]。在没有州议会的授权下，各地市政府根本没有权力根据市政发展进行市政改革。这无疑为城市老板和强盗大亨合法掠夺城市提供了方便。

此外，一方面州议会来自农村的议员占据多数，带有对城市的偏见；另一方面大企业主和政治机器彼此勾结，意在控制地方（城市）事务，谋取私利。在当时的市政体制下，无论因偏见或私欲，市政腐败或混乱不仅必然发生而且不可能自行终止。根据黑幕揭发运动的暴露，到1910年城市代议制政府基本控制在城市老板手中。按照林肯·斯蒂芬斯（Lincoln Stephens）的描述，用选票兑换钞票，财产兑换权力，有组织出售特许权和商业执照，肆无忌惮出售公共利益的行为在美国城市成为"惯例"。改革势在必行。

美国市政改革运动首先有赖于各地觉醒的市民百姓，加之一批精干无私的群众领袖，如克利夫兰市的汤姆·约翰逊等人的不懈努力才得以

---

[1] 〔美〕文森特·奥斯特罗姆等：《美国地方政府》，井敏等译，北京大学出版社2004年版，第32页。

勃兴。从芝加哥的"城市选民联盟"到纽约的各种超党派廉洁政府联盟,各地的市政改革运动没有统一的组织,形式不一,但目标一致:"无私的政府、公平的税收、对公用事业公司的管理和面向更多平民的公益服务事业"[1]。在揭发抗议驱逐腐败的政客、瓦解政治集团的同时,改革管理制度,要求城市自治的改革提案成为市政改革的核心内容。

首先是通过改革选举程序,改革市政结构。针对市政管理中存在占据公职获取不正当收益,选举中无知的臣民式选民很多,而良好素质的选民不足,存在简单化的政治分配制等问题,立法取消了选区制度,改为在全市范围进行选举,实行选民登记制度,改良选举过程和进行跨党派普选。其目标就是扩大高素质选民比例,构建一个集中、精简、高效、廉洁的市政机构。

其次是争取城市自治权。鉴于多数市政府是州立法机构的产物,州议会不愿放弃对于城市税收的控制,只有获得城市自治权才能真正防范党魁政治的干扰。商人、律师等各类专业人士纷纷参与修改城市特许状的提案,要求给予市政府更大的地方自治权,以满足城市管理服务的需要。经过努力,到1914年先后有12个州批准了城市自治。同时,各市从技术层面积极改革市政管理模式,完善城市治理,先后创制了两种全新的城市管理体制:市政委员会制和市政经理制。委员会制借鉴企业管理模式,简化城市政府,利于杜绝城市老板,加强选民对于政府的控制,因而很快得到推广。(到1917年全国有500多个城市实行委员会制。)在此基础上出台的市政经理制通过城市经理制宪章将政策制定和执行分开,突出城市管理的专业化、经济效率和社会效益。

市政改革运动的实践证明,有利益和权力存在就有腐化的可能。杜绝腐败,降低城市管理中的政治作用,归根结底有赖于市政自治和市政管理的科学化。

---

[1] 〔美〕阿瑟·林克、威廉·B.卡顿:《1900年以来的美国史》,刘绪贻等译,中国社会科学出版社1983年版,第95页。

(二)州政府政治和社会保障的立法

事实上,"城市的耻辱"就是"州的耻辱",即州政府集团政治的反映。通过院外活动集团的斡旋,大企业与州政治集团勾结起来谋取私利的现象屡见不鲜。例如,1903年,铁路公司通过院外集团游说,在州首席法官、司法部长、州审计员、银行及保险特派员和州税务委员职位上都安置了自己人任职。铁路公司当时实际交纳的税款只是应该交纳的三分之一。而一些企业和金融界首脑本身常常兼任共和党的领袖,甚至都免去贿赂收买的麻烦。因此,反对特权、还政于民成为州一级层面反对党魁统治,推进进步运动的口号和目标。此外,随着黑幕揭发运动的兴起,一大批严肃认真揭露当代社会生活中腐败和阴暗现实的文章报道引发各阶层的关注,并在全国范围激发了人们对于社会法纪沦丧、道德公益心麻木的义愤。雅各·布里斯(Jacob August Riis)的《另一半人如何生活》(1890)关于纽约贫民区生活现状的报道触目惊心。厄普顿·辛克莱(Upton Sinclair)的《屠场》(1906)描述了知名企业芝加哥肉类加工厂的屠宰场恶劣的劳动和卫生状况。总统为之震惊竟不敢再用肉制品,肉类销售一时居然减半。整治腐败,增进社会公益,关心大众福利,加速进步改革的愿望形成强大的社会舆论要求,为州政府改革的推进创造了环境。

由于联邦政府没有宪法权威干涉州政府社会政策改革,州首先成为各项改革的实验场。就政治改革来看,鼓励更多的人广泛关注和参与国家大事,打破党魁统治,建立负责的政府和政党是进步派的改革目标。制定反贿赂法,控制和限制竞选捐款和开销;减少选任官员人数,利于选民了解候选人并使得责任集中;直接初选权、创制权、复决权和罢免权等立法改革就充分体现了这一要求。而这些政治改革的要求首先是通过各州的改革实验得到响应的。如俄勒冈州是开展改革最多的一州:1902年为创制权和复决权立法,1904年直接选举美国参议员,1908年实施对所有民选官员的罢免权,1910年实施提名总统候选人的优先初选。威斯康星州则于1903年第一个制定了直接初选法。到1916年除罗德岛、康涅狄格和新墨西哥三州，全国各州都颁布了直接预选法。尽管一些改革最终未必完全达到倡导者的设想，诉诸民意相应变革的实践成为常态。改革实验的结果是37个州采纳了直接初选制，13个州采纳了优先初选制，20个州采用了创制权和复决权，在城市行政管理中实施了罢免权。

加强社会保障和经济安全立法是进步时期社会改革的一大目标。对于大众而言，社会福利和劳动保障等关乎民生的立法最为重要。但这些立法改革也是在个别州先行实验基础上逐步推开的，经历了惨痛事故和唯利是图的对抗，公德良心和麻木无情的较量。如工伤赔偿就经历了无法可依的不确定到大部分州立法实施过程。按照旧习惯，工人的工伤首先要求伤亡者举证雇主失责，因而少有工人能够得到赔偿。这种不公正在1906年国会通过的雇主责任法及其修正条文中得到纠正。1910年纽约通过了第一部《劳工赔偿法》，随后迅速在其他州推开。1911年有10个州自发制定实施了自己的《劳工赔偿法》，到1929年除去佛罗里达等四个州外全国各州都实施了《劳工赔偿法》。针对在贫困人群中尤处弱势地位的单亲家庭，许多州建立了母亲抚恤金制度。至1913年，有20个州通过了母亲抚恤金立法，到1926年仅8个州没有通过这项立法。尽管有鼓励依赖和资格审查方面的争议，母亲抚恤金为大萧条时期救助妇女儿童和后来的社会保险立法提供了参考。又如为穷困居民和低收入者提供住房保障也是进步主义改革者的改革设想。在简·亚当斯领导的"赫尔堂"努力下，1901年，纽约市就通过了"廉租房法"。1914年，美国劳工联合会曾向联邦政府请愿，要求政府向城市提供贷款，用于解决工人和家属的住房修建。这一要求首先由马萨诸塞州予以响应。1915年，马萨诸塞州通过一项宪法修正案，允许州政府利用公共财政修建公共住房，成为进步时代住房保障改革的一项创举。尽管公共房屋保障实验在当时十分稀罕，但这些努力无疑是20世纪20-30年代美国城市应对大萧条普遍开展的公共住房项目的开端。

(三) 联邦政府层面的改革

当政治权力日益集中在老板手中，服务于利益集团，当州议会和市议会沦为最腐败机构，尤其是权力取代公正成为普遍现象时，全国性政治改革显然迫在眉睫。威廉·詹宁斯·布莱恩曾呼吁，"我国今天的重大问题是扶助民主，反对财阀统治。"罗斯福直言"财产究竟应该是共和国的奴隶还是主子"是当代最为重大的一个问题。"（面对有关财富和人类幸福的新概念，）我们理应制定一项较之以往更为积极地干预社会和经济状况的政策。"而伍德罗·威尔逊看来"今天的法律必须向个人伸出援手……在自由这等大事上我们决不能袖手旁观。今天这个自由政府的纲领必须是积极有为。"[1] 在进步主义改革运动推动下，对发挥政府的积极作用政治家们决心一致。但联邦政府的改革举措并非源于伟人智慧，而是响应社会改革的要求，解决地方自治难以应对的问题，维护国家利益和社会公平的务实之举。联邦政府积极推进的全国性改革主要包括：遏制垄断组织，提供社会保障和福利以及自然资源保护。

联邦政府介入社会管理是从遏制垄断开始的。工业化强调集体和企业组织统一行动，"把那些难以组织或不可能组织的人排除在外。"[2] 无疑，工业化发展不断削弱继承自治传统的可能。在大公司的腐蚀下，政治机器开始对公民美德和民主政治构成可怕威胁。"社会大众面对的最大威胁就是拥有巨大资本的企业组织、高度统一严密的政治机器。而国家的责任在于通过立法工具重建社会的博爱和仁慈。

首先是立法限制托拉斯组织。早在 19 世纪 70 年代开始，美国就已经出现地方性反垄断立法。[3] 而 1890 年通过的第一部全国性反垄断法《谢

---

1 伍德罗·威尔逊，转引自〔美〕梅里亚姆：《美国政治思想：1865—1917》，朱曾汶译，商务印书馆 1984 年第 1 版，第 39—40 页。
2 〔美〕理查德·霍夫斯塔特：《改革时代：美国的新崛起》，余敏洪等译，河北人民出版社 1989 年第 1 版，第 180 页。
3 如阿肯色州针对保险公司，得克萨斯州针对石油公司，北卡罗来纳州针对烟草公司颁布的反垄断立法。

尔曼反托拉斯法》是全国范围反托拉斯运动的一个信号。西奥多·罗斯福总统的一大主要政绩就是全力推行反托拉斯措施。罗斯福任内最为著名的两个案例就是：通过"北方证券公司"案判决粉碎了两大铁路财团操控的危害正当竞争的兼并计划；通过"标准石油公司"案判决标准石油公司解散新泽西标准石油公司及其附属公司。作为对谢尔曼法的修正，威尔逊总统任内通过了《克莱顿反托拉斯法》，对不合法竞争行为予以详细规定，同时肯定了工会罢工和联合抵制等权利，并把劳工排除在反垄断的范围外，有利于保护劳工的正当权益。

其次是加强政府对行业监管的立法。无序的竞争不仅危害企业自身发展，也常常危害消费者，败坏公德。如罗斯福首次赋予政府权力对商品生产和销售全过程进行检查，坚决推进一系列关系民生、社会反响巨大的食品、药品立法，通过制定政府法规来疏导、规范企业的健康竞争，在维护社会公益方面，有效树立了责任政府、有为政府的形象。[1]

第三是通过税制改革缓解两极分化，缩小贫富差距。1900 年之前，大公司的赋税一直较轻。[2] 此后，对于铁路、保险等大企业的征税只局限于个别州。全国范围的税制改革主要从威尔逊总统时期开始，采取了累进所得税[3]和取消保护性关税措施[4]，促进国内企业的竞争力，从而造福普通消费大众。

第四是建立联邦储备银行，实行币制改革，限制金融托拉斯对美国经济的操纵。威尔逊总统任内最具意义的改革就是建立联邦储备银行。1913 年，通过《联邦储备法》，将全国划分为 12 个联邦储备区，全国性银

---

[1] 1903 年，根据罗斯福总统的建议国会在商务劳工部下设了"公司局"，专职调查公司违规行为，扩大了总统干预经济运行的权力。1906 年，限制不健康竞争的三项法案通过，标志着启动政府监管的胜利。《赫伯恩铁路定价法》针对铁路随意定价问题，授权州际商务委员会负责仲裁投诉，合理定价，清查帐目，统一薄计。《肉类审查法》和《纯净食品和药品法》则针对社会反响巨大的食品和药品问题，首次赋予政府权力对商品生产和销售全过程进行检查。
[2] 1908 年威斯康星州率先实行累进所得税是全国最早的创举。
[3] 1913 年正式通过并批准了宪法第 16 条修正案。"国会有权对任何来源的收入规定和征收所得税，无须在各州安比例分配，也无须考虑任何人口普查或人口统计。"据此，税款既可用于社会福利，也可用于降低关税产生的财政损失。
[4] 1913 年通过了《安德伍德—西蒙斯关税法》，降低进口关税 25%—40%。

行必须加入这一体系。联邦储备董事会负责全面决策全国货币的收放。

2、提供社会保障，开创福利制度

进步时期，全国性社会保障和福利改革主要体现在保护童工、女工权益和劳动保障方面。由于美国社会历来具有强调自立自主，当时普遍认为社会养老纯属个人行为，担心公共救济和失业保险会鼓励懒汉或滋长腐败，劳动保险也以自发互助组织为主。但政府对相关保障和福利问题开始关注，如罗斯福总统时期在劳工部专设美国儿童局，威尔逊总统时期对涉及儿童、女工和工作时间问题提供积极的支持。而全面的社会保险救济制度和立法直到20世纪30年代小罗斯福时期才开始建立。

社会保障与福利制度的立法始终是迄今依然引发美国社会争议的话题，充分反映了这个社会自治传统内在的矛盾性。罗斯福总统时期在劳工部专设美国儿童局，负责关注儿童福利。威尔逊总统时期通过的《基廷—欧文法》(1914)禁止出售14岁以下童工产品。1916年又通过了对雇用童工企业征收额外所得税的法律。但以上法律分别于1918、1922年被最高法院裁定违宪。1916通过的《亚当森法》规定铁路工人实行8小时工作制，但对于限制工作时间是否侵害合同自由或违宪问题，人们往往看法不一。1905年"洛克纳诉纽约州"(Lochner V. New York)案中，联邦最高法院裁定纽约州对于女工每天最多工作10小时、每周最多工作60小时的限制为违宪。但1908年，联邦最高法院在"穆勒诉俄勒冈"(Muller V. Oregon)案中又推翻了"洛克纳诉纽约州"的判决，从而开启了立法保护女工权益的先例。至1917年，就有41个州通过了保护女工的立法。[1] 妇女参政权尽管遭到包括塔夫脱在内的知名人士反对，但于1920年以第19条修正案形式获得了批准，成为宪法的一部分。

3、保护自然资源

由于工业化发展带来资源浪费和环境污染，自然资源保护成为进步

---

[1] J. M. Herrick, Progressive Era, in Herrick, J.M. & Stuart, P.H. EDS. *Encyclopedia of Social Welfare History in North America*, Thousand Oaks: Sage Publications. 2005, 289-292.

主义改革的一大内容。1891年在环保主义改革者努力下，国会通过了《保留林地法》授权政府在国有公共土地上建立森林自然保护区。在所有总统中，老罗斯福对资源保护贡献最大¹，因为他坚信"森林保护本身不是目的，而是一种手段，目的是增加和维持我们国家和工业赖以发展的资源……我们必须管好江河湖海、森林和草原，以便将来传诸子孙时的状态比当初我们接受时更好，而不是更糟"²。

事实上，联邦政府对于地方社会事务的干预最早是从州际商务管理开始的。1887年，国会通过《州际商务法》，成立"州际商务委员会"。尽管落实不力，但它作为联邦政府首个干预市场的法律和监管机构，实际上扩大了联邦管理权。由于工业化和城市化带来的社会组织化和两极分化，联邦政府从不为趋向有为。这既是自由放任主义发展的结果，也在一定程度上是企业良性竞争和限制自由放任的社会变革要求共同推动的结果。但联邦政府通过立法扩张的权力在干预不良竞争造福社会同时，又无时无刻不在宪法的限制之下。最高法院对于立法的解释和违宪判决在很大程度上就是对权力无限扩张的钳制。就罗斯福总统时代和威尔逊总统时代而言，从"新国家主义"到"新自由"的平衡恰如钟摆两端：强调国家权威的张力最终通过强调个人和州权的张力得到平衡。

对于与物质进步相伴而来的为富不仁、贪污腐败，人们从来深恶痛绝。但进步主义者深知"罪恶的根源不在于腐败本身，而在于滋生腐败的制度。正是凭借这种制度，工业资本家和政客狼狈为奸，通过关税、公共土地和联邦特别税谋取一己私利。"³进步时期社会自发的改革运动和政府改革的目的就在于拨乱反正，通过制度和立法修正谬误，重建自

1　1902年，他促使国会通过《新地法》（Newlands Act）授权政府回收某些土地的灌溉权，并建立了"回收局"。随后罗斯福任命"内陆河流委员会"进行水资源的统一规划。此外，他还组织全国州长会议，宣传讨论自然资源保护的意义和政策，使得资源保护的观念开始得到普及。

2　Michael McGerr, *A Fierce Discontent, The Rise and Fall of the Progressive Movement in America, 1870-1920*, New York: Free Press, 2003, 120.

3　Godkin, 转引自 Samuel P. Hays, *The Response to Industrialism, 1885-1914*, Chicago: The University of Chicago Press, 1957, 26.

由平等的传统，恢复人类有能力实现自治的希望。

一定意义上，主导进步时代的精神就是道德主义要求和激情，是对理想的回归。进步时期的改革斗争反映在两方面的不断较量：赤裸裸谋取利益的工商企业界为一方，持不同观点者和改革者则是另一方。正是在持续的对抗和改革中，美国社会的生产、分配和社会关系产生了极其可观的变革和进步。美国社会稳步完成工业化转型的关键在于国家立法机关真正挑起了自己的"担子"，而"进步主义留给我们的最优秀的遗产之一，就是坚持运用法律的力量来减少无辜的苦难。"[1] 从社会进步的视角来看，有形的物质的进步固然重要，但对于一个民族和社会的未来而言，在无形的精神层面上拒绝妥协坚守信念赢得胜利更具长远意义。"一般说来，对一种社会情绪进行测试的主要方法之一，是看其中生活的人们，心里是赞同最成功的阶层的权力和成就，还是同情最下层人们的需要和遭遇。"[2] 在这个意义上，归根结底，工业化城市化巨变所凸显的是物质对精神、保守对创新、野蛮对文明的较量，而最终，工业化时代社会改革的风风雨雨启发于人的是美好生活的可能和自我治理的希望。

立国之初，《合众国宪法》的创制奠定了美国社会治理的体制基础，揭开了美国社会自我治理的篇章。这一体制背后凝聚人心的是《独立宣言》所宣告的美国革命的理想：自由和平等的美国梦。但引发危机和争端，乃至分裂社会的不是信念的分歧而是有关个体和社会的关系、人民与政府的关系、政府制度和公共服务改革的不同理解。

从自东而西的地域扩张到激荡全国的南北战争，美国社会自治进程中的危机与变革集中反映了"美国梦"本身的两重性，即理想主义与物质主义、个人主义与集体主义、州权主义与国家主义、自治与限制、社

---

[1] 〔美〕理查德·霍夫斯塔特：《改革时代：美国的新崛起》，余敏洪等译，河北人民出版社1989年第1版，第201页。

[2] 〔美〕理查德·霍夫斯塔特：《改革时代：美国的新崛起》，余敏洪等译，河北人民出版社1989年第1版，第202—203页。

会的民主化与资本的垄断性之间的对峙与较量。然而，工业化和城市化变革打破了社会大众的传统思维，迫使人们重新审视和定义自治、自由、平等、社会和国家等概念。如工业化时代合并与合作的商业模式、以厂房车间流水线为标志的集约式生产方式、以工资制城市化为标志的日趋分化的社会生活带来前所未有的巨变，彻底摧毁了个人主义传统的美好期待。物质主义、集体主义、国家主义和垄断资本汹涌而至，无可阻挡地向传统宣战。但是，依靠大众造就的时势和强势总统就势而为的决断，工业化时代社会改革的努力证明：走出困境的途径并非你死我活，而是摆脱二元趋向多元，解除对峙走向交融。

石油大亨约翰·洛克菲勒的非凡经历或许尤其能够说明这个非常时代孕育的残酷现实和人间奇迹。洛克菲勒被视为那个时代的"能人"和"巨富"，也被斥为"强盗大亨"，甚至是"冷酷无情的慈善家"。[1] 尽管人们对他毁誉不一，但无疑他在日趋澎湃汹涌的市场竞争中最早看到放任的自由带来的危机，意识到无序的市场竞争必将导致市场的衰亡。于是，他掀起并完成了一场企业经营管理的革命。通过联合和垄断等手段，他打破个人主义的狭隘，成为当时的巨富。但同时，仅在有生之年，他捐助社会的各项资金总计高达5.4亿美元。1913年正式注册成立的"洛克菲勒基金会"与1911年成立的"卡内基基金会"、1936年成立的"福特基金会"被称为美国三大基金会。他成为那个巨变时代的一个先锋：既是巨富，又是首善。无论他人是否认同，他力图证明：美德和巨富，人们完全可能兼而有之。[2] 此后，作为美国社会渐进改良进程中的重要部分，或一支"独特的中介力量"、"第三条道路"[3]，私人捐赠的公益基金会对促进20世纪美国社会的文明进步，乃至世界文化交流发挥了重要作用。从制度的受益者、"美国梦"的实现者到社会改良的参与者、

---

[1] 〔美〕丹尼尔·布尔斯廷：《美国人：民主的历程》，谢延光译，上海译文出版社1997年，第77—78页。
[2] Paul Levine, *Postwar America: A Brief History of Politics, Society and Culture*, Beijing: Peking University Press, 2011, 88-90.
[3] 资中筠：《二十世纪的美国》，生活·读书·新知 三联书店2007年第1版，第153, 177页。

美国信念的捍卫者,洛克菲勒所代表的美国精英诉诸改良主义和人道主义的作为继承了进步主义的传统,也以其理想主义雄心丰富发展了美国的自治传统。

第五章
自治传统与公民社会

180 年前,在对美国社会历时 9 个多月的考察之后,法国人夏尔·阿列克西·德·托克维尔(Charles Alexis de Tocqueville)得出的结论是:在美国的民主建设中法制因素大于自然环境,而民情的重要性大于法制。因为,"最佳的地理位置和最好的法制,没有民情的支持也不能维护一个政体;但民情却能缓解最不利的地理环境和最坏的法制的影响"。在托克维尔政治社会学的三大要素——自然、法制和精神中,精神占据主要地位。托克维尔强调,这是社会治理的研究和经验不断证明的一项"普遍真理"。"只有美国人特有的民情"(或"心灵的习性"),才是使全体美国人能够维护民主制度的独特因素"。[1] 罗伯特·贝拉(Robert Bella)认为这种精神反映在"人们的意识、文化和日常生活实践活动"[2] 的方方面面。托克维尔认为它是一个民主国家所有公民之间"不由自主的默契"或"契约"。[3] 正是有了这种精神或默契,人们才会在危机重重、国难当头时坚守信念、矢志不移,在和平建设时期克己奉献、彼此守望,营造社会的和谐进步。从根本上说,一个社会的现代化首先是生活其中的人的现代化,一个国家的竞争力取决于国民素质和创造力。如果将社会治理比喻为运作一架庞大的机器,包括地理环境、宪

---

[1] 〔法〕托克维尔:《论美国的民主》,董果良译,商务印书馆 1988 年第 1 版,第 358 页。
[2] 〔美〕罗伯特·贝拉等:《心灵的习性:美国人生活中的个人主义和公共责任》,翟宏彪等译.北京:生活·读书·新知三联书店 1991 年版,第 413 页。
[3] 〔法〕托克维尔:《论美国的民主》,董果良译,商务印书馆 1988 年第 1 版,第 714 页。

法制度在内的要素无疑是机器的硬件,而国民普遍的公民意识和习俗观念则是决定机器运作和升级换代的软件。设计严密、配备自我纠错功能的体制本身与富于理性和创新精神的社会大众相辅相成、互为因果。

美国自治传统的形成发展是社会自治的信念和实践不断启发和增进民智的进程。这一过程将清教徒和不同种族、不同文化的移民造就成为扬基,成为拥有并传承同一个信念的新的民族。而伴随美国国力的壮大,不断成长的是一个日趋大众化的社会,一个公民社会。这个大众社会或公民社会的基础是殖民地时期的自治实践和英国的文化传统。通过独立战争、西进扩张、南北战争和工业化、城市化发展等一系列社会政治、经济危机的考验,社会大众不仅在自治的内涵、实现自治的条件、社会自治的规范,以及自治决策的价值标准上不断达成共识,而且最终创造了属于这个新世界的政治文化。美国国家的崛起,美国社会的现代化固然离不开物质要素——科学技术的现代化,但是一旦脱离了人的要素——超越物质与技术的社会正义和道德规范与思想观念的变革和创新,则必然行之不远,背离立国初衷。离开富于自治精神的美国民众,离开对天赋人权这一共同信念的传承,美国社会的治理和现代化就无从谈起。美国自治传统的继承和发展过程见证了美国社会的转型发展,也见证了一个公民社会的诞生和成长。那么,具体而言构筑这个公民社会的舆情和精神究竟是什么呢?

第一节 爱默生的革命

自治是公民社会得以形成的一个重要条件,也是公民社会得以运转的内在要求。《合众国宪法》第五条有关修正宪法的原则和程序的规定就是着眼民众有能力自我治理的希望。1791 年 12 月 15 日通过批准的宪法第一条至第十条修正案被称为"权利法案",是对所有合众国公民自我组织、自我管理权力的明示和保障。无论是作为反对专制集权、对抗政府滥权的民主组织，或是要求社会正义公平、增进个人和公共福利的社团组织，其灵魂都是自治。相对独立、自治的新英格兰乡镇无疑是美国社会的开端，但是，美国自治传统的形成源于美国民众在自治实践中达成的共识和日益深入人心的行为准则，对这一传统的反思、继承和发展则充满曲折和反复。其中不仅涉及市场经济条件下个体竞争与团体协作之间的平衡，而且涉及社会成员个人及整个社会自我改造的客观要求。个体的自治与社会的自治彼此统一、相辅相成。社会的文明进步不仅意味着个体的自我教育——成为公民而非臣民，也意味着国家政治和社会团体的文明化——立足公益而尊重个体。正是在这样一个持续的人的改良和社会变革进程中发展出了公民社会。

19世纪上半叶的美国正激情豪迈地投身于工业化和西部开发的国家建设之中。诞生不到半个世纪的美国在全力以赴投入经济建设的同时，面临一场新的挑战：摆脱欧洲移植过来的文化传统的束缚，寻求和确立适应这个新的实体的国民精神和信仰。在社会工业化和地域扩张进程中，昨天的信条成为今天的桎梏，宗教教义日益束缚个人信仰，新思想与旧传统不断碰撞，利己主义伴随着物质主义持续膨胀。理想与现实的矛盾召唤和预示着一场新的社会变革。在那个迈向变革与转折的时代，困扰知识分子的莫过于观念的冲突、道德追求的选择。拉尔夫·爱默生诞生于牧师世家，自小接受的是严格的唯一神教教义的熏陶，成人后成为波士顿一名虔诚的牧师。然而，在对宗教的理解上，他日益发现自己与唯一神教的观念格格不入。他所信仰的惟有自由和真理；他始终坚持的是宗教改革和美国革命的传统，即否定旧传统、变革社会的权利。当欧洲移植来的精神信仰越来越难以适应美国现实发展的需要，爱默生谴责教会精神的死亡，倡导重建宗教的灵魂，呼吁新大陆的精神独立和解放。他对社会变革的态度集中体现在他所倡导的自立观念和行动的力量中。人是观念和习惯的囚徒，人生的进取不仅重在知——观念的革新，更重在行——付诸行动的实践。

爱默生不但著文倡导精神的独立，而且勇于实践他所倡导的自立和革新精神。他满怀改良社会的信仰，带头抵制社会不公，拒绝做冷漠与罪恶的顺民。从虔诚的牧师到坚定的改革者，爱默生完成了一场惊世骇俗的革命，展示了年轻的美国社会理性务实和无所畏惧的进取精神。首先着眼人的变革是爱默生社会变革理想的起点。

一　告别体制的樊笼

当初，清教徒满怀对自由的渴望来到新大陆，立志在荒原上建立"上帝的王国"。作为加尔文教的继承者，上帝是他们心中的绝对权威。恪守加尔文教教义、默然领受上帝的恩典是他们人生的终极目的。对来世的专注让他们富于使命感和意志力。经过整整两个世纪，到19世纪初，作为清教的重大神学改革，唯一神教运动应对北美社会的变迁，通过质疑加尔文教愤怒的上帝、否认"三位一体"说、摒弃人类堕落说、强调人的理性，从本质上对正统加尔文教做出修改。但是，唯一神教"单调的理性，冷得像条黄瓜"，因为它是纯粹理解力的产物，形式和教条是它的全部。在爱默生看来，丧失灵魂的宗教便是死的宗教。[1]而基督教"之所以优于其他体系，之所以被人们奉为神圣的东西，正是由于它是一种道德体系。它向人们展示：真理就是他们自己的理智；它告诫人们：实用就是它们自己的理由。所有赞美自身的行为就是信奉基督的行为，所有贬责自身的行为就是非基督的行为"。[2]正是基于对人的价值和活的灵魂的珍视，爱默生体察到他和唯一神教的分歧不可调和。

爱默生的革命从告别唯一神教开始。1832年，在任职唯一神教牧师4年后，他毅然辞职。这是他经过与自己的灵魂和精神对话后的人生抉择。正如他辞职前所述："宗教并非内心的轻信，也不是宗教礼仪形式。

1　钱满素：《爱默生和中国：对个人主义的反思》，生活·读书·新知三联书店1996年第1版，第16页。
2　〔美〕波尔泰：《爱默生集》，赵一凡等译，三联书店1993年第1版，第1282—1283页。

它是生活本身。"因此,"为了成为一个好的牧师,有必要放弃神职。"[1] 在形式或真理、仪式或精神之间,他选择了后者。面对旧传统和旧形式的束缚,爱默生坚信,变革的权利属于每个追求自由和生活的人。"当一个既定的教会变得完全形式化而死亡时,悲哀而虔诚的人们有权抗议和声讨它。这犹如对暴政的革命权利一样,是永远不能被否认的。"[2]

从神学院立志为基督教辩护的一名学生到波士顿第二教堂的牧师,再到直面现存秩序的挑战者,爱默生完成了研究神学——探索灵魂——超越限制的思想转化。爱默生对教会的全面反叛正是他进行心灵的革命,即观念革命的结果。作为美国新时代的代表,爱默生从人文主义出发,坚持人类自由与进步的信念,在唯一神教对基督教的改革基础上,赋予宗教全新的理解。

爱默生对基督教的理解建立在他对人的活的灵魂的信仰基础上。就本质而言,爱默生的宗教就是对人本身的信仰。"我所崇敬与服从的只是基督教的现实性,……是它那深邃的内在生命。自由就是这一信仰的本质。……它的制度因而随着人的需求灵活变化。"[3] 爱默生对于宗教神学、宗教现状的批判态度以及对人的价值的信仰贯穿着他对宗教和生活的思考。早在初次布道时,爱默生就宣布教会的工作在于教导正确的生活,而并非传授宗教信条。第二次布道时,他更为明确表示自己不愿充当教会警察。[4] 宗教形式、仪式代表了扼杀生活和创造的机构、教条和外在的权威。他大胆直言"最简单的人在他一心崇拜上帝之时,也就成了上帝",并呼吁人们"走自己的路,拒绝效法他人,甚至人们想象中所谓神圣的榜样。要敢于不通过任何中介或掩饰去爱上帝"。[5] 就目的而言,如果说爱德华兹(Jonathan Edwards)的上帝出于自娱而创造世界,那

---

[1] 爱默生,转引自〔美〕小罗伯特 D. 理查森:《爱默生:充满激情的思想家》,四川人民出版社 2001 年第 1 版,第 177 页。
[2] 爱默生,转引自钱满素:《钱满素文化选论》,复旦大学出版社 2007 年第 1 版,第 42 页。
[3] 〔美〕波尔泰:《爱默生集》,赵一凡等译,三联书店,1993. 第 1283 页。
[4] 钱满素:《爱默生和中国:对个人主义的反思》,生活·读书·新知三联书店 1996 年版,第 26 页。
[5] 〔美〕波尔泰:《爱默生集》,赵一凡等译,三联书店 1993 年版,第 101 页。

么爱默生的上帝则旨在"服务于人类，帮助人类超越自身"。而只有相信自己灵魂的力量，每个人才能真正独自面对每个人心中的上帝。在人与上帝的关系上，爱默生强调的是人与上帝的合一，而从不谈及人对上帝的服从甚至崇拜。因为，在他看来上帝从来不是凌驾宇宙的绝对权威，而是纯粹的精神，是生命，是我们本质的存在。"哪里有生命，哪里就有上帝""上帝不是别的，就是那灵魂的名字，那灵魂处于万物之所以成为万物的中心，而我们的存在就是他的证明"。[1] 爱默生的上帝就在每个人的心中，爱默生的宗教就是人的灵魂对道德情操的追求。爱默生宗教观的核心便是人的自立精神。

根据爱默生的"论自立"一文，自立意味着"依靠自己"。它是对于自身价值和潜力的信赖："虽然全能的宇宙充满了对人有用的物产，但是，即使一粒稻谷也不会从天上掉下来，唯有在上天赐予的田地上辛勤耕作，方能获得果腹之粮。人身上蕴藏的力量本质上是新的，除了自己，任何人都不知道他能做什么，他自己也只有在尽力试过以后才能知道这些。"[2] 如乔治·凯特布(George Kateb)所述，爱默生把"自立"分为"心灵的自立"(mental self reliance)与"行为的自立"(active self reliance)。前者指"思想的"和"理想的"作用，强调人的精神生活，而后者则指独立的实践活动，强调人的现实生活。[3]

作为维系爱默生思想的中心环节，自立精神的第一要素是思想的解放和对自我的信仰。首先，它是精神的独立。人的精神独立意味着人对上帝的独立以及人对社会的独立。它要求人站到上帝的对面，甚至将人的价值置于上帝的价值之上。它同时要求人破除其他有形无形的桎梏，包括教会、政府、传统、陈规、习俗和历史等等。总之，拒绝盲从一切外部权威的"威仪"或"恐吓"。其次，它是对个人价值和自救的信仰，

---

[1] 钱满素：《爱默生和中国：对个人主义的反思》，生活·读书·新知三联书店 1996 年版，第 18、19 页。
[2] 〔美〕波尔泰：《爱默生集》，赵一凡等译，三联书店 1993 年版，第 148 页。
[3] George Kateb, *Emerson and Self reliance*, California: Sage Publications, Inc., 1995. [5] 17, 28-29.

即信赖自己,坚信个人的价值和潜能。勇于自立者并非单纯摆脱束缚的自利者,而是一个勇于担当的人,因为"他必须自立自救,用自己的头脑思索,对自己的行为负责"。[1]自立赋予个人生活的意义在于:它最终将使人从摆脱权威获得自由,走向善用自由,通过自治实现自救。

爱默生时代的新英格兰面临着巨大的信仰危机:神权政治的意识形态根深蒂固,在专横独断、不可理喻的上帝手中,人们既对来世无可希冀,更对今生无能为力。这是美国的新实体呼唤与之适应的精神信仰、渴望界定当下并启发未来的新思想的时代。如何面对这一社会变革的要求?爱默生用他颇具革命性的思想和行动做出了回答。

1844年3月,爱默生在《新英格兰改革家》演讲中指出:"如果一个人自身都没有焕然一新,却试图去改革社会,这种情况下,社会只会一无所获。"同时,他又强调,社会变革有赖于民众的团结协作。而真正的团结是达成共识的个人之间的联合,而不是一纸空文的契约。"没有统治者的政府是坚不可摧的。真正的个人主义才是理想的联合的沃土"。[2]一个改革者首先应该是一个精神上自立自新的人,才可能保持清醒的头脑和力量,破除旧传统、法则或学派的束缚,纠正体制的弊端。作为自立观念的倡导者,爱默生用告别教会实践了这一观念,并证明:一场真正的革命始于观念的革命。人的自立意味着解放和自主。观念革命造就新人,勇于担当的新人才能承担社会的变革,造就新的社会。

二 抵制《惩治逃亡奴隶法案》

单凭冲动的激情无法完成从思想到行动的跨越。只有将不畏变革、矫正积弊的决心坚持到底才可能超越思想教条,变革社会。从1840年代开始积极演讲反对蓄奴制到1850年代投身对《惩治逃亡奴隶法案》

---

1 钱满素:《钱满素文化选论》,复旦大学出版社2007年版,第44—45页。
2 〔美〕波尔泰:《爱默生集》,赵一凡等译,三联书店1993年版,第655,659页。

的公开抵制，爱默生表现出了积极致力社会改革的勇气和智慧。事实证明他不但是个富于激情的思想家，更是一个勇于行动的实干家。

1844年，爱默生受邀，就英国解放英属西印度群岛所有奴隶十周年发表了《英属西印度群岛的解放》的演讲。由于废奴是个有争议的话题，康科德民众也分为两派。当地甚至没有一所教堂为演讲活动敞开大门，演讲在法院举行。爱默生的演讲与他以往演讲的不同之处在于：首先它从历史角度长篇叙述；其次准备充分，富于技巧；第三富于鼓动性，旨在敦促听众采取行动。这是一次颇具激进意义的活动，也是爱默生积极公开参与废奴运动的开始。

而经过"西姆斯事件"爱默生不但坚定其废奴主义立场，更进一步投身到废奴运动之中。1850年9月《惩治逃亡奴隶法案》正式通过。1851年4月3日，从萨凡纳偷渡到波士顿的黑人青年托马斯·西姆斯被警方逮捕。4月7日，首席法官拒绝裁定《惩治逃亡奴隶法案》违宪。4月18日，《解放报》刊载了爱默生的倡议书，要求"每一位热爱人权者""代表人类向上届国会制定的令人憎恶的法案表示抗议"。就在第二天，4月19日，托马斯·西姆斯在萨凡纳被处鞭打示众。这一事件令爱默生更为严肃地思考废除奴隶制问题。5月3日，爱默生积极响应康科德36位公民要求他就此事公开表态的请愿，在康科德发表讲话。他在讲话中称《惩治逃亡奴隶法案》为"肮脏丑恶的法案"，谴责这一法令下所有的忠臣和顺民，并公开号召马萨诸塞州人民发扬革命传统，奋起抵制这一法案。"让法案报废，必须将它从法律文献中彻底地废除"。他强调"如果我们对于这个法令的抵制不正确的话，那就没有正确可言。"他在通信和日记中写道：这是条由"文明国家颁发的最臭名昭著的法令"。"这个污秽的法案是由那些有文化的人制定的。老天作证，我决不遵守。""我们必须把这块毒瘤，……这股奴隶制的高烧从宪法中清除出去。"他思考并追求的是摆脱奴役和强制的解放，因为"美国者，解放之意也。""废除君主制、奴隶制、封建主义……都基于同样的信念：既然人民能建立一个政府,他们就可以建立起另一个。"[1]

进入1850年代,爱默生以抵制《惩治逃亡奴隶法案》为起点,公开直接地呼吁并参与到了反对奴隶制的运动之中,从激进地抨击到"公然对抗",成为了名副其实的坚定的废奴主义者,一个实干家。他为自由州的候选人约翰·帕尔弗竞选国会议员奔走游说;他支持约翰.布朗,为他筹款、代言。1854年,他和妻子共同加入著名的"地下铁组织",为逃亡奴隶提供安全庇护。1854—1855年的年度巡回演讲中他专设2个讲座专题声讨奴隶制。而爱默生在反对奴隶制运动中的演讲也堪称其演讲生涯中"最富于激情的演讲"。[2] 如果说思想的解放和独立赋予人判断力,那么只有不断争取行动的自由才可能实现社会的变革和个人的自救,造就一个全面自立的人。

从心灵的自立到行为的自立,要求于人的是对道德法则的选择并矢志不移地"做自己的工作"。然而,在那个急剧变革的时代,人们普遍遭遇的考验是"同谋"的陷阱,即由于在政治、社会或经济等方面利益均沾难以自拔,而身陷勾结不法的困境。

1841年,爱默生就在其文章中针砭美国社会普遍存在的勾结不法之弊。在《人即改革者》的演讲中,爱默生试图探究"牺牲异类而生存"的社会原因何在。他严词谴责美国的商业制度是自私自利的制度,但他指出种种商业上的罪恶不能简单归咎于某个阶层或某个人。因为,"所有人都参与其中,所有人都会忏悔,然而没有一个人觉得他负有责任","这才是罪恶所在——没有一个人觉得他应当以人的身份来行动。"在这个麻木得近乎冷漠的社会,"各行各业都有其不正当之处",任何良知尚存的人都绝无成功的可能。蔓延的罪恶和生存的压力令每个人纠缠其中,愈陷愈深。[3] 人类的关系归结为三类:顾客、供货商和劳动者。于

---

[1] 爱默生,转引自〔美〕小罗伯特 D. 理查森:《爱默生:充满激情的思想家》,石坚、李竹渝等译,四川人民出版社2001年第1版,第697—702页。

[2] 〔美〕小罗伯特 D. 理查森:《爱默生:充满激情的思想家》,石坚、李竹渝等译,四川人民出版社2001年第1版,第702页。

[3] 〔美〕波尔泰:《爱默生集》,赵一凡等译,三联书店1993年版,第150—151页。

是，在劳动分工制的掩盖下，消费者失去了道德警觉，感觉不到咖啡、蔗糖、棉布和烟草等商品背后的血腥和罪恶。

而到 1855 年，爱默生在《论奴隶制》的演讲中明确用"同谋"一词来谴责马萨诸塞州对于《惩治逃亡奴隶法案》的愚忠和温顺。1860 年，在其随笔《论命运》中，爱默生态度激烈："酒足饭饱，屠宰场便隐没在了迢迢路途之外。你我岂非同谋？——这样的生活代价何其高昂。一群人的生活是以牺牲另一群人作为代价"。[1]

显然，在爱默生看来，"同谋"是对自立的极大威胁。如果说自立体现道德和思想的诚实，则"同谋"反映了人们道德和思想上的逃避。"同谋"的程度越深，自立的程度则越弱。[2] 爱默生呼唤行动，希望每个人都"感受到内心的召唤，抛弃所有恶习、怯懦和局限，立足于自己的本职，做一个自由而有用的人、一个改革者、一个造福大家的人"。[3]

任何社会变革的推进都有赖于社会成员个体从心灵到行为的自立，有赖于个人为自己负责的行为和"做自己的工作"的精神。爱默生投身反对奴隶制运动，参与社会变革的实践表明：行为的自立是自立精神的第二要素。

一个人究竟为何而生？爱默生的回答明确："为了要做一个改革者，一个改造前人产品的创造者，一个揭露和纠正错误的批判者，一个真理和美的恢复者。"这不但要求具备自觉的批判意识，警惕"同谋"的陷阱。同时，也要求承担起人的高尚责任，积极投身改革。即在自己的生活方式上，以"博爱精神"为"补救弊病的唯一良药"，"献身公共福利，并以此换取今天的面包"；坚持"不断矫正积弊，每天摆正一桩事理"。[4] 这样的人生正是自立的人生，是抛却清谈、从我开始，始于点滴、成于

---

[1] 爱默生，转引自 Jack Turner, Raritan: Emerson, Slavery, and Citizenship, *A Quarterly Review*, Vol. 28. No. 2 Fall 2008, Rutgers University. 129.
[2] Jack Turner, Raritan: Emerson, Slavery, and Citizenship, A Quarterly Review, Vol. 28. No. 2 Fall 2008, Rutgers University. 128.
[3] 〔美〕波尔泰：《爱默生集》，赵一凡等译，三联书店 1993 年版，第 148 页。
[4] 〔美〕波尔泰：《爱默生集》，赵一凡等译，三联书店 1993 年版，第 160，159 页。

不懈、脚踏实地的革命。

三 拒绝顺民心态

面对社会改革的时代要求,从观念的革命到社会变革的转折如何实现呢?爱默生倡导的自立观给予美国大众的启示是拒绝顺民行为,依靠自立自救,推进社会改良。

在一个"人人都以社会改良为荣,而没有一个人有所改良"的时代,"我们需要能够革新生活、革新我们的社会状况的男男女女"。然而,爱默生发现"大多数人……连自己的需要也难以满足,空有凌云志,实无回天力"。因为,他们只是这个社会的乞丐,从职业、婚姻到宗教,所有的选择都不是自己的选择。他们只是逃避命运的恶战的"客厅里的士兵"。[1]而力量恰恰来自于向命运宣战的勇气和韧性。成为一个自立的人和改革者需要拒绝的勇气和选择的智慧,因为世俗钟情的是虚荣、权宜和陈规陋习,而不是追求真理和创造。但是,为了维护心灵的完善,必须抛弃善的空名和束缚,信赖你自己,破除顺民习惯,迈向独立自主。而成为推进社会变革的实干家,意味着行为的自主。在私欲、强权、教条或罪恶面前,"决不能做一个顺民。"[2]"我必须要做的是与我有关的事,而不是人们所想的事。"它既是自立的原则,也是区分伟大和渺小的标准。在稠人广众之中,努力保持自己作为人的尊严与独立,脚踏实地做自己的事,为平等、真实的生活而行动,这正是成就伟人的品质。因为"你的顺从什么也解释不了",只有"你真正的行动会把自己解释的明明白白"。[3]自立就是让顺从和一贯这两个词作废,实现个人的自我组织和自我管理。这是社会改革的希望所在。

在变革社会的方式上,爱默生的策略是渐进的社会改良。武力不是

---

1 〔美〕波尔泰:《爱默生集》,赵一凡等译,三联书店1993年版,第308,302页。
2 〔美〕波尔泰:《爱默生集》,赵一凡等译,三联书店1993年版,第286页。
3 〔美〕波尔泰:《爱默生集》,赵一凡等译,三联书店1993年版,第291页。

爱默生的选择。他的思想"彻底而激进",但"语调却一贯温文尔雅",避免正面冲突。爱默生的目标是本质的变化,其方式是"最小的代价换取最大的效果。"[1]他坚信"仁爱能够潜入一切,在人们不知不觉中完成一切。它是自己的杠杆、支柱与力量——而暴力无法做到这些。"在大自然的恶劣环境中,万物生长、潜移默化的力量就是"爱的力量的象征",是自然界进化的原理。"这一原理可以运用到人类社会的重大利益关系中"。[2]社会的变革首先是人的思想的变革,改造思想才能造就适应时代的新人。宗教改革的历史和1848年欧洲革命的现实给予爱默生深刻启示:"武力既不能摧毁也不能维持教皇的统治,因为它是建立在谎言之上的。因此,只有真理的言辞能把这样的王国反个个儿,并摧毁它。我反对那些诉诸武力的人。"[3]此外,他还提出"留在体制内而又胜该体制一筹,再拿出最佳的表现,要比用没有全面的复兴作后盾的单打一的改良措施去攻击邪恶更合适。"[4]暴力强制下的改变只能带来虚饰的外表或是名称的变化,观念的革命必将带来本质的变化,造就新的世界。

从彻底反叛教会到公开抵制奴隶制,爱默生的革命正体现了他对观念革命的信仰。暴力常常带来暴力的循环,暴力能够高效地颁布社会改革的行政命令,获得绝对服从的臣民,却无法培养维系社会进步的公民。爱默生的方式是改良,通过对旧体系的渗透,播撒观念革命的火种,最终点燃社会变革的燎原之火。爱默生的自立观就是旨在唤醒每个人作为"人"的责任和潜能,不断用自己的脑袋和双手去解决自己的问题,从观念到实践完成时代所赋予的社会变革的使命。

厄文·豪(Irving Howe)指出:"过去,华盛顿与杰斐逊在制度方

---

[1] 钱满素:《钱满素文化选论》,复旦大学出版社2007年第1版,第41页。
[2] 〔美〕波尔泰:《爱默生集》,赵一凡等译,三联书店1993年版,第163页。
[3] 〔美〕爱默生,转引自钱满素:《钱满素文化选论》,复旦大学出版社2007年第1版,第43页。
[4] 〔美〕波尔泰:《爱默生集》,赵一凡等译,三联书店1993年版,第656页。

面获得的成就，今天，爱默生在精神领域得以实现。"¹前者立国，后者立人。通过强调人的价值和潜能，强调精神自立并实践自立，爱默生吹响的是思想独立的号角。然而，作为一名有良知的知识分子，爱默生的不平凡还在于他勇于知行结合，力所能及地参与变革，而不是流连于思想的激情。从告别教会的樊笼开始，爱默生用投身社会变革的实践阐释和总结他所倡导的自立。爱默生心中自立自助的个人无疑是一个在政治和生活方式上拒绝"同谋"，在精神和行为两方面自立自新的个人。他对个人的精神自由和内在价值的尊重，对于观念的力量的洞察，以及对渐进而非暴力的变革模式的信仰最终启发和影响了新一代美国大众。爱默生强调个人的独立和权利，同时他还强调每个个体承担起自身的社会责任和义务，强调人的价值不在于成为工具，而是思想和创造。爱默生用自己惊世骇俗的革命所倡导的个人的心灵自立和行为的自立成为构筑公民社会的基础，促进了一个公民社会的诞生。

第二节 公民社会的精神

在1841年的一次演讲中，针对学者和知识分子中信仰虚无、无能为力的状况，爱默生质问："在此永恒的时刻，当我们获得了自己真正的名称，穿过知识的光辉时，我们却害怕一切行动，卑怯地选择面包而不是自由，并以此玷污了美好的时光。真正的学者和正人君子所追求的难道不正是拥抱这个时代所有的新思想吗？"²爱默生的质问不仅指向知识分子，也是针对心怀自由平等的立国信仰，热衷社会改革事业的所有美国民众。在巨大的信仰危机和蔓延的物质主义考验面前，爱默生呼唤

---

1 Irving Howe. *The American Newness: Culture and Politics in the Age of Emerson.* Cambridge: Harvard University Press, 1986. 22.
2 〔美〕波尔泰：《爱默生集》，赵一凡等译，三联书店1993年版，第185—186页。

的是坚守信仰、理性务实、勇于创造的公民社会。从殖民时期到进步时代，无论身处变革和危机，或是和平发展时期，富于宗教精神、法治精神和公共精神的社会大众是造就时势的根本力量，也正是怀抱这些精神的普通公民成为美国社会治理的希望所在。

一 宗教精神

宗教所以能够吸引和凝聚信徒，不在其神学仪式或玄妙的理论，而在于宗教精神，即净化和启发灵魂，指引世俗生活的力量。富于宗教精神的人往往表现出相当强烈的虔诚心、自律性、使命感。美国公民社会的成长开始于追求宗教自由的理想，最终在宗教自由的实践中发展出普遍的宗教精神。

（一）清教的遗产和继承

从殖民时期开始，"宗教生活的极端多样性"[1]就是美国最突出的特征。绝大多数教徒属于新教教徒，而清教主义对美利坚民族特性发展影响至深。作为英国宗教改革的产物，清教主义让普通英国人懂得："个人，无论基督徒还是普通公民，都享有一些天生的不可异化的权利，每个教会和每个国家都必须尊重这些权利"[2]。但只有北美大陆提供了清教主义生长的空间。根据清教的神学加尔文宗，信仰是获得救赎的唯一途径，积极参与社会生活是人与上帝关系的一项重要内容。因此，坚定信仰、实践信仰以获得救赎是清教徒现世的最高理想。按照公理会教会自治思想，清教徒在殖民地建立的教会奉行的原则是独立、自主和平等。

---

[1] Nelson Manfred Blake. *A History of American Life and Thought*. New York: McGraw-Hill Book Company, Inc. 1963. 42.
[2] 〔美〕沃浓·路易·帕灵顿：《美国思想史》，陈永国，李增，郭乙瑶译，吉林人民出版社2002年第1版，第12页。

"民主教会的原则和民主国家的原则"归根结底是自治的原则[1]。为了逃避母国的宗教和政治迫害,清教徒不远万里带来的不仅仅有理想、热忱和希望,更有建设天国的务实行动。

首先,全力以赴实施基督教教义,而不是辩论和探讨神学理论和宗教哲学。当英国的清教徒在围绕自由的性质、宗教多样化等理论问题争论不休时,北美殖民地居民们关注和争论的是殖民地社区建设的具体问题。如信徒身份问题。入会对于清教社会而言是很严肃的事,有相应的程序。申请人必须当众陈述,获得信徒认可才能获准入会。具有了信徒资格,他才成为殖民地法律意义上的"自由人",拥有选举和被选举权。但是,随着第一代清教徒老去,他们的子女没有陈述的要求时,意味着失去入会可能。而不能成为信徒,第二代人的子女就无法接受洗礼,这意味着将来出现无人入教的结果。教会的未来问题成为教会和信徒们关注的热点。最后,教会决定改革入会程序,采纳"半约",即同意信徒留在教会,其子女可以接受洗礼。而到后来选举权资格的规定也被废除。又如,马萨诸塞殖民地起初都是信奉英国国教的信徒,对于持异议者和异教徒持排斥态度,如何维护教会和处置异端是当地的政治大事。1637年,马萨诸塞殖民地议会甚至通过法令,任何人入境定居前,必须经过地方长官验明其正教徒身份。安·哈钦森及其追随者因为发表异端见解和非法集会而遭到殖民地当局的审讯和流放。罗杰·威廉姆斯也因为持有异议被逐出殖民地。即便是新英格兰清教的鼎盛时期,重大争议话题也并非神学理论问题,而是体制和管理等具体事务。

其次,富于宗教使命感,关注教义的社会应用和实践。1620年,一批清教徒为主的移民,在北美靠港抵达前,共同签字约定"自愿结为公民自治团体"[2]。作为北美英裔移民中首个自愿达成的社区自治协议,

---

[1] 〔美〕沃浓·路易·帕灵顿:《美国思想史》,陈永国、李增、郭乙瑶译,吉林人民出版社 2002 年第 1 版,第 17 页。

[2] Mayflower Compact, in Henry Steel Commager, ed., *Documents of American History*, 1973, 13.

"五月花公约"与1619年弗吉尼亚议会并列，被称为"美国制度的两大奠基石"[1]。1630年春天的"阿贝拉"号船上，温斯罗普的讲道确切表达了清教徒开拓者的使命感："我们将成为整个世界的山巅之城，全世界的眼睛都将看着我们。如果我们在实现这个事业的过程中欺骗了上帝，如果上帝不再象今天那样帮助我们，那么我们终将成为世人的笑柄。"[2] 而使他们真正有别于普通信徒的是，他们更热衷于神学在社会实践中的应用。例如，布道会本是英国的传统，专注于宣讲教派意见，但在新英格兰则成为一项重大的公共活动。在那里布道绝不是空洞的说教，而是"整个社会的正教宣言和自我批评"，是"重申独立自主和不断提出自己的目标"，是"全社会参与的仪式"。[3] 实质上，布道超越了宗教的意义，成为当地社区的教育场所和社会活动中心。19世纪末，面对美国社会工业化、都市化带来的严峻社会问题，教会从关注灵魂的救赎投入到具体的社会服务和改良之中也正是这种使命感的现实写照。

从组织原则看，清教神学依据的是"联邦思想"，奉行联邦式教会方式，又称为教会自治主义。把清教徒团结在一起的是共同的目标和生活方式，而不是统一的管理机构，清教徒惟一的法典是圣经。从社会关系看，教会自治主义强调人与人之间的现实关系。教派的形成取决于圣徒之间的誓约或协议。牧师一职完全取决于一群基督徒的召唤。因此，清教传统关注的是社会制度和权力分配等实际问题。教会自治主义从一开始就决定了清教社会的特性，并影响了此后几个世纪的美国政治生活，乃至国家的命运。与其说清教徒是从荒蛮之地开始履行信徒使命，不如说是在用神学的工具建设一个新社会。

1　Samuel Eliot Morison, Henry Steele Commager, William E. Leuchtenburg. *The Growth of the American Republic*, Vol. One, Sixth Edition, New York: Oxford University Press, 52.
2　〔法〕丹尼尔·布尔斯廷：《美国人：开拓历程》，中国对外翻译出版公司译，生活·读书·新知三联书店1993年第1版，第3，5页。
3　〔法〕丹尼尔·布尔斯廷：《美国人：开拓历程》，中国对外翻译出版公司译，生活·读书·新知三联书店1993年第1版，第13，15—16页。

（二）美国的宗教自由

伴随宪法对宗教自由的承认，以及禁止对联邦官员附加宗教资格或条件，宗教信仰自由，宗教组织自由，美国成为世界上宗教运动最多、宗教派别最为多样化的国家。19世纪30年代，托克维尔一到美国，首先注意到的是"宗教在这个国家发生的作用"及其强大的"政治影响"。"在美国，（宗教精神和自由精神）紧密配合，共同统治着同一国家。"[1] 约一个世纪之后，瑞典人冈纳米达尔指出："大概美国依然是西方世界中最具宗教信仰的国家。"[2] 据调查，到20世纪末美国依然是世界上信教程度最高的国家之一。

对于宗教的理解和实践，美国社会有两点不同于其他国家。一是宗教组织的多元化。相对于欧洲历史上宗教组织一元化的壮况，美国社会宗教组织呈多元化发展。二是宗教信仰的世俗化。从殖民地时期开始，教会的宗教教义和组织原则就与这个国家的治理和发展紧密结合。人们逐步开始接受广义的宗教价值观，如美德、仁慈和个人的良知等。无论天主教、犹太教、东正教等不同教派的虔诚信徒，或是普通大众、政府官员似乎都能在新教教义中发现一些具有普适性的理念。这些理念和宗教特有的虔敬感广泛地融入到美国人的社会生活和政治生活之中，促成了一种凝聚彼此的认同感或国民信仰。这种彼此开放的包容性，在美国社会面临危机时尤其表现出互相激励，同仇敌忾的凝聚力。托克维尔观察到了这种力量，并指出："在美国，宗教是同整个民族的习惯和它在这个国土上产生的全部情感交织在一起的。这就使宗教获得了一种特殊的力量"[3]。罗伯特·贝拉进一步提出，这种宗教精神直接表现在美国社会的"公民宗教"[4]之中，反映了美国大众对于现实世界和宗教世界的理

---

1 〔法〕托克维尔：《论美国的民主》，董果良译，商务印书馆1988年第1版，第342页。
2 Gunnar Myrdal. *An American Dilemma: The Negro Problem and Modern Democracy* Vol. I. New York: Harper, 1994. 11.
3 〔法〕托克维尔：《论美国的民主》，董果良译，商务印书馆1988年，第521页。
4 Robert Bellah. *Varieties of Civil Religion*, San Francisco: Harper and Row, 1980. 17.

解。通过公民宗教，宗教社会与政治社会彼此结合，信仰与爱国相互佐证。塞缪尔·亨廷顿将美国的公民宗教的表现归纳为四个方面：其一，美国的政治体制以上帝的存在为前提。其二，美国人由上帝"拣选"，担负上帝赋予的神圣使命。其三，宗教用语和宗教象征充斥美国公共言论和仪式之中。其四，国家重大典礼和公共活动被赋予宗教气氛，并体现宗教功能。通过公民宗教，不同宗教信仰的人们在特定的时刻融合成为一个"拥有共同灵魂的民族"[1]。美国公民宗教本质上成了"不提基督的基督教"[2]，成为凝聚全体国民的精神纽带。

从殖民地时期到18世纪，清教神学在美国社会一直占据主流地位。"宗教不仅关乎个人信仰和个人道德，也关乎集体责任和集体认同"。[3]在这个意义上，宗教精神内化成为促进社会虔诚向善、变革发展的动力。如布尔斯廷所说："就思想上来看，在美国人的生活中，具体的信仰、教派无关宏旨，举足轻重的是有所信仰"。[4]工业化变革和进步运动中，宗教团体和受宗教动机驱动的社团就在教育和社会福利等社会改革中扮演了重要角色。虽然宗教信仰本身是一件私人化的事情和个人权利，也是一种个体内心的体验，但当它融合在一个社会群体的精神之中，无疑意味着一种教化社会、彼此协同、驱恶扬善的无形力量。

二 法治精神

如果说宗教主要关心"个人的追求和神圣意义"，那么法律则更直

---

1 〔美〕塞缪尔·亨廷顿：《谁是美国人？美国国民特性面临的挑战》，程克雄译，新华出版社2010年第1版，第77页。
2 〔美〕塞缪尔·亨廷顿：《谁是美国人？美国国民特性面临的挑战》，程克雄译，新华出版社2010年第1版，第78页。
3 〔美〕哈罗德·伯尔曼：《信仰与秩序：法律与宗教的复合》，姚剑波译，中央编译出版社2011年第1版，第210页。
4 Daniel J. Boorstin, *The Genius of American Politics*, Chicago: Phoenix Books, The University of Chicago Press, 1953,136.

接关系到"社会行动和社会功利"。[1] 法治精神是国家和社会大众对法律的尊重和遵循，是对"正当程序、既存原则的良好遵守"，以及对"被告人被投入监狱之前在公共法庭面对指控人时所拥有权利"的承认。[2] 因为，法治的目的在于保障社会成员的人身和财产权益，并通过塑造公民行为规范和公民社会的治理规范，促进社会善治。美国社会的法治精神不仅贯穿在国家制度设计之中，更是成为社会大众普遍的实践和要求。

（一）用制度规范政府的组织运行

《合众国宪法》的目标之一在于克服国家权力的结构性缺陷，是立足公共利益对权力界限的规定。其中既包括对于政府权力扩张的限制也包括对公民履行宪法义务的要求。但宪法和法律制度的价值最终必须反映在宪法原则和和法律程序的贯彻和执行上。围绕禁酒令的两次宪法修正就是法律原则和程序实施的一个范例。按照程序，1917 年国会通过了禁酒令，递交各州议会后于 1919 年获得批准，成为宪法第 18 条修正案。但是禁酒令给人们提供了私酒酿造和走私机会，滋生出大量有组织犯罪和腐败现象。一时间，假酒泛滥，走私贩私和各种犯罪猖獗。1920 年代，美国社会急剧出现的许多社会问题甚至都被归罪于禁酒令。1933 年，第 21 条宪法修正案获得批准，撤消了禁酒令。从立法禁酒到立法撤销禁酒，两次宪法修正案都是严格按照宪法第 5 条有关宪法修正的办法执行。当制定和修订宪法、法律的权力属于社会成员自己时，权力的危害就可能及时制止，法律制度才可能真正用于维护大众权利。

法律面前人人平等，体现的是公民在法律上的平等权利。从总统到平民，平等权利保障的基础就是宪法原则和法律程序。在保障多数的权利同时，同等尊重和保护少数的权利，在政府、企业与大众和个人利益对抗中保护弱者权利，是法治维护平等公正的基本要求。鉴于权力本身

---

[1] 〔美〕哈罗德·伯尔曼：《信仰与秩序：法律与宗教的复合》，姚剑波译，中央编译出版社 2011 年第 1 版，第 205 页。

[2] 〔美〕格兰特·吉尔莫：《美国法的时代》，董春华译，法律出版社 2009 年第 1 版，第 166 页。

的腐蚀性，法治首先是对执政者的守法要求。如宪法关于总统弹劾的条款就并非摆设。美国历史上至今先后有 3 位总统遭遇被弹劾的尴尬。而奥巴马总统任期内，印第安人诉诸法律获得政府赔款的案例则成为落实法治原则和程序的又一例证。在权力面前，总统和政府都是靠不住的，只有依靠宪法和法律制度。无疑，在宪法和法律的框架下克服权利诉求的自私化和极端化，规范政府权力，保障社会公共利益，有助于缓解个人和国家之间的二元紧张关系，营造公正和谐。

（二）参与法治实践、维系社会关系

法律或法治多少是一种强制，但在美国这种强制来自被统治者，来自社会大众自身诉求。一方面，从殖民时期起，法律就与政治和现实生活融为一体，无法回避。另一方面，尊重法律，警惕权力，通过服从和运用法律捍卫个人和公众利益是社会大众的共识。

在美国社会开创之初，当欧洲生活的现实令人在职业上只能局限在传统的某种行业中时，美国人则面临无限的机遇，必须放弃固定职业的观念，"寻求机会"。"任何人都必须时刻准备成为另一种人。为这种充满风险的转变作好准备，才能把自己磨练成为一个真正的美国人。"[1]由于新世界的新问题层出不穷，英国的法律中根本没有先例可循。许多人热衷于学习法律，把它视为解决新问题，建设新世界的工具。如 1777 年，埃兹拉·斯泰尔斯校长在耶鲁学院设立法律教授职位的规划中这样写道："问题不在于培养律师或大律师，而在于教育国家的公民。……使他们掌握这方面的知识，成为合格的有用的社会成员。"这既是为了"便于（他们）担任市政委员、地方治安推事、立法议会成员、法院法官、联邦议会议员"，"造福子孙后代"，也是为了让这个社会"拥有大量充分理解他们权利和自由的人"。因为，"要奴役一个通晓法律、权利

---

[1] 〔美〕丹尼尔·布尔斯廷：《美国人：开拓历程》，中国对外翻译出版公司译，生活·读书·新知三联书店 1993 年，第 223 页。

和自由的公民组成的共和国根本是不可能的"。[1]

解决实际问题是人们学习和运用法律的目的所在。在自我认识、自我组织和管理的过程中,法律和法治成为每个人的生活内容和共同需求。早在1620年,乘坐"五月花"号在普利茅斯登陆的移民就是运用法律解决危机,实现自我管理的范例。事后,普利茅斯政府就是根据他们共同制定的《五月花公约》建立起来的。在政府成立之前和政府力所不及的地方,自行订立协议、公约和章程从而解决集体行动中的社会问题,进行自我组织、自我治理的故事在美国历史上数不胜数。进步时代是美国大众和社会团体促进社会经济和政治制度变革的时代。而进步时代的大小变革最终无不是通过法治得以保障和完成。美国社会的发展充斥着大众为维护自身权益而不断诉诸法治的斗争。按照托克维尔的解释,这种要求源于"美国人尊重法律。美国人爱法律如爱父母。每个人从法律力量的增强中看到个人利益"。[2] "美国的法治,一方面体现为一个较为健全的宪政体制,另一方面表现为美国社会深厚的法律至上传统。"[3] 通过法治而不是强制推动社会变革的基础在于大众的理性诉求。

三 公共精神

托克维尔关于美国社会的整体观察揭示了公共精神的内涵,即"每个人都通过自己的活动积极参加社会的管理","象关心自己的事业那样关心本乡、本县和本州的事业"。[4] 这种精神常常不是来自本能或天性,而是通过社会舆情、教化得以养成,并作为美德、义务或责任受到鼓励和强化,融入社会成员的行动,成为社会文明的一个标志。公共精神的

---

[1] 〔美〕丹尼尔·布尔斯廷:《美国人:开拓历程》,中国对外翻译出版公司译,生活·读书·新知三联书店1993年版,第235页。
[2] 〔法〕托克维尔:《论美国的民主》,董果良译,商务印书馆1988年版,第274页。
[3] 王缉思、程春华,"西风瘦马,还是北天雄鹰:美国兴衰再评估",黄平、倪峰主编:《美国问题研究报告(2011):美国的实力与地位评估》,社会科学文献出版社2011年版,第50页。
[4] 〔法〕托克维尔:《论美国的民主》,董果良译,商务印书馆1988年版,第270页。

本质是个体与群体的交融，在个人的参与过程中增进社会公益和进步，从而实现个人的自由和平等。

（一）公共精神首先来自社会和政府的制度教化

陪审制度在托克维尔看来是一种政治制度，有助于养成并维护大众的权利观念。首先，陪审制度具有教化大众的积极意义。通过陪审制度，尤其是民事陪审制度，公民权利和法治观念可以普及大众，深入人心。法官的部分思维习惯帮助陪审员形成维护自身自由的良好习惯；尊重法庭判决，也是对自身权利的尊重；处事公正严明，克服偏见自私，培养责任意识。陪审团是全体公民的"一所常设的免费学校"，是"社会能够用以教育人民的最有效手段之一"。[1] 其次，陪审制度倡导社会的理性和法治精神。当陪审员宣布判决结果，他们是在表示对理性、法官判决所代表的法律权威的尊重和认定。在这个意义上，陪审制度令"法治的精神渗透到社会的最低阶层"，同时"也是使人民学习统治的最有效手段"。[2]

事实上，公共精神在美国是一种历史传统，是一种责任和义务。独立革命之前的弗吉尼亚殖民地政府被称为"绅士政府"。丹尼尔·布尔斯廷是这样描述这个贵族代议制政府的。"弗吉尼亚在整个殖民地时期一方面对选举权有限制，另一方面又有一项强制进行投票的法律。……参加治理是一种义务。如果说对一般选民的要求是必须参加投票，则对拥有大量财产的人就要求他们承担更重的责任。"早在1666年，弗吉尼亚公民代表院就对每位当选代表出席会议设有强制要求，即使由其选民正式提出也无济于事。这个原则在整个18世纪始终贯彻执行。令1782年正处失意的杰斐逊进退两难的也正是这一原则。当时，他在遭遇各种指责后刚从弗吉尼亚总督职位上引退，但又被阿尔伯马尔县推选为公民

---

[1] 〔法〕托克维尔：《论美国的民主》，董果良译，北京，商务印书馆，1988年，第316—317页。
[2] 〔法〕托克维尔：《论美国的民主》，董果良译，北京，商务印书馆，1988年，第318—319页。

代表。厌倦之中，公众的毫无感激令他颇感懊恼。当他向公民代表院议长提出谢绝出任时，接到的答复如下："本院根据公民代表意见，不同意接受你的辞职。"此外议长还谆谆告诫说，"善良的能人最好还是去治人而不是治于人，因为如果善良的能人都从社会中引退，则昏庸的蠢才就会得逞"[1]。最终，杰斐逊只有加入公民代表院以免非议。

如果说，南北战争之前人们普遍认为州是自己的国家，内战之后，"人民与国家融为一体"[2]。通过民有、民治、民享的政府一说，林肯把个人与国家的利益统一起来。内战、边疆、工业化带来的冲突和危机将地域、种族、历史和文化的包袱抛到一边。无论来自哪里，从事何种职业，在共同的社会危机和决断时刻，每个成员都在这种感召中培养了作为美国人的责任和义务。从公民义务的教化到匹夫有责的感召，公民精神就这样演化为美国大众的一种道德追求。

（二）公共精神最具现实意义的传递渠道是组织结社、参与公共事务

结社自由在1787年的《合众国宪法》和1791年通过的权利法案中都没有明确的规定。但1868年通过的"第14条宪法修正案"中禁止联邦政府和州政府不经正当程序剥夺任何人的生命、自由或财产。尽管历史上个别州宪法对于结社提出过限制，最高法院对于激进的劳工社团活动也曾加以压制，人们普遍认为结社权包括在"第1条宪法修正案"所保障的言论、出版、宗教自由，和平集会及向政府请愿的权利中。结社权属于人的基本权利，理当受到宪法保护。最终，1958年最高法院在"全国有色人种协进会诉亚拉巴马州"案的裁决中确认：结社权受到宪法保护。在此之前，名目繁多的结社活动从未停止过。根据托克维尔

---

1 〔美〕丹尼尔·布尔斯廷：《美国人：开拓历程》，中国对外翻译出版公司译，北京：生活·读书·新知 三联书店，1993年，第124—125、128页。
2 Robert H. Wiebe. *Self-rule, A Cultural History of American Democracy*, The University of Chicago Press, Chicago and London, 1995, 83-85.

的观察，"美国人不论年龄多大，不论处于什么地位，不论志趣是什么，无不时时在组织社团。""……美国人似乎把结社作为采取行动的唯一手段"。结社的学问成为民主国家的"一门主要学问"，它决定着其他一切学问的发展。[1] 考察美国历史，出于维护公共利益目的政治结社在社会经济政治的发展中历来发挥着重要作用。如独立革命时期的"自由之子"、"大陆会议"，进步运动时期的诸多社会改革社团，20世纪民权运动运动中的各种民权组织等。

事实上，从"五月花公约"起草和签署之后，美国人就创制和接受了一种在紧急和危机中自我治理的模式。当国家既有的制度无法有效运作，国家权威缺失或趋于丧失时，不愿保持默许的人勇于担当、自愿结合，或表示异议不满，或挺身而出组织抵制、实施变革，以其进取开拓的精神或"公民不服从"维护自身和公共利益。作为"修补制度失败、人的不可靠性和未来的不确定性的特殊的美国式疗法"，自愿结社成为美国社会历经时代变革，面对未来发展的"传统工具"。[2] 不断维护自愿结社的权利，保护言论自由的传统，很大程度上也是美国大众公共精神的主要表现。

（三） 公共精神最具影响力的传播平台是公共舆论和公民教育

约瑟夫·普利策（Joseph Pulitzer）曾这样为记者这个职业下过定义："倘若一个国家是一条航行在大海上的船，新闻记者就是船头的瞭望者。他要在一望无际的海面上观察一切，审视海上的不测风云和浅滩暗礁。"他也曾直言报纸的使命："报纸将永远为争取进步和改革而战斗，决不容忍不义或腐败；……永远反对特权阶级和公众的掠夺者，决不吝啬对贫苦大众的同情；永远致力于公众福利，决不满足于仅仅刊登新闻；永远保持严格的独立性，决不害怕同坏事作斗争，不管这些事是

---

1 〔法〕托克维尔：《论美国的民主》，董果良译，北京，商务印书馆，1988年，第635、640页。
2 Hannah Arendt. *Crisis of the Republic*, Houghton Mifflin Harcourt Publishing Company, 1969. 102.

掠夺成性的豪门权贵所为或是贪婪的穷人所为。"普利策的信条是,"我们的共和国将与媒体共存亡。拥有训练有素、是非分明、有勇气为正义献身的智能型报人的有能力、公正、具有民众精神的媒体,就能够维护那种公众品德,而缺乏它,人民大众的政府既虚伪又令人嘲笑。一个愤世嫉俗、唯利是图、蛊惑民心的媒体,最终会制造出一个像自己一样卑劣的民众。塑造共和国未来的力量掌握在未来的新闻记者手中。"[1] 普利策的这三段话所体现的正是新闻和记者的公共精神。

《合众国宪法》对言论和出版自由的保护就是对公共精神的保护。有了言论和出版的自由,大众才有了思想沟通和信息传播的自由。离开社会正义和公共精神,言论和出版的自由只会沦为剥夺社会良知和压制他人言论的自由。

殖民时期,一些记者和报纸主编都曾因为在报纸上对立法者发表评论,遭遇过"煽动诽谤"的指控和惩处。因为在当时,所谓"言论自由"来自英国,特指议员可在议会倡言而免受迫害的自由,普通人无权批判和评论政府。当时出版物无需事前审查,殖民地政府往往通过"煽动颠覆政府罪"控制舆论,压制言论自由。1734年,《纽约周报》发表了对于纽约总督的批评,约翰·曾格因印刷发行该报而以"煽动诽谤"罪受到指控。无论是周报对于总督的批评或是安德鲁·汉密尔顿律师为言论自由所作的辩护都反映了殖民地人抵制专制,争取自由、公正的正当要求。最终,陪审团被汉密尔顿的正义辩护打动,宣告曾格无罪。本质上,对于言论和出版自由的限制或专制是对思想的专制,是对批评和不同意见的压制。借助陪审团制度和公共舆论的平台,公共精神无疑找到了直通公民思想情感的渠道。

在美国,公民权的基础、个体和社会的关系、公民的概念、公民的权利责任和义务等是每一本美国公民读本不可或缺的内容,也是中小学

---

[1] 〔美〕埃德温·埃默里、迈克尔·埃默里:《美国新闻史》,苏金琥等译,新华出版社1982年第1版,第296页。

公民教育的课程内容。但学校教育和公民读本充其量只能普及公民社会的知识和概念,绝对无法直接赋予人们公民精神。公民精神的养成源于身在其中的社会实践,如日积月累参与社区治理,行使包括选举权在内的宪法权利等,以及社会成员彼此守望、共同营造的公共舆论空间。早在19世纪,美国人就是"通过参加立法活动而学会法律,通过参加管理工作而掌握政府的组织形式。"公共精神的养成无疑来自"启迪人智的教育"和"匡正人心的教育"之结合。[1]

托克维尔曾断言,美国社会之维护和发展归功其地理环境、法制和民情,其中民情的贡献最大。而民情是指"一个民族的整个道德和精神面貌"。[2]宗教精神、法治精神和公共精神正是塑造美国公民社会道德和精神面貌的核心,也是贯穿美国自治传统形成、继承和发展的精神内核。

第三节 矛盾与统一的社会

19世纪的美国属于从青春期走向成熟期的过渡阶段。托克维尔所观察研究的美国正处深刻而广泛的社会变革中。这一变革也是美国大众无拘无束,不断追求自治、开拓进取的社会民情的反映。他赞扬并惊叹这一新诞生的文明为旧世界文明的革新提供了向善的希望。同时,他也为美国社会呈现的矛盾甚至分裂深感忧虑。如在谈及公共精神时,托克

---

[1] 〔法〕托克维尔:《论美国的民主》,董果良译,商务印书馆1988年第1版,第353页。
[2] 〔法〕托克维尔:《论美国的民主》,董果良译,商务印书馆1988年第1版,第354、332页。

维尔把它分为两类："本能的爱国心"和"理智的爱国主义"。[1] 在世风败坏、信仰动摇、法纪衰毙之时，唯有使人人参与政府管理和社会治理，行使作为公民的政治权利，才能激发后者，或"无私的爱国心"。因为"公民精神与政治权利的行使不可分割"。亲身实践，参与社会管理是唤起"天下兴亡，匹夫有责"的使命感的"最佳手段"，甚至是"唯一手段"。[2] 托克维尔指出，一旦社会的普遍繁荣成为每个劳动者自己的劳动成果，社会成员将发自内心地为国家的富强而效力。当人们认识到社会公共财富中有自己的一份，坚持公共精神或爱国心将不仅仅出于道德义务、责任感和自豪感，而且是出于对切身利益的捍卫。但是，"美国人在参与国家所办的一切事业同时，也关心捍卫被人无端指责的一切事情，因为遭到攻击的不只是国家，而且有他们本人"。[3] 为此，他们甚至不惜采取一切手段维护国家荣誉。这种"令人不舒服的爱国主义"[4] 往往成为扩张主义和霸权主义的后盾。在美国社会发展的一系列重大历史事件中，扭曲或滥用的"公共精神"和"爱国心"无疑曾受各种政治利益集团、政客，甚至政府的召唤而频频演绎。例如，在对抗英国殖民统治的独立战争中，在阻止南部分裂的南北战争中，美国社会高扬自由平等的立国理想。然而，形成鲜明对照的是，作为独立战争的胜利果实，《合众国宪法》剥夺了印第安人、黑人和妇女的公民权；《解放奴隶宣言》也并未带给奴隶以共和国公民的尊严。又如，在美国从农业向工业化社会转型的现代化进程中，物质丰富和成功的背后是残酷的竞争、垄断分化和政治腐败。

跨入 20 世纪，伴随美国国力的增长，美国社会的全球影响力不仅

---

[1] "本能的爱国心"源于人们自身与出生地相联的"直觉的、无私的和难以界说的情感"，是能够激发暂时的强大干劲，但无法持久的"轻率的激情"。它主要存在于旧秩序合法性尚未遭遇质疑的时代。"理智的爱国主义"则源于对国家福利与个人福利直接关联的深刻理解。它"随权利的运用而发展"，是"在法律帮助下成长"的坚定持久的力量。详见〔法〕托克维尔：《论美国的民主（上卷）》，董果良译，商务印书馆1988年第1版，第268、269页。

[2] 〔法〕托克维尔：《论美国的民主》，董果良译，商务印书馆,1988年第1版，第270页。

[3] 〔法〕托克维尔：《论美国的民主》，董果良译，商务印书馆,1988年第1版，第271页。

[4] 〔法〕托克维尔：《论美国的民主》，董果良译，商务印书馆,1988年第1版，第271页。

在经济上而且在政治上迅速扩张。标榜文明进步,推行美国体制和生活方式的结果是美国在全球的政治和经济霸权。美国历史所展现的不仅有《独立宣言》所呈现的自由平等的理想信念,也有自由与奴役、平等与偏见的矛盾和对立。美国的历史和现实中演绎的矛盾性和多元性曾引发诸多包括美国学者在内的美国研究者的反思和探究。美国学者迈克尔·卡门(Michael Kammen)曾指出,美国社会的复杂性和多样性在于她所孕育的"自相矛盾的民族"(people of paradox)[1]。

事实上,矛盾和对立始终伴随着美国社会的发展。美国文明的诞生本身就包含着文明与野蛮的悖论。殖民时期,开拓者告别旧世界,立志建设一个受压迫者的避难所,却给无数土著部落带来种族和文化灭绝的灾难。建国后,美国成为独立自治之邦,但共和政府的妥协使南部成为奴隶之家。崛起后的美国在世界政治经济舞台上的角色正日益遭遇方方面面的质疑、挑战和批判。据迈克尔·卡门的描述,美国社会发展的历史展示了一连串"两形体",其中包括"务实的理想主义、保守的自由主义、有秩序的暴力和温和的叛乱","集体个人主义",甚至"民主的专制"。[2] 美国文化的这一矛盾性不断困扰着一代代美国人,并促使人们不断反思并开辟救赎之道。如 19 世纪初期,进步主义改革者努力调和公共道德与个人主义道德;19 世纪中期,美国乌托邦社区实验运动中既有无政府主义的社会实验,也有集体主义的制度实践。但最终,现代美国面对的是两种自由主义传统:放任自由主义和福利国家自由主义。两者分别对应的是西奥多·罗斯福推行的"新国家主义"与伍德罗·威尔逊推行的"新自由",以及富兰克林·罗斯福推行的第一阶段和第二阶段的"新政"。对此,迈克尔·卡门的解释是:美国文化的"双重性"矛盾源于作为美国人的生活条件:"渴望归宿感"和"寻找自由"。如同

---

[1]〔美〕迈克尔·卡门:《自相矛盾的民族——美国文化的起源》,王晶译,江苏人民出版社 2006 年 1 版,第 1 页。

[2]〔美〕迈克尔·卡门:《自相矛盾的民族——美国文化的起源》,王晶译,江苏人民出版社 2006 年第 1 版,第 126,89,189 页。

研磨剃刀,"交叉的摩擦力可以相互纠正"而"制造对立面的粗糙有助于打造利刃"。[1] 换言之,在美国这样一个年轻而多民族的移民国家,既没有共同的民族血脉,也没有统一的宗教教义和政治意识形态能够凝聚社会,只有种族的多元、生活方式的多元和意识形态的多元常常导致的对抗和冲突。然而,正是这种种冲突和对抗启发并促进美国社会寻求宽容、共存、融合和发展的共识。

美国文化中的矛盾和分裂表现,与其说反映了美国人对于归宿感和自由的双重追求,不如说反映了美国社会发展中理性、向善的追求与非理性、丑恶的力量彼此的对峙和决战。美国的存在源于历史赋予美国社会开拓者和立国制宪者的原初理想——在新世界实现人类自治的梦想。当初吸引殖民者和清教徒跨越重洋奔赴北美的不是巨富之梦,而是自治之梦,是"容允不同种族、不同出身之梦,是个人自由和平等之梦"。[2] 当他们告别欧洲,踏上北美的土地,旧世界的压迫和腐败便被抛在了大洋彼岸,新世界生活的规章和蓝图无不指向一个立足自治的美好生活。从第一艘船只和第一次航行开始,美国就向旧世界昭示着希望。自由、平等、接纳和抱负等美好期待虽然模糊,但始终召唤着一代代移民。美国体制便是美国人借鉴英国政治文化传统,从新世界的现实出发作出的智慧创造。制宪者进行的是一场规模空前的冒险——"较为完善的民族联合是否能够产生相互信任的关系和他们可以使之承担责任的制度"[3] 于是各自为政的开拓者们有了以乡镇、城市、社区和州为单元的归属,胸怀抱负或不满现状的人们则为了自由和理想一路追寻。然而,新世界并非现实中的乌托邦。在制度设计上,如果说美国体制可能有助于排除旧世界制度中的弊端,甚至限制人性可能产生的消极影响,但是任何制度

---

[1] 〔美〕迈克尔·卡门:《自相矛盾的民族——美国文化的起源》,王晶译,江苏人民出版社2006年第1版,第90,203页。

[2] 〔美〕詹姆斯 M. 伯恩斯等:《美国式民主》,谭君久等译,中国社会科学出版社1993年第1版,第1156页。

[3] 〔美〕詹姆斯 M. 伯恩斯等:《美国式民主》,谭君久等译,中国社会科学出版社1993年第1版,第1156页。

和理论终究无法一举终结人性缺陷和人类自身的局限性。任何追求永垂不朽并可以放之四海的膜拜或教条本身无疑有违宪法的原则,也有悖于理性。

值得思考的是创制美国体制的立国先贤对现实和人性弱点的洞察、为合众为一采取的理性务实的态度,以及继承者无论是和平繁荣时期或是危机困境之中自我批判的精神和勇于变革的开放态度。人类社会的自我治理梦想无疑是对人类理性的信仰,是对野心、贪婪、偏见等人性弱点的挑战。解决人的问题首先在于客观认清人性。"野心必须用野心来对抗。"因为,"如果是天使统治人,就不需要对政府有任何外来的活内在的控制了。"[1] 一方面,美国文化中的矛盾性是美国社会发展中人性本身矛盾性的反映,是美国社会实现自治运作的基本要求,即"既统一,又不统一、既一致又多样、既合作又冲突";另一方面,这种分裂和对立说明,自治之梦或美国梦想决不是一劳永逸,"完全实现了的东西",而是"始终要去争取实现的东西"。[2] 独立自治之梦富于理想主义的浪漫,激励人们挑战自我的雄心,它不仅凝聚一代代美国人的希望,伴随而来的金戈铁马和暴风骤雨也不断要求人们与时俱进,诉诸理性和创造的实践。美国的自治传统既是一代代美国人对于立足自治,摆脱侵害,实现独立和进取的信念和生活方式加以继承的结果,也是这个社会克服内在的矛盾性,持续追求文明发展进程的见证。

在矛盾和冲突的背后,维系联邦完整和大众共识的是共同的理想和统一的信念。始终贯穿这个社会的信念就是对《独立宣言》所宣告的天赋人权的坚定信仰:"人人生来平等,造物主赋予他们若干不可剥夺的权利,其中包括生命权、自由权和追求幸福的权利"。为此,政府的正当权利来自于人民的同意,并只为保障这些权利而来。"当任何形式的

---

[1] 〔美〕汉密尔顿、杰伊、麦迪逊:《联邦党人文集》第51篇,程逢如等译,商务印书馆2009年版。第264页。

[2] 〔美〕詹姆斯 M. 伯恩斯等:《美国式民主》,谭君久等译,中国社会科学出版社1993年第1版,第1156页。

政府对这些目标构成破坏时,人民就有权利改变或废除它,以建立一个新的政府"。[1]正是源于这样一个高度统一的信念,这个社会派生出了有关政府、法治、宗教、教育、舆论的观念和传统,并世代相传。

美国政治传统中占据主流的个人主义、自由主义向来与国家主义和集体主义相抵触。但从立国之初到进步时代,每一次危机和变革,在大众造就的时势下,美国体制保持了开放务实的态度,基本实现了渐进式变革,而不是拘泥教条和理论。如詹姆斯·麦迪逊所言,经验在任何时候都应加以尊重,成为行动的指南。但美国人必须经常检查自己的经验,保存行得通的东西,改革行不通的东西。一种制度和传统只有保持开放才可能拥有活力。因为"每一种制度或政策至多不过是可能行之有效的事物的合理近似物"。[2]社会整体的生命力来源于社会的丰富多元,而社会的多样性表现在个体的多样性中。作为一个尝试多数统治的试验,美国式道路最令人瞩目的是它的开辟者既如此多元,又如此目标一致。个体的价值追求与社会共同体的统一性要求在这条道路上互为因果,又彼此交融。个人的无限性意味着个体的天赋权利不可剥夺,个体的尊严和价值无可取代;社会共同体的至上性在于它所赋予个体的崇高责任和义务,以及社会本身捍卫个体价值和尊严的终极目的。惯于自治的个体因为共识有了公民这一称号,惯于自治的社团和各种共同体的集合由于公民的协作成长为公民社会。

从各自为政的自治殖民地到合众为一的合众国,美国民众的民族认同感和国家意识逐步增强,美国的国家竞争力得到极大的增长。围绕现代国家间的发展竞争力问题,有美国学者曾提出"软实力"(soft power)概念。"从行为角度看,'软实力'是吸引力。从资源角度看,'软

---

[1] Henry Steel Commager ed., *Documents of American History*, NY: Meredith Corporation, 1973.
[2] 〔美〕詹姆斯 M. 伯恩斯等:《美国式民主》,谭君久等译,中国社会科学出版社 1993 年第 1 版,第 1155 页。

实力'是那些产生这种吸引力的资产。"¹ 如果说"软实力"所隐含的逻辑是："某种价值观以及体现这种价值观的政治制度、政治文化和生活方式——不管它来自哪个国家或哪种制度——可能会带有一种具有普遍的人类意义的吸引力"²，无疑以宗教精神、法治精神和公共精神为内在精神的美国自治文化是构成美国社会发展及其影响力的"软实力"元素。

一个社会的现代化，不仅仅包括器物和技术层面的引进、革新，本质上看是其传统文化迎战、消化、兼容和创新的问题。³ 美国的自治传统，就是在独立建国、东西扩张和工业化、城市化转型等一次次考验中，经过分裂融合、吐故纳新的磨砺才得以传承和发展。面对崛起后大国的雄厚物质、技术和"软实力"战略，传统文化的继承和创新无疑是发展中国家实现真正现代化无法忽视的基础工程。世界全球化潮流中，伴随经济活动全球化和信息技术的日新月异，美国在物质技术和思想文化方面的影响力波及世界每个角落，对自治传统深入研究无疑有益于认识美国，有益于社会治理的现代化。在人类跨入后信息社会的今天，是否认同"美国化在很大程度上已经成为现代化的同义词"⁴ 也许并不重要，重要的是客观认识发达国家的历史和现状，看到差距，把握时代进步的趋势。的确，美国不是天堂，因为人性的弱点在它不长的历史中曾表演到极致。对物质和权力的贪婪曾让这个国家一次次步入危机。同时，美国也不是地狱，因为人类的理性通过美国大众的自治努力和公民社会的建设得到证明。坚持创造、希望、自我治理和反省修正的力量让这个社会一次又一次克服危机，成长壮大。美国社会变迁所提供的经验和教训，应该值得其他民族和国家借鉴。社会自治的理想也是人类共有的理想，寄托着人类未来生活的希望。

---

1 Joseph S. Nye, Jr., Soft Power: The Means to Success in World Politics, New York, *Public Affairs*, 2004. 6.
2 〔美〕王希：《中美软实力运用的比较》，《美国研究》，社会科学文献出版社 2011(3) 第 19—26 页。
3 宣晓伟：《我们离现代化有多远？》，《读书》，北京：三联书店，2014(4):26—36.
4 蔡永良、何绍斌：《美利坚文明》，上海三联书店 2010 年第 1 版，第 280 页。

结 语

据说，当约翰·亚当斯作为美国第一任驻英大使到达伦敦时，英国外交部的一位官员曾问道：怎么只有您一个人来到伦敦？应该有13位大使才对！当时的美国尽管理论上已经是一个统一的独立国家，但在欧洲人的观念中，甚至在许多美国人自己的心里，都把自己所在的州视为祖国，并没有把13个州看成一个统一的国家。而今，从独立建国前的英属北美殖民地到全球最大的移民国家，美国社会被人们比喻为"大熔炉"、"百衲被"或"沙拉拼盘"。不论这些称号是在强调美国文化的影响力、同一性，或是强调其中纷繁的差别，有一点是毋庸置疑的：短短两个多世纪时间，在这个聚集了几乎世界各族移民的国家发展出了多元而又统一的文化。一个保持了和而不同文化特色的新的文明在北美大陆生长并壮大。而自治则是这个年轻的民族独特的传统和文化标志。

从美国社会的开端到完成工业化转型并跨入现代社会，美国大众通过自治的实践不断更新对自治的认识，缔造了自治的传统，捍卫了人类依靠自我治理追求自由平等的理想。美国自治传统的形成和发展所呈现的是美国大众逐步走出"孤岛"社会，主动要求并参与社会治理，积极建设公民社会的探索历程。从殖民时期到进步时代，美国社会所经历的危机、变革和进步说明了美国的民主和美国社会治理现代化的一个根本性问题：《合众国宪法》开篇的"我们"——美利坚合众国人民是谁？宪法所保障的美国人民的自治权行使的范围是什么？作为美国社会的自治宪章和自治架构，宪法的生命力的源泉是什么？主导美国社会自治及自治决策的价值标准是什么？

《合众国宪法》以"我们,美利坚合众国人民"的名义明文宣告的是人民主权,美国社会的自治宪章出自全体人民的授权和同意。依据美国宪法,这个社会的治理在理论上和制度上归属于普通民众管理的政府,包括分权制衡在内的制度设计以及宪法修订的原则和程序都是旨在体现人民主权的自治精神。

广义而言,自治的主体是人民,是普通美国民众。如杰斐逊在1793年所说:"我认为组成一个社会或国家的人民,是那个国家的一切权威的来源;在他们愿意的任何时候,他们有靠他们认为合适的任何代理人来处理他们公共事务的自由,有撤换这些代理人的个人或他们的组织的自由。""凡是人民自己能做的事情由人民自己去做,其他所有的事情由人民自行选定,并可以由人民自行撤换的代表去做"。[1] 但自宪法通过至今,人民的概念历经定义和再定义,即从局限于一部分人的排斥性定义到逐步接纳那些曾经被排斥在外的群体的语义演变。最初,宪法开篇的人民并非指所有生活在美国境内的人,而是特指美国白人男性,排除了土著印第安人、妇女和"其他人"即奴隶。第一次从立法的角度对美国国籍予以规定的文献是1790年国会通过的《归化法》,其中明确将美国公民的归化程序限定为"自由白人"享有的特权。此后,长达80年的时间里,只有白人才有资格归化为美国公民。到1870年,黑人正式纳入允许归化入籍的行列。而到20世纪40年代,亚裔也获得申请归化入籍的资格。通过1920年的宪法第19条修正案,妇女最终获得了选举权。无论对自治主体的限制或是其内涵的拓展,其根据都源于美国社会对立国信念的历史阐释和人们在社会发展进程中逐步达成的共识。

从排斥一部分人的自治权、公民权到接纳和保护全体公民的自治权,对人民内涵的共识取决于美国社会对自由、平等内容、条件和界限的持续探索。[2] 这一探索中的曲折反映了美国人在自由和平等这对概念

---

[1] 杰斐逊,转引自〔美〕梅里亚姆:《美国政治学说史》,商务印书馆1986年版,第77,83页。
[2] 美国社会关于自由、平等的探索历程可参考〔美〕埃里克·方纳:《自由的故事》,王希译,商务印书馆2003年版。〔英〕J.R.波尔:《美国平等的经历》,张聚国译,商务印书馆2003年版。

上的争议、曾经有过的迷失和永不休止的热忱。正是这种普遍的热忱促进了一个大众社会的诞生,同时也警示人们提防"多数的暴政"危及社会公正,既倡导人民主权——自我治理和自我决策的权威,又强调公正——尊重和保护少数和个人的权利。用托克维尔的话说,无论美其名曰人民、民主政府或是国王、贵族政府,权力一旦膨胀为"无限的权威",无论这种权威出现在共和国或是君主国,都是暴政的种子。[1]因此,在强调人民主权的同时,人们普遍推崇的原则是:一切权力均来自人民,一切权力皆有其限度。

自治的范围是什么?自治的终极目标是追求自由。与经济自由和政治自由这两个纬度相对应的是经济自治和政治自治。美国革命的爆发和美国社会的诞生就是始于经济与政治自治的要求。这一要求最终以《独立宣言》和《合众国宪法》的形式得到体现,并在日后付诸行使和捍卫自治权的实践。政治自治的主张背后是维护天赋人权——生命、财产和追求幸福的权利。在美国革命时期,它是选择民主政治和宗教信仰的自由;19世纪,它是最大限度发挥个人才智的自由;20世纪,它是社会大众增长自身选择能力,全方位参与社会变革的自由。经济自治的努力背后是施展才干达成个人梦想的追求——通过经济关系变革实现个人在社会生活中的自由。这一自由在内战之前表现为自由劳动;进入工业化社会它表现为契约自由;进步时代它则体现为工业自由。而经济自由与政治自由从来都是无法彼此替代而又相辅相成的统一体。

美国社会的自治有赖于社会共同体成员共同创制的统治形式、民情和法治。首先,自治制度的安排,即政府和政治结构的设计是自治社会的起点。《合众国宪法》就是美国社会自治赖以运作的制度安排和精神原则。如果说自治或社会治理是一项综合性社会工程,自治制度或社会治理规范的设计既是工程建设的蓝图,也关系到这项工程的未来。为保障个人和州的权利,美国宪法不仅利用分权制衡机制限制政府权力,而

---

[1] 〔法〕托克维尔:《论美国的民主》,董果良译,商务印书馆1988年第1版,第289页。

且加入《权利法案》明示承诺对大众权利的保护；为促进各州之间的协作，维护联邦的统一，宪法通过明示和保留个人及各州权利、明示宪法修正程序的方式，成为国家的最高法，取得社会管理和协调的权力。用麦迪逊的话说，在这个"由人统治人"的权力机制设计中，政府被赋予的是两方面的能力：管理被统治者的能力和自我管理（控制自身权力）的能力。[1] 其次，惯于自治的民情或民主的政治文化，即公民社会的建设是社会最终实现和完善自我治理的保障。"一个稳定而有效的民主政府的发展不仅仅取决于政府和政治的结构，同时也取决于人民对政治过程有什么样的取向，亦即取决于政治文化。除非政治文化能够支撑一个民主制度，否则这个制度成功的希望十分渺茫"。[2] 但是，有关英国和美国的政治文化研究也表明，政治文化的塑造和传承并非单纯决定于知识的灌输或学校教育，而是尤其需要身在其中的公民实践和代代相传的耳濡目染。[3] 第三，法治是自治的灵魂。法治不等同于法制。由于人性本身与生俱来的弱点，除恶向善，和谐共赢的社会生活离不开法律制度，但只有当一个国家上上下下都把宪法和法律的权威当真，拥有深入人心的法治精神，才可能真正实现并维护法律制度的目的和尊严。

《合众国宪法》是美国国家的基本法，是政府组织的政治和法律基础，是政府合法性的源头，也是美国社会治理决策的依据所在。有学者

---

1 〔美〕汉密尔顿、杰伊、麦迪逊：《联邦党人文集》第51篇，程逢如等译，商务印书馆2009年版。
2 〔美〕加布里埃尔·阿尔蒙德，西德尼·维巴：《公民文化》，张明澍译，商务印书馆2014年版，第367页。
3 〔美〕加布里埃尔·阿尔蒙德，西德尼·维巴：《公民文化》，张明澍译，商务印书馆2014年版，第369—371页。《公民文化》的作者断言："任何一条现代化的道路，其内部都有公民文化的种子。任何一组现代化问题优先次序的排列，都会将重点放在教育上——教育水平的提高会创造公民文化的某些要素"。但是，针对已经存在公民文化的国家，作者又强调"形式多样的政治社会化"，即通过社会成员"与公民文化和民主政体本身的直接接触"来培养和习得政治态度和行为。而针对新兴国家如何创造公民文化的问题，作者总结西方国家的历史经验，提出两点："第一，公民文化在西方的出现是渐进政治发展的结果——相对而言没有危机，没有麻烦，没有暴力。第二，它是靠融合发展起来的，新的态度模式并未取代旧模式，而是与旧模式融合起来"。具体论述参考〔美〕加布里埃尔·阿尔蒙德，西德尼·维巴：《公民文化》，张明澍译，商务印书馆2014年版，第375，368—369，370页。

称宪法是一个国家的"灵魂"和"精神原则"。[1] 也有学者称宪法乃现代公民生活中的"圣经"。[2] 在美国政治、经济和社会生活现代化的进程中,美国宪法超越了任何其他的政治力量,具有至上的"崇高性"和"公共性"。[3] 但两百多年之后,审视这部"活着的宪法"[4],人们不禁要问:这部宪法的生命力来自哪里?维系美国自治传统或指导社会治理的价值标准是什么?答案只有一个:对天赋人权的信仰。为此,人们传承信念,奋力打破奴役和偏见的锁链,不断革新自我,从臣民成为公民,并为维系自由平等的信仰共建公民社会,坚守法治原则和法治精神。无论是翻阅美国历史文献或是回顾每一次重大社会危机和改革,人们都会发现美国人的其他信念都是植根于天赋人权,而激励美国社会心怀希望直面困境的,不仅仅是美国人通过《独立宣言》和《合众国宪法》郑重表达的通过自我治理实现自由平等的梦想,更重要的是这一梦想早已化作共和国缔造者向每一个美国人许下的诺言——"他们承诺给予所有人以生存、自由和追求幸福的权利。"它打破隔阂、深入人心,成为千百万后来者世代相继要求兑现承诺的不懈奋斗。当"美国没有实践她的诺言",令"神圣的义务"沦为"空头支票"时,总有像亨利·大卫·梭罗 (Henry David Thoreau)、罗莎·帕克斯 (Rosa Parks)、小马丁·路德·金 (Matin Luther King Jr.) 这样的公民前赴后继,坚守信仰,挺身而行,要求兑现

---

1 Ernest Renan, "What is Nation?" (1882), in *Becoming National: A Reader*, Geoff Eley and Ronald Grigor Suny eds., New York: Oxford University Press, 1996, 52.
2 E. L. Doctorow, "A Citizen Reads the Constitution", in Leslie Berlowitz, et al., eds., *America in Theory*, New York: Oxford University Press, 1988, 287.
3 王希:《原则与妥协:美国宪法的精神与实践》,北京大学出版社 2014 年版,第 30—31 页。
4 王希:《活着的宪法》,《读书》,2000,(1):48—55。

这张承诺美国生活希望的支票。[1]

美国社会的自治历程证明，自治的意义并非一成不变，而是伴随美国社会对自由、平等的概念不断定义和再定义的过程而发展演变：就治理的实践看是从传统的对抗、限制政府权力到强化行政权、司法审查，要求政府的自治并有所作为。作为独一无二的胸怀高尚目标的政治组织，政府理所当然是社会治理的一支力量，推动和承担维护公共利益的立法、规制、保障的责任；从自治观念的演变看，是从直接的、粗犷或激情的自治观到间接的、理性的自治观。即就参与社会治理的主体自我认知而言，从个体单元为中心的参与到作为共同体成员或部分的社会参与；从自治的社会条件看，自治可能与否及自治的程度取决于法治保障下的经济自由和政治自由；从社会自治的范围和程度来看，个体与集体的边界、统治者与被治者的界限趋于模糊和消失。如果把公共服务作为产品看，社群或个体作为消费者与政府或机构作为供应商的界限日趋模糊化。如果将社会成员的权利与发展作为政府组织或社会活动的最终目标，人类活动中合法的对抗、合作、融通与权威、限制同样重要。如文森特·奥斯特罗姆（Vincent Ostrom）等人在《美国地方政府》中所说："在民主社会的治理中，合作、竞争、冲突以及解决冲突的过程比命令和控制的过程更为重要。"[2]

自治从来不是社会治理终极目标，而是人类的天赋权利和理性的象

---

[1] Matin Luther King Jr., "I Have a Dream", in Richard Hofstadter ed., *Great Issues in American History, From Reconstruction to the Present Day, 1864-1969*, New York: Vintage Books, 1969. 485-486. 梭罗曾"以身试法"拒不纳税，以抗议墨西哥战争，并在他著名的《论公民的不服从》一文中强调："政府本身是由人民选择用来执行他们意志的一种模式"。他的思想启发了后来不合作的抵抗方式。罗莎·帕克斯则以其坚韧的抗争精神引发了美国蒙哥马利市黑人抵制公共汽车运动——它激励了马丁·路德·金，并发展为改变美国历史的一场民权风暴。面对背离立国信仰和宪法精神的种族隔离，用帕克斯本人的话说："我不能忍受屈服之累"；用马丁·路德·金的话说"民权问题首先是道德问题"，"经济的不公就是道德的不公"。金的梦想也是所有美国公民的共同梦想，因为白人的自由与黑人的自由息息相关，白人的命运和黑人的命运紧密相连。通过"我有一个梦想"，他所疾呼的是所有传承自由平等之梦的后继者不仅在观念上达成共识，而且要求发自内心严肃对待，用行动兑现这个诺言。

[2] 〔美〕文森特·奥斯特罗姆、罗伯特·比什、埃莉诺·奥斯特罗姆：《美国地方政府》，井敏，陈幽泓译，北京大学出版社2004年第1版，第216页。

征。自治无法一蹴而就，而是千锤百炼、习与性成的结果。作为个人或组织自我主宰自我选择的生活方式，自治既是一种权力也是一种责任。在美国社会由农业社会向工业社会的现代化转型中，正是"自治之梦"和"美国体制"成就了这个社会的进步，正是每个个人和社会组织的自治实践成就了美国和美国生活的希望。

作为西方文明的一大财富，西方政治传统中的自治精神由来已久。它发端于古希腊人朴素的自治观念和社会理想，历经社会发展变迁、人类自我认识深化的淘洗沉淀，体现在以英国、美国、法国等为代表的西方社会发展中文明与野蛮、民主与专制、自由与奴役、有序与无序的较量中。而英属北美殖民地的自治直接源于英国的政治文化传统，尤其是英格兰地方自治的传统习俗，并贯穿美利坚合众国的成长历程。在殖民地时期的自治经验基础上，美利坚人将西方政治传统和美利坚社会现实相调适，创制了美国的自治制度。这一制度连同美国社会自我管理发展的民情习俗共同构成了美国社会的自治传统。它集中反映了西方政治传统中的自治精神以及美国社会历史变迁赋予它的美国特质。

正是西方自治的理念和传统与北美现实环境和发展的结合，构成了美利坚人的成长经历。回顾这一经历，殖民时期的自治开启了美国人和美国社会的自治历程，并为形成美国特色的自治传统打下了基础。桀骜荒蛮的自然和不期而至的灾难选拔出殖民地早期的一代开拓者，更磨砺了此后一代代移民。社会变化和时代沿革一次次挑战旧世界文明的思想和经验，也不断激励和检验造就这个新世界的美利坚人的智慧和创造。美国社会的自治并非洋溢浪漫主义和理想主义色彩的英雄史诗。它开始于追寻生存、自由和幸福权利的一群背井离乡、富于冒险精神的普通人。它塑造了一个极其多面的、具有争议的、常常自相矛盾又凝聚共识的新的民族。自治的进程中成功与失败相伴，共识合作与分歧对抗并存。套用埃里克·方纳在《美国自由的故事》中关于自由的论述，对于美国社会，自治既是一个现实，同时也是一个理想。

追溯美国自治传统的形成与发展对于客观认识美国的政治文化可以

提供三点启示：

第一，美国的自治传统是美国文化身份的一大标志。美国著名人类学家克拉克·维斯勒（Clark Wissler）曾将美国文化的主要特征简化为三个概念："机械发明、民众教育和普选制"。创造发明的理想和热情之基础是创造的观念，是"一个几乎囊括了我们全部客观存在的综合体"。而民众教育的理想是：任何志在有所作为的人都将拥有自由行动的权利。它意味着教育将保证每个人能够参与真正的竞赛，获得平等的竞争机会，实现人尽其才各得其所。普选制所代表的则是一种信仰：解决社会问题的正确方法只有投票。它是人类不可剥夺的神圣权利之一，因为它体现人类与其他动物的本质区别——理性。[1] 但是，如果脱离了一个保持独立自治传统的政治和社会环境，无论是创造发明、民众教育，或是代表理性权力的投票选举都将无从谈起或无以为继。而这一传统的生命力在于美国社会对于法治保障下的天赋人权的信仰，其传承和发展既是自由与限制的持续竞争和动态平衡，也是启发于理想主义的热忱又诉诸于理性实践的矛盾的统一。

这一传统的核心价值一方面体现在冈纳·马代尔(Gunnar Myrdal)等人提出的"美国信念(American Creed)"中——它是对美国的政治理念或信仰的高度概括，包括自由、平等、个人主义、民主和宪政之下的法治；另一方面还体现在亨利·斯蒂尔·康马杰(Henry Steel Commager)所谓的"美国精神"（American Mind）或罗伯特·麦克洛斯基(Robert McCloskey)所谓的"美国意识形态"（American Ideology）中——作为"一种独特的美国思想，性格和行为方式"，它的突出特征就是"秉持相互矛盾的观念与解决矛盾过程中的冲突各行其道，互不干扰"。[2] 在这一认知基础上来考察美国宪法原则与实践之间的矛盾、美国

---

1 〔美〕克拉克·威斯勒：《人与文化》，商务印书馆2004年第1版，第9—15页。
2 Henry Steele Commager, *The American Mind: An Interpretation of American Thought and Character Since the 1880's*, New Haven: Yale University Press, 1959. Robert McCloskey, The American Ideology, in Marian D Irish, ed. *Continuing Crisis in American Politics*, Englewood Cliffs, New Jersey: Prentice Hall, 1963, 13.

信念与美国实践之间的失调以及贯穿美国社会治理的对抗性原则,无疑人们会同意塞缪尔·亨廷顿的说法:美国的政治理想乃是美国国民认同的核心,一旦放弃这一理想美国人就不成其为美国人。美国社会的失调与困境因此存留下来。"美国人如果不相信他们的信念就不再是自己,如果他们相信自己的信念就必定与己为敌"。[1]

第二,美国文化的特质及其文化影响力的构建是立足传统而不拘泥于传统的治理过程和进步过程。正是政府治理、政府改革的现代化,即不但善于继承积累,更善于发现和创造的实践,成就了这个社会的现代化。历史表明,美国的自治文化是在传承欧洲文化尤其是英国的文化基因基础之上的发现和创造。围绕殖民地自治与英国作为宗主国的控制、西部开拓中的自由主义和个人主义理想与东部体制的扩张、南方与北方关于宪法源头和本质的分歧、工业化时代放任与限制的较量,上至关于制宪先贤的本意与历史阐释之争、用企业家精神改革政府管理的呼吁和实践,下至美国小镇就是否应该接纳像沃尔玛这样的连锁企业落户本地的听证,美国文化的特质形成于一次次的尝试与失败,成长于每一次危机和变革中抓住自我拯救机遇的不懈热情。新文化的诞生与壮大有赖于对传统遗产的客观认识和理性继承,而不是清除归零或拆迁重建。文化的影响力归根结底是社会的创新力、行动力。它有赖于社会完成进步接力的各个阶段以及对自我革新机遇一次次选择与把握的积累,而发现和创造便是出自这种积累和响应现实启迪的收获。例如美国社会中个人——社会——政府之间的关系就是在这一过程中不断得到更新甚至改写。从殖民时期到进步时代的美国历史证明,三者之间是由孤立、对立走向交互、融通的关系。

正如马克思所说:"人们自己创造自己的历史,但是他们并不是随心所欲地创造,并不是在他们自己选定的条件下创造,而是在直接碰到

---

[1] 〔美〕塞缪尔·亨廷顿:《失衡的承诺》,周端译,东方出版社 2005 年第 1 版,第 73—74 页。(引文译文有改动)

的、既定的、从过去承继下来的条件下创造。"恩格斯则特别指出"政治统治到处都是以执行某种社会职能为基础，而且政治统治只有在它执行了它的这种社会职能时才能持续下去。"[1] 按照人们对于权力和权益的态度和预期来看，美国内战之前，政府隶属于社会，社会隶属于个人；内战之后总体的趋势则是个人、社会和政府在扩张各自自治范围同时，也同时开始承担一个公民社会所要求的道义与责任。政府自治前所未有地与个人自治、社会自治并驾齐驱，形成促进变革和进步的三驾马车。

第三，一种文化的生命力取决于文化机制的自我反省和革新功能。换言之，文化机制本身的学习能力、自我纠错能力和创新能力将决定一个民族、一种文化的未来和命运。在对文化的含义、古今文化的一般模式、人与文化之关系加以系统的比较研究基础上，克拉克·维斯勒指出："获得文化的普遍模式一直都是模仿其他民族的特质。""没有模仿的功能就很难设想人类能有什么文化"。[2] 模仿和借鉴无疑是美国社会政治、经济和社会文化自治的重要内容，也是其创新发展的起点。

吸纳有利于自身的异质文化要素，才能丰富和发展传统，这是推进一个社会政治、经济和文化变革、创新的理性选择。[3] 但客观认识美国等发达国家的历史与现实，必须清醒地认识模仿不是复制。如丹尼尔·布尔斯廷所说，美国的价值观念和行为准则来自于"实践经验"或"客观现实"。"较之法国、意大利和德国，美国的政治生活少了些清晰鲜明的理论、拒不妥协的固执，以及波澜壮阔的社会激荡"。[4] 与此同时，还应该看到美国的政治机制和政治文化并非一以贯之一成不变。阿尔文·托

---

[1] 马克思：《路易·波拿巴的雾月十八日》，见《马克思恩格斯选集》（第1卷）人民出版社1972年第1版，第603页。恩格斯：《反杜林论》，见《马克思恩格斯选集》（第3卷），人民出版社1972年第1版，第219页。

[2] 〔美〕克拉克·威斯勒：《人与文化》，商务印书馆2004年第1版，第188，190页。

[3] 从明治维新到二战后的社会重建，日本社会的现代化得益于有系统地吸收先进文化的成就和伟大教益。正是客观认识，系统地学习东西方先进文化的要素，并将原则付诸行动，为日本赢得了速度，为日本民族后来的发展赢得了一定保障。参考〔美〕克拉克·威斯勒，《人与文化》，商务印书馆2004年第1版，第188—189，192页。

[4] Daniel J. Boorstin, *The Genius of American Politics*, Chicago: The University of Chicago Press, 1953, 133, 139.

夫勒 (Alvin Toffler) 在《前瞻性的民主政治》中的反思就反映了美国政治文化的自我质疑和批判性："我无法明白我们怎么能有技术革命、社会革命、信息革命、道德、性和认识论的革命同时，而不进行政治革命……更直接地说，工业时代的政治技术不再是在我们周围形成的新文明世界的适合的技术了。我们的政治过时了。"[1]。进步时代无疑就是这样一个美国制度的改革时代。从创制权、公民复决权、官员罢免权、妇女公民权到参议员直接选举、投票人登记、市政议会或市长负责制，美国的政治制度在进步主义时期进行的自我改造可谓打破陈规、前所未有。

制度与治理的关系历来是考察社会治理的核心内容。《合众国宪法》作为美国社会自治的宪章乃是美国《独立宣言》提出的美国理想的制度化，是美国政治文化的一大创新。但作为统治形式或国家治理的原则和程序，这一制度在设计之初就不是封闭的而是开放的，在后来的治理实践中严格遵照修宪程序先后增加了27条修正案。没有《合众国宪法》确立的统治形式，就没有后来美国社会的治理；而唯有有效度的国家治理，才成就了所谓"活着的宪法"。在《变化社会中的政治秩序》中，塞缪尔·亨廷顿提出：治理程度（degree of government）上的差别要远比治理形式或政体（form of government）上的差别来得重要。就民智开启，日趋民主化和大众化的现代社会的治理而言，民主共和等治理形式是否得以名副其实根本上说取决于国家治理的有效程度。就此而言，包括民情、舆情、法治意识和文化传统等元素在内，一个社会的文化机制及其要素的改革和创新能力将是兑现社会治理规划的关键。

纵观人类社会的发展，为何有的社会文明既没有流产，也未能继续发展，而是在出生之后便停滞不前了呢？通过对诸多社会文明发展的比较研究，阿诺德·汤因比（Arnold Toynbee）称这种状况为"成长停滞"。在《历史研究》中，他提出："一个社会一旦降临于世，在其生命的任

---

[1] 阿尔文·托夫勒，转引自〔美〕戴维·奥本斯，特德·盖布勒：《改革政府》，周敦仁等译，上海译文出版社2006年第1版，第185页。

何阶段，实际上都有可能陷入停滞状态"。当一种文明降生之后，成长并不一定会紧随其后。而"成长的标准是一种趋向自决的进程"，换言之是"使生命走进自身王国"。[1]对照阿诺德·汤因比关于社会文明发展的分析，如果把成长理解为"正在发展着的人格或文明，趋向于成为自身的环境，成为自身的挑战以及自身的战场"[2]，所谓自决理解为自省和创造，那么一个社会、一个民族摆脱停滞走向复兴的梦想也就是不断开启民智、自省和创造的自治之梦。

1928年，胡佛在其总统竞选演讲中对美国的自治传统和社会治理作出如下的总结："在过去的150年间，我们已建立了一种社会自治制度，它是我们所独创的，本质上有别于世界上任何别的政体。它是美国体制(the American System)，与迄今人类历史上所建立的一切政治和社会制度一样明确肯定。它奠基于独特的自治观念之上，一方面以分散的地方责任为基础；另一方面，只有通过向个人提供符合规章的自由权、自由以及平等的机会，个人才能在进步的征程中充分发挥其主动性和创造性。而正是因为我们坚决主张机会均等，我们的制度才取得了比世界其他国家更快的发展。"[3]无论作为界定美国国家体制的政治意义，或是作为世代普通美国人生活的写照，自治带来的问题和困惑从来没有停息过，但对自治观念和实践的探索贡献于社会治理和文明进步的是人类组织、管理和主宰自身命运的经验和希望。

---

1 〔英〕阿诺德·汤因比：《历史研究》，刘北成，郭小凌译，上海人民出版社2005年第1版，第113，122页。
2 〔英〕阿诺德·汤因比：《历史研究》，刘北成，郭小凌译，上海人民出版社2005年第1版，第122页。
3 Herbert Hoover, in Richard Hofstadter ed., *Great Issues in American History, From Reconstruction to the Present Day, 1864-1969*, New York: Vintage Books, 1969. 338—339.

参考书目

英文文献

1. Ahlstrom, Sydney E. *A Religious History of the American People.* New Haven and London: Yale University Press, 1972.

2. Allen, Frederick Lewis. *The Big Change: America Transforms Itself 1900-1950.* New York: Harper & Row, 1952.

3. Andrews, Charles McLean. *Colonial Self-Government, 1652-1689.* New York: Harper & Brothers, 1904.

4. Arendt, Hannah. *Crisis of the Republic.* New York: Houghton Mifflin Harcourt Publishing Company, 1969.

5. Bailyn, Bernard. *The Ideological Origins of the American Revolution.* Cambridge: Harvard University Press, 1967.

6. Bailyn, Bernard. *Faces of Revolution*, New York: Knopf, 1990.

7. Baird, Charles W. *Opportunity or Privilege: Labor Legislation in America*, Ohio: The Social Philosophy and Policy Center, Bowling Greee State University,1984.

8. Baker, J. H. Urban *Politics in America.* New York: Charles Scribner's Son, 1971.

9. Bartlett, Richard A. *The New Country: A Social History of the American Frontier, 1776-1890.* New York: Oxford University Press, 1976.

10. Bates, Carla Ann. "*Settling the Industrial Frontier, 1890-1940.*" Diss. U of Minnesota, 1998.

11. Beard, Charles A., and Mary Beard. *A Basic History of the United States.* New York: Doubleday, Doran & Company, 1944.

12. Beaumont, K. Elizabeth. *"Interpreting Liberty: Constitutional Rights in the American Imagination."* Diss. Stanford University, 2000.

13. Beck, Paul Allen, and Frank J. Sorauf. *Party Politics in America.* NY: HarperCollins Publishers, 1992.

14. Bellah, Robert. *Varieties of Civil Religion.* San Francisco: Harper and Row, 1980.

15. Berlowitz. Leslie, et al., des. *America in Theory*, New York: Oxford University Press, 1988.

16. Blake, Nelson Manfred. *A History of American Life and Thought.* New York: McGraw-Hill Book Company, Inc.1963.

17. Billington, Ray. *Westward Expansion: A History of the American Frontier.* 4th ed. New York: Macmillan Publishing Co., Inc., 1974.

18. Bluhm, William T. *Ideologies and Attitudes, Modern Political Culture.* Englewood Cliffs, N. J.: Prentice-Hall, 1974.

19. Boorstin, Daniel J. *The Genius of American Politics.* Chicago: The University of Chicago Press, 1953.

20. Bremner, R. H. From *the Depths: The Discovery of Poverty in the United St7ates.* New York: New York University Press, 1956.

21. Brinkley, Alan, and Ellen Fitzpatrick, *America in Modern Times: Since 1890.* New York: The McGraw Hill Companies, 1997.

22. Brown, Dee. *The American West.* New York: Simon & Schuster, 1994.

23. Bryce, James. *The American Commonwealth. 2 vols.* Indianapolis: Library Fund, 1995.

24. Chudacoff, Howard P., and Judith E. Smith. *The Evolution of American Urban Society.* New Jersey: Prentice Hall, 1988.

25. Commager, Henry Steele ed. *Documents of American Histouy.* NY:

Meredith Corporation, 1973.

26. Commager, Henry Steele. *The American Mind: An Interpretation of American Thought and Character Since the 1880's,* New Haven: Yale University Press, 1959.

27. Dahl, Robert. A. *Who Governs? Democracy and Power in an American City.* New Haven and London: Yale University, 1961.

28. Dahl, Robert. *Modern Political Analysis.* Prentice-Hall, Inc. Englewood Cliffs, New Jersey, 1984.

29. Daniels, Roger. *Coming to America.* New York: Harper Perennial, 1991.

30. Dinkin, Rober J. *Voting in Provincial America: A Study of Elections in the Thirteen Colonies,1689-1776.* Westport. Comm.: Greenwood press,1977.

31. Donald, David Herbert. *Lincoln Reconsidered.* New York: Vintage Books, 2001.

32. Elazar, Daniel J. "The Covenant Tradition in Politics." *Covenant and the American Founding.* 11 May 2011 <http://www.jcpa.org/dje/books/ct-vol3-ch1.htm>.

33. Faulkner, Harold U. *The Decline of Laissez Faire: 1897-1917.* New York: Harper and Row Publishers, 1951.

34. Filler, Louis. *Progressivism and Muckraking.* New York and London: R. R. Bowker Co., 1976.

35. Fitzpatrick, John C. ed. *The Writings of George Washington from the Original Manuscript Sources. 1745-1799,* Washington: Government Printing Office, 1938, Vol.29.

36. Foner, Eric. *Free Soil, Free Labor, Free Men: the Ideology of the Republican Party before the Civil War.* New York: Oxford University Press, 1971.

37. Glassberg, David. "History and the Public: Legacies of the Progressive Era." *The Journal of American History* 73.4 (1987): 957-980.

38. Goldman, Eric F. *Rendezvous with Destiny, A History of Modern American Reform*. New York: Vintage Books, 1956.

39. Hamilton, David. "Progressivism Reconsidered." *History and Workshop* 20 (1985): 195-198.

40. Hancock, Ralph C. "Tocqueville on the Good of American Federalism." *Publius* 20.2, (1990): 89-108.

41. Handlin, Oscar and Mary F. Origins of the Southern Labor System. *Willian and Mary Quarterly* (April 1950).

42. Hartz, Louis. *The Liberal Tradition in America*. New York: HBJ Book, 1955.

43. Hays, Samuel P. *The Response to Industrialism*: 1885-1914. Chicago: The University of Chicago Press, 1957.

44. Herrick, J. M. "Progressive Era." Encyclopedia of Social Welfare History in *North America*. Eds. J. M. Herrick, and Stuart, P. H. Thousand Oaks: Sage Publications. 2005.

45. Hicks, John D. *The Populist Revolt: A History of the Farmers' Alliance and the People's Party*. Lincoln: University of Nebraska Press, 1961.

46. Hofstadter, Richard. *The Age of Reform: From Bryan to F.D.R.* New York: Vintage Books, 1955.

47. Hofstadter, Richard. *The Idea of a Party System: The Rise of Legitimate Opposition in the United States, 1780-1840*. Berkeley and Los Angeles: California University Press, 1969.

48. Hofstadter, Richard ed. *Great Issues in American History, From Reconstruction to the Present Day, 1864-1969*, New York: Vintage Books, 1969.

49. Holdsworth, W. S. *A History of English Law. Vol. VI*. London: Methuen & Co., 1924.

50. Horwitz, Robert H. ed. *The Moral Foundations of the American Republic*. University Press of Virginia, 2001.

51. Howe, Irving. *The American Newness: Culture and Politics in the Age of Emerson*. Cambridge: Harvard University Press, 1986.

52. Huberman, Leo. We, *The People*. New York: Monthly Review Press, 1960.

53. Huntington. Samuel P. *Political Order in Changing Societies,* New Haven and London: Yale University Press, 1968.

54. Irish, Marian D ed. *Continuing Crisis in American Politics,* Englewood Cliffs, New Jersey: Prentice Hall. 1963.

55. Josephson, Matthew. *The Robber Barons: The Great American Capitalists, 1861-1901*. New York: Harcourt Brace Jovanovich, 1962.

56. Kahn, Paul W. *Legitimacy and History: Self-Government in American Constitutional Theory*, Yale University Press, 1995.

57. Kammen, Michael G. ed., *Politics and Society in Colonial America: Democracy or Deference*, New York: Holt, Rinehart and Winston, 1967.

58. Kluger, Richard. *Seizing Destiny: How America Grow from Sea to Shining Sea*. New York: Vintage Books, 2008.

59. Kohl, Lawrence Frederic. "The Concept of Social Control and the History of Jacksonian America." *Journal of the Early Republic* 5.1 (1985): 21-34.

60. Lane, Ruth. "Standing Aloof from the State: Thoreau on Self-Government." *The Review of Politics* 67.2 (2005): 283-310.

61. Lerner, Max. *America as a Civilization*. New York: Simon and Shuster, 1957.

62. Lerner, Max. "Christian Culture and American Democracy." *American Quarterly* 6.2 (1954): 126-136.

63. Leopold, Richard W., Arthur S. Link, and Stanley Coben eds. *Problems in American History*. 2 Vols. New Jersey: Prentice Hall, 1966.

64. Levine, Paul, *Postwar America: A Brief History of Politics, Society and Culture*. Beijing: Peking University Press, 2011.

65. Levinson, Sanford Victor. *Constitutional Stupidities, Constitutional Tragedies*, New York: New York University Press, 1998.

66. Levinson, Sanford Victor. *Our Undemocratic Constitution: Where the Constitution Goes Wrong (and How We the People Can Correct It)* New York: Oxford University Press, 2006.

67. Lingerman, Richard. *Small Town America: A Narrative History, 1620 - The Present.* New York: G. P. Putnam's Sons, 1980.

68. Lippmann, Walter. *A Preface to Politics.* New York: Mitchell Kennerley, 1914. 15 May 2013<http://www.gutenberg.org/files/20125/20125-h/20125-h.htm>

69. Lynd, Robert S., and Helen M. Lynd. Middletown: *A Study in Contemporary American Culture.* New York: Harcourt, Brace, and Company, 1929.

70. Lynd, Robert S., and Helen M. Lynd. *Middletown in Transition: A Study in Cultural Conflicts.* New York: Harcourt, Brace, and Company, 1937.

71. Lyon, H.R. *The Governance of Anglo-Saxon England*, London: Edward Arnold Ltd, 1984.

72. McGerr, Michael. *A Fierce Discontent: The Rise and Fall of the Progressive Movement in America, 1870-1920.* New York: Free Press, 2003.

73. McPherson, James M. *Battle Cry of Freedom: The Civil War Era.* New York: Ballantine Books, 1988.

74. Miller, Perry. *The New England Mind: From Colony to Province.* Cambridge: Harvard University Press, 1953.

75. Miller, Perry. *The New England Mind: The Seventeenth Century.* Cambridge: Harvard University Press, 1954.

76. Morgan, Edmond S. *The Puritan Dilemma: The Story of John Winthrop.* Boston: Little, Brown and Company, 1958.

77. Morison, Samuel Eliot, Henry Steele Commager, and William E.

Leuchtenburg. *The Growth of the American Republic*. Vol. One. 6th ed. New York: Oxford University Press, 1969.

78. Morris, Richard B. ed. *Encyclopedia of American History*. New York: Harper & Brothers, 1953.

79. Mosely, Philip E. "The United States as Viewed by Other Nations." *Annals of the American Academy of Political and Social Science*. 218 (1941): 110-121.

80. Mullins, Jeffrey Alan. *"Making the Moral Mind: Contestations over Self-Government, Personal Responsibility, and the Body in American Culture, 1780-1860."* Diss. Johns Hopkins University, 1997.

81. Myrdal, Gunnar. *An American Dilemma: The Negro Problem and Modern Democracy*. Vol. 1. New York: Harper, 1994.

82. Nevins, Alan. *The Emergence of Modern America, 1865-1878*. New York: Macmillan Company, 1954.

83. Nichols, Roy F. "History in a Self-Governing Culture", *The American Historical Review* 72.2 (1967): 411 - 424.

84. Nye, Joseph S. Jr. "Soft Power: The Means to Success in World Politics". New York: *Public Affairs*, 2005.

85. Ostrom, Elinor. *Governing the Commons: The Evolution of Institutions for Collective Action*. New York: Cambridge University Press, 1990.

86. Perry, Ralph Barton. *Puritanism and Democracy*, New York: The Vanguard Press, 1944.

87. Potter, David M. *The Impending Crisis, 1848-1861*. New York: Harper & Row, 1976.

88. Rakove, Jack, Review of James Madison and the Spirit of Republican Self-Government by Colleen Sheehan, *Political Science Quarterly* (Academy of Political Science). Spring 2010, Vol. 125 Issue 1, 152-154.

89. Ross, Jason C. *"The Declaration of Independence and the Crisis of American Identity: Identity, Authority, and Power in Anglo-American History and

Historiography." Diss. Georgetown University, 2008.

90. Scalia, Laura J. *"The Spirit of Democracy in Nineteenth Century America: National Rights and Rational Liberty."* Diss. Yale University, 1991.

91. Schlesinger, Arthur M. Jr., *The Age of Jackson*. Boston: Little, Brown and Company, 1945.

92. Schlesinger, Arthur M. Sr., *The Rise of the City 1878-1898*. New York: The Macmillan Company, 1933.

93. Sheehan, Colleen. *James Madison and the Spirit of Republican Self-Govemment*. New York, Cambridge University Press, 2009.

94. Smith, Henry Nash. *Virgin Land: The American West as Symbol and Myth*. Cambridge: Harvard University Press, 1950.

95. Spring, Joel. The American School: 1642-2000. Boston: McGraw-Hill, 2001.

96. Stampp, Kenneth M. *The Peculiar Institution: Slavery in the Antebellum South*. New York: Alfred A. Knopf, 1956.

97. Steffens, Lincoln. *The Shame of the Cities*. New York: Hill and Wang, 1957.

98. Trachtenberg, Alan. *The Incorporation of America: Culture and Society in the Gilded Age*. New York: Hill & Wang, 1982.

99. Turner, Frederick Jackson. *The Significance of the Frontier in American History*. <http://www.gutenberg.org/files/22994/22994-h/22994-h.htm>.

100. Turner, Jack, Raritan: Emerson, Slavery, and Citizenship, *A Quarterly Review*, Vol. 28. No. 2 Fall 2008, Rutgers University.

101. Tyler, Alice Felt. *Freedom's Ferment: Phases of American Social History from the Colonial Period to the Outbreak of the Civil War*. Minneapolis: University of Minnesota Press, 1944.

102. Walters, Ronald G. American Reformers, 1815-1860. New York: Hill and Wang, 1991.

103. Wiebe, Robert H. *Businessmen and Reform: A Study of the Progressive Movement*. Cambridge Massachusetts: Harvard University Press, 1962.

104. Wiebe, Robert H. *The Segmented Society, An Introduction to the Meaning of America*. New York: Oxford University Press, 1979.

105. Wiebe, Robert H. *The Search for Order, 1877-1920*. NY: Hill and Wang, 1983.

106. Wiebe, Robert H. *The Opening of American Society: From the Adoption of the Constitution to the Eve of Disunion*. New York: Alfred A. Knopf, 1984.

107. Wiebe, Robert H. *Self- rule, A Cultural History of American Democracy*, Chicago and London: The University of Chicago Press, 1995.

108. Walters, Ronald G. American Reformers: 1815-1860. New York: Hill and Wang, 1991.

109. Wertenbaker, Thomas J. Give Me Liberty: The Struggle for Self-Government in Virginia, The American Philosophical Society, 1958.

110. Wood, Gordon S. *Revolutionary Characters: What Made the Founders Different*. New York: Penguin Press, 2006.

111. Wood, Gordon S. *The Creation of the American Republic, 1776-1787*. Chapel Hill: University of North Carolina Press, 1969.

112. Zunz, Oliver. "History by Affirmation: The End of Democracy." Review *in American History* 24.2 (1996): 299-303.

中文文献

1. 〔英〕阿伯拉斯特：《民主》，孙荣飞等译，吉林人民出版社 2005 年第 1 版。

2. 〔英〕阿诺德·汤因比：《历史研究》，刘北成，郭小凌译，上海人民出版社 2005 年第 1 版。

3. 〔美〕阿瑟·林克、威廉·B.卡顿：《1900 年以来的美国史》，刘绪贻等译，中国社会科学出版社 1983 年版。

4. 〔美〕艾捷尔编:《美国赖以立国的文本》,赵一凡等译,海南出版社 2000 年版。

5. 〔美〕埃德温·埃默里、迈克尔·埃默里:《美国新闻史》,苏金琥等译,新华出版社 1982 年版。

6. 〔美〕埃里克·方纳:《给我自由!———部美国的历史》,王希译,商务印书馆 2010 年版。

7. 〔美〕埃里克·方纳:《美国自由的故事》,王希译,商务印书馆 2002 年版。

8. 〔英〕艾伦·麦克法兰:《英国个人主义的起源》,管可 译,商务印书馆 2008 年版。

9. 〔美〕查尔斯·A. 比尔德、玛丽·R. 比尔德:《美国文明的兴起》,(上、下卷)许亚芬、于干译,商务印书馆 2010 年版。

10. 蔡永良、何绍斌:《美利坚文明》,上海三联书店 2010 年版。

11. 陈国申:《从传统到现代:英国地方治理变迁》,中国社会科学出版社 2009 年版。

12. 〔英〕大卫·休谟:《休谟政治论文集》,张若衡译,商务印书馆 2010 年版。

13. 〔美〕丹尼尔·布尔斯廷:《美国人:开拓历程》,中国对外翻译出版公司译,生活·读书·新知 三联书店 1993 年版。

14. 〔美〕丹尼尔·布尔斯廷:《美国人:建国历程》,中国对外翻译出版公司译,生活·读书·新知 三联书店 1993 年版。

15. 〔美〕丹尼尔·布尔斯廷:《美国人:民主的历程》,谢延光译,上海译文出版社 1997 年版。

16. 〔美〕戴维·奥本斯、特德·盖布勒:《改革政府》,周敦仁等译,上海译文出版社 2006 第 1 版。

17. 〔英〕戴维·赫尔德:《民主的模式》,燕继荣等译,中央编译出版社 2008 第 3 版。

18. 〔美〕波尔泰:《爱默生集》,赵一凡等译,三联书店 1993 年版。

19．〔法〕弗朗索瓦·基佐：《欧洲代议制政府的历史起源》，张清津等译，复旦大学出版社 2008 年版。

20．〔美〕格兰特·吉尔莫：《美国法的时代》，董春华译，法律出版社 2009 年版。

21．郭方：《英国近代国家的形成》，商务印书馆 2007 年版。

22．韩钢：《自治：宪政构建之基》，《宁波大学学报（人文科学版）》，2010，(5)：119-123。

23．〔美〕哈罗德·F. 戈斯内尔、理查德·G. 斯莫尔卡：《美国政党和选举》，复旦大学国际政治系译，上海译文出版社 1980 年版。

24．〔美〕哈罗德·福克纳：《美国经济史》王锟译，商务印书馆 1964 年版。

25．〔美〕哈罗德·伯尔曼：《法律与革命：西方法律传统的形成》，中国大百科全书出版社，1993 年版。

26．〔美〕哈罗德·伯尔曼：《信仰与秩序：法律与宗教的复合》，姚剑波译，中央编译出版社 2011 年版。

27．〔美〕汉密尔顿、杰伊、麦迪逊：《联邦党人文集》，程逢如等译，商务印书馆 2009 年版。

28．何顺果：《略论美国的"立国精神"》，《历史研究》1993，(2)：45-49。

29．〔美〕赫伯特·克罗利：《美国生活的希望》，王军英等译，江苏人民出版社 2006 年版。

30．〔美〕加布里埃尔·阿尔蒙德，西德尼·维巴：《公民文化》，张明澍译，商务印书馆 2014 年版

31．〔美〕杰克·N. 雷克夫：《宪法的原始含义》，王晔等译，江苏人民出版社 2008 年版。

32．〔英〕J.R. 波尔：《美国平等的经历》，张聚国译，商务印书馆 2003 年版。

33．〔美〕卡尔·科恩：《论民主》，聂崇信、朱秀贤译，商务印书馆

2005年第1版。

34.〔美〕克拉克·威斯勒:《人与文化》,商务印书馆2004年第1版。

35.〔美〕劳伦斯·M.弗里德曼:《美国法律史》,苏新彦等译,中国社会科学出版社,2007年版。

36.〔美〕罗杰·希尔斯曼:《美国是如何治理的》,曹大鹏译,商务印书馆1986年版。

37.〔美〕罗伯特·达尔:《谁统治?一个美国城市的民主和权力》,范春辉等译,江苏人民出版社,2011年版。

38.〔美〕罗伯特·贝拉等:《心灵的习性:美国人生活中的个人主义和公共责任》翟宏彪等译,生活·读书·新知三联书店1991年版。

39.〔美〕罗杰·希尔斯曼:《美国是如何治理的?》,曹大鹏译,商务印书馆1986年版。

40.李剑鸣:《美国的奠基时代:1585~1775》,人民出版社2008年版。

41.〔美〕理查德·霍夫斯塔特:《改革时代:美国的新崛起》,俞敏洪等译,河北人民出版社1989年版。

42.〔美〕里亚·格林菲尔德:《资本主义精神:民族主义与经济增长》,张京生等译,上海世纪出版集团2004年版。

43.〔美〕卢瑟S.路德克主编:《构建美国——美国的社会与文化》,王波等译,江苏人民出版社2006年版。

44.马骏等主编:《美国进步时代的政府改革及其对中国的启示》,上海人民出版社2010年版。

45.〔德〕马克思、恩格斯:《马克思恩格斯选集》(第1卷),人民出版社1965年第1版。

46.〔德〕马克思、恩格斯:《马克思恩格斯选集》(第3卷),人民出版社1972年第1版。

47.〔美〕马克斯·法兰德:《美国宪法的制定》,董成美译,中国人民大学出版社1987年版。

48.〔美〕迈克尔·卡门:《自相矛盾的民族——美国文化的起源》,王晶译，江苏人民出版社 2006 年版。

49．满运龙：《1619 年弗吉尼亚议会探微》，齐文颖主编，《美国史探研》，中国社会科学版社 2001 年版。

50．〔美〕梅里亚姆：《美国政治思想：1865-1917》，朱曾汶译，商务印书馆 1984 年版。

51．〔美〕梅里亚姆：《美国政治学说史》，朱曾汶译，商务印书馆 1988 年版。

52．〔美〕米歇尔曼：《自治的踪迹》，应奇编译，吉林出版集团有限责任公司 2010 年版。

53．〔法〕孟德斯鸠，论法的精神（第 1 卷）．张雁深译．北京：商务印书馆，1961 年版

54．钱满素：《爱默生和中国：对个人主义的反思》，生活 读书 新知三联书店 1996 年版。

55．钱满素：《美国文明》，中国社会科学出版社 2001 年版。

56．钱满素：《美国文明散论》，东方出版社 2010 年版。

57．钱满素：《钱满素文化选论》，复旦大学出版社 2007 年版。

58．钱满素：《自由的阶梯》，东方出版社 2014 年版。

59．〔美〕乔·萨托利：《民主新论》，冯克利等译，东方出版社 1998 年第 1 版。

60．〔美〕乔治·J·兰克维奇，纽约简史．辛亨复译．上海：上海人民出版社，2005 年。

61．〔美〕乔治·P.弗莱切：《隐藏的宪法：林肯如何重新铸定美国民主》，陈绪钢译，北京大学出版社 2009 年版。

62．〔美〕乔治·萨拜因：《政治学说史》，邓正来译，上海人民出版社 2008 年版。

63．〔法〕让-克里斯蒂安·帕蒂菲斯：《十九世纪乌托邦共同体的生活》，梁志斐等译，上海人民出版社 2007 年版。

64．任东来、陈伟、白雪峰等：《美国宪政历程——影响美国的 25 个

司法大案》，中国法制出版社 1999 年版。

65．〔美〕塞缪尔·亨廷顿：《谁是美国人？美国国民特性面临的挑战》，程克雄译，新华出版社 2010 年版。

66．〔美〕塞缪尔·亨廷顿：《失衡的承诺》，周端译，东方出版社 2005 年版。

67．〔美〕施密特等著：《美国政府与政治》，北京大学出版社 2005 年版。

68．〔美〕史蒂文·迪纳：《非常时代：进步主义时期的美国人》，萧易译，上海人民出版社 2008 年版。

69．〔美〕斯科特·戈登：《控制国家——西方宪政的历史》，应奇等译，江苏人民出版社 2001 年版。

70．〔美〕斯坦利·库特勒：《最高法院与宪法》，朱曾汶等译，商务印书馆 2006 年版。

71．苏鹏飞：《从伯克利市宪章看美国地方自治制度》，《美国研究》，1999，(3)：78-82。

72．孙英翔：《论美国的地方自治》，山东大学硕士学位论文 2008 年版。

73．〔英〕阿诺德·汤因比：《历史研究》，刘北成，郭小凌译，上海人民出版社 2005 年第 1 版。

74．〔法〕托克维尔：《旧制度与大革命》，商务印书馆 1992 年版。

75．〔法〕托克维尔：《论美国的民主》，董果良译，商务印书馆 1988 年版。

76．〔美〕托马斯·杰斐逊：《杰斐逊选集》，朱曾汶译，商务印书馆 2011 年版。

77．〔美〕托马斯·帕特森：《美国政治文化》，顾肃、吕建高译，东方出版社 2007 年版。

78．王波：《〈美国人〉的文化观》，《世界历史》1998，(4)：25-34。

79．王波：《宗教与美国政治——对美国实行政教分离的剖析》，《南京师范大学学报（社会科学版）》，1999，(1)：35-44。

80．王缉思、程春华：《西风瘦马，还是北天雄鹰：美国兴衰再评估》，黄平、倪峰主编，《美国问题研究报告（2011）：美国的实力与地位评估》，社会科学文献出版社 2011 年版。

81. 王希：《中美软实力运用的比较》，《美国研究》，2011, (3): 78-86。

82. 王希：《原则与妥协：美国宪法的精神与实践》，北京大学出版社 2014 年版。

83. 王希：《活着的宪法》，《读书》，2000, (1): 48-55。

84.〔美〕文森特·奥斯特罗姆：《复合共和制的政治理论》，毛寿龙译，上海三联书店 1999 年版。

85.〔美〕文森特·奥斯特罗姆等：《美国地方政府》，井敏等译，北京大学出版社 2004 年版。

86.〔美〕沃伦·科恩主编：《剑桥美国对外关系史》，王琛等译，新华出版社 2004 年版。

87.〔美〕沃浓·路易·帕灵顿：《美国思想史：1620-1920》，陈永国等译，吉林人民出版社 2002 年版。

88.〔美〕西德尼·M. 米尔奇斯、迈克尔·尼尔森：《美国总统制：起源与发展（1776-2007）》，朱全红译，华东师范大学出版社 2008 年版。

89.〔美〕西蒙斯：《美国早期史——从殖民地建立到独立》，朱绛等译，商务印书馆 1994 年版。

90. 宣晓伟：《我们离现代化有多远？》，《读书》，2014, (4):26-36。

91〔美〕小罗伯特·D. 理查森：《爱默生：充满激情的思想家》，石坚、李竹渝等译，四川人民出版社 2001 年第 1 版。

92.〔美〕亚伯拉罕·林肯：《林肯选集》，朱曾汶译，商务印书馆 1983 年版。

93. 苑治国：《美国地方自治形成溯源》，《文教资料》，2006, (28):35。

94.〔美〕约翰·罗德哈梅尔选编：《华盛顿文集》，吴承义等译，辽宁教育出版社 2005 年版。

95.〔美〕詹姆斯 M. 伯恩斯等：《美国式民主》，谭君久等译，中国社会科学出版社 1993 年版。

96．〔美〕詹姆斯·布赖斯：《现代民治政体》，张慰慈等译，吉林人民出版社 2001 年版。

97．张杰：《张杰文学选论》，复旦大学出版社 2007 年版。

98．赵梅：《美国公民社会的构建》，中国社会科学出版社 2010 年版。

99．赵一凡：《霍夫斯塔特与美国政治思想史》，《读书》，三联书店 1987，(2) 35—38。

100．中美联合编审委员会：《简明不列颠百科全书》，中国大百科全书出版社 1985 年版。

101．〔美〕茱迪·史珂拉：《美国公民权——寻求接纳》，刘满贵译，上海人民出版社 2006 年版。

102．资中筠：《二十世纪的美国》，生活·读书·新知 三联书店 2007 年第 1 版。

后　记

《美国的自治传统：从殖民时期到进步时代》是在我的博士论文基础上整理修改完成的。当初，在恩师钱满素先生的鼓励和启发下，我兴致高昂但又极其忐忑地选择并着手美国的自治传统这一课题。如何做到大处着眼、小处着手，把握好跨度和广度都如此之大的选题？这个问题从博士论文写作到完成书稿的修改之后都始终令我困扰、深思，也让我有所收获。博士论文答辩委员会教授们围绕论文和美国自治话题提出的建议、批评、疑问和热烈的争议至今萦绕耳畔，让我获益良多；钱满素先生针对论文修改、书稿撰写高屋建瓴的分析和悉心指点让我深受启发并深深感念。

自治的本质乃是独立、自由和发展，涉及的是信念希望梦想和寻梦探索之途径。脱离人的观念和精神的解放，就无法超越物质和表象的束缚，认识和接近真理，获得真正的自由与发展。有关古希腊西西弗神话的传说或许也反映了人的困境。自由本身是先验的，自由的体验和感受应该先于具体的方式和外部的方法规定。美国青少年学习2步半挺身式跳远技术的过程就是颇有启发的一个事例。人们首先在练习者初学时加上助跳器，以方便学习者在足够的高度和距离范围内体会和把握挺身式跳远中2步半的自由感——对身体、肌肉潜力最大程度的激发和表现。其次，在基本掌握技术要求后，学习者撤去助跳器械，将技术要领和先前体会和把握的自由感融入每一次新的尝试跳跃之中。通过助跳器械，学习者可以达到8米以上的距离，而撤去助跳器后的练习往往只能达到

5-7米。尽管如此,此前对2步半挺身式跳远技术的自由体验、肌肉和身体的记忆将帮助他不断修正技术动作,最终实现将每个学习者的潜力发挥到极致。独立、自由和发展只能在独立、自由和发展的生活与尝试中才可能最终实现。萨特说过:"没有行动的理想等于没有理想"。歌德也曾说过:"人只有每天每日去争取生活和自由,才配有自由和生活的享受。"无论对于个人或是社会,勇敢尝试自治无疑是追逐梦想奔向自由的现实选择。

  在这个选题的写作中,是老师、亲人和朋友们的指引、鼓励和帮助一路伴随着我。没有你们的关心、理解和支持,就不会有我今天的成长和收获。感谢你们,我亲爱的老师、朋友和亲人!是你们的友情、亲情和无私相助帮助我直面挫折,给予我前进的勇气!

  在书稿即将交付出版之际,首先要感谢的是我的导师钱满素先生,没有她的激励、引导和培养,我就不可能踏入美国文明的研究。感谢钱先生创办的"美国文明研究所",从最初的美国文明读书会到今天初具规模的研究团队,每一步都凝聚着先生的心血和期待。感谢蔡永良教授在书稿整理修改中给予的关怀鼓励和专业无私的指点。感谢张杰教授在研究路径的选择和把握上的提点,张老师跨越和打通学科壁垒的洞察帮助我摆脱二元对立的历史迷思,走向动态和多元的客观现实。感谢我的同门师兄弟姐妹们,与你们的交流讨论让我获得启迪也收获友情。感谢我的父母、妻子和女儿,感谢我的亲人和所有关心我的朋友们,你们是我完成这个课题的坚强后盾!最后要特别感谢南京师范大学外国语学院"美国文明研究论丛"项目的慷慨接纳,感谢江苏高校优势学科建设工程项目!感谢出版单位中央编译出版社编辑韩老师的大力支持!衷心感谢你们,我亲爱的师长、亲人和朋友!

索 引

A

爱默生，拉尔夫（Emerson, Ralph Waldo）　022，191-202，243，245，247

B

半约（half-way covenant）　040，041，204

《邦联条例》　007，024，059，062-068，073，100，108-110，112，122

贝拉，罗伯特（Bella, Robert）　2，190，205-206，244

贝林，伯纳德（Bailyn, Bernard）　234

本性的自由（natural liberty）　044

边疆　077，103-109，112-113，115，118-119，127，129，141-142，212

伯克维奇，萨克凡（Sacvan, Bercovitch）　036

布尔斯廷，丹尼尔（Boorstin, Daniel）　001，039，044，053，055，066，097，104，116，118，121，122-123，125-126，130，156，168，189，205，207，209-212，231，242

布赖恩，威廉·詹宁斯（Bryan, William Jennings）　173

C

朝圣者（Pilgrims）　3

城市老板　179-181

D

大宪章（Magna Charta） 029，050

《独立宣言》 4，007，024，027，057，059，063-064，073，088，100，102，133-137，139，141，156，170，188，217，219，224，226，232

镀金时代（Gilded Age） 158-160，174

对抗性原则 088，101，229

E

恩典之约（covenant of grace） 037-038，044

F

法制 004，012，049，070，088，094，102，119，123-124，138，140，190-191，215，225，246

法治 3，004，010，011，018，030，044，048-049，056-058，063，069-070，099-101，119，130-132，134，137-142，155，163，165，203，207-211，215，220-221，224-227，229，232

废奴运动 139，197

分离派（Separatists） 041

分权与制衡 070-071，073，088

傅立叶，查尔斯（Fourier, Charles） 168

G

个人主义（individualism） 021，040，042，045，056-058，105，107，147，156，174，188-190，193-196，217，220，229-230，242，244-245

工会 100，148-149，159-166，172，175-176，178，184

工业化（industrialization） 4，002，014-015，017，024，027-028，058，085，088-089，096，100，141-145，149-153，155-159，161-162，164-166，170-171，173，175-178，184，186-188，191-192，205，207，212，

216，221，222，224，230

工业民主　159，175

工业自由（industrial freedom）　158-159，163，224

公民社会　057，190-192，202-203，208，215，220-222，225-226，230，248

公民之约（civil covenant）　037-038，042，044

共识　5，007，012，015-016，018-019，021，057，059-060，063，081，090，100，113，130-134，146，153，167，177，191-192，196，209，218-220，223，226，228

H

哈钦森，安（Huntchison, Ann）　040，051，204

汉密尔顿，亚历山大（Hamilton, Alexander）　012，019，061，069，072，074-076，088，093，095，119-120，131，176，178，214，219，225，243

合法反对（Legitimate Opposition）　087

《合众国宪法》　5，007，011-012，019-021，025，027，035，046，059，063，065，070，073，078，088-090，095，100-102，112，126，130，134，143，166，179，188，191，208，212，214，216，222-226，232

合众为一（E pluribus unum）　014，059，102，111，134，177，219-220

黑幕揭发运动（Muckraking movement）　180-181

亨廷顿，塞缪尔·P.（Huntington, Samuel P.）　021-022，036，111，128，207，229，232，246

华盛顿，乔治（Washington, George）　054，060-062，067-076，084，093，097，099，113，201，248

J

《基督仁爱的楷模》（A Model of Christian Charity）　038

集体谈判权（right of collective bargaining）　100，161-164

加尔文教或加尔文主义（Calvinism） 037，193

拣选（Election） 037，207

教会之约（church covenant） 037-039，044

教会自治主义（congregationalism） 039，042，205

杰克逊，安德鲁（Jackson, Andrew） 6，077，083，096，103，126，129，136-137

金，小马丁·路德（King, Matin Luther, Jr.） 226

经济自由 080，143，157，159-160，176，224，227

K

卡尔霍恩，约翰（Calhoun, John C.） 136

卡门，迈克尔（Kammen, Michael） 217-218，245

康马杰，亨利·斯蒂尔（Commager, Henry Steele） 229

科顿，约翰（Cotton, John） 050

克罗利，赫伯特（Croly, Herbert） 111，176-178，243

L

劳工运动（labor movement） 149，159-160，163，175

理性（reason） 1，2，002-003，005，010-011，013-015，018，020-021，025，041，056，059，069-073，080-082，084，087-090，098-099，101，132，134，137-142，164-165，170，175，191，193，203，210-211，218-219，221，227，229-231

《联邦党人文集》（The Federalist） 012，019，069，072，074-075，088，093，095，131，219，225，243

林肯，亚伯拉罕（Lincoln, Abraham） 078，131-141，180，212，245，248

《论美国的民主》（托克维尔） 004，012，016，018-019，025，048，055，057，070，117，190，206，210，221，213，215-216，224，246

罗斯福，富兰克林·D.（Roosevelt, Franklin D.） 084，153，160，183，186-

187

罗斯福，西奥多（Roosevelt, Theodore） 079，093，153，161，177，185-188，219

洛克，约翰(Locke, John) 042，186，189

洛克菲勒，约翰·D. (Rockfeller, John D.) 153，189

M

马萨诸塞 (Massachusetts)) 007-008，014，031，033-035，038，040-042，044，049-052，054-055，063，097，099，127-128，162，184，199，201，206

麦迪逊，詹姆斯（Madison, James） 015，019，074-075，077，088，093-095，126，131，219，220，225，243

美国精神（American Mind） 027，229

美国例外论 016，021

美国梦 003，104，128，188，189，219

美国内战(Civil War) 103，134，136，141-142，150，157，170，230

美国特质 058，228

美国体制(American System) 009，013，128，130，132，142，177-178，217-220，227，233

美国文化身份 228

美国意识形态（American Ideology） 229

孟德斯鸠(Montesquieu, C.L. de Secondat de) 056，087，245

米勒，佩里（Miller, Perry） 037，044

民情 004，012，015，026-027，029，036，047，051，055，069，071，094，190，215，224-225，228，232

民主 002-004，006，009-012，014，016，016-019，021，023-026，041，048，055，057-058，062，069-071，073，075-078，080-086，092-093，097，099，101-102，104，111，114-115，117，127，129，133，

143，146，149，155，159，163，174-175，179，183-184，188-190，192，204，206，210-211，213，216-220，222-225，227-229，231-232，242-246，248

摩根，埃德蒙·S.（Morgan, Edmund S.） 014

N

奴隶制问题 078，136，139-140，197

O

欧文，罗伯特（Owen, Robert） 2，167-168，172，186

P

帕克斯，罗莎（Parks, Rosa） 226

帕特森，托马斯（Patterson, Thomas） 024，247，1，016，043，062，085，100，102，197，246-247

佩恩，威廉（Penn, William） 043，055，1，040-041，043，045，055，077，155，173，180，204，242

普利茅斯（Plymouth） 003，210，041

Q

契约自由 158-159，224

强盗大亨（The Robber Barons） 150，153，176，180，189，257

清教传统（Puritan tradition） 205

清教教义或清教神学（Puritan theology） 041，205，207

清教神权 034，036，038，043

清教徒（Puritans） 014，034，036-045，054，056，191，193，203-205，218

权利法案（Bill of Rights） 030，050，064，070，072-073，163，212，225

R

人道主义改革　166-167，170，171，172，176

软实力（soft power）　220-221，247

S

山巅之城（City upon a Hill）　038

社会公正运动　171-172，

社会治理　001-004，007，010-015，017-019，023-024，027，029，039，049，059，060，087-089，100-101，123，125，128-129，132，140-141，188，190，203，216，221-222，224-227，229，232，233

圣约（covenant），或契约学说（doctrine of convent）　036-039，041-045

圣约的自由（federal liberty）　171，172

市政改革　179-181

司法审查权　098

梭罗，亨利·大卫（Throeau, Henry David）　022，026，226

T

汤因比，阿诺德（Toynbee, Arnold）　5，232，242，246

特纳，弗里德里克（Turner, Frederick Jackson）　103

天赋人权，或自然权利（natural rights）　064，117，134，141，191，219，224，226，229

托夫勒，阿尔文（Toffler, Alvin）　231

托克维尔（Tocqueville, Alexis de）　004，009，012，016，018，021，025，048，055-057，070，117，190，206，210-213，215-216，224，246

W

威布，罗伯特（Wiebe, Robert H.）　018，241

威尔逊,伍德罗(Wilson, Woodrow)　093,154,183-187,217

威廉斯,罗杰(Williams, Roger)　040

维斯勒,克拉克(Wissler, Clark)　228,231

温斯罗普,约翰(Winthrop, John)　014,034,038,205

文化传统　003,016,021,024,026,029-031,046,055,058,088,
　　138-141,191-192,218,228,232

文化机制　230-232

乌托邦社会实验　003,166-167,169

五月花公约(Mayflower Compact)　043,126,205,210

X

《西北地域法令》(Northwest Ordinance)　116,121,124,130,256

显性天命(manifest destiny)　016,104

宪法权利　069,074-075,132,134,139,149,155,162-163,166,215

宪法修正案(constitutional ammendments)　019-020,071,158,180,
　　183,208,212

宪治(constitutional rule)　009

谢斯叛乱(Shay's Rebellion)　099

行业自治　143-144,155-156

休谟,大卫(Hume, David)　089

Y

亚里士多德(Aristotle)　002,025

亚当斯,约翰(Adams, John)　053,077,172,183,222

印第安人　3,044,105-107,110,113,117,125,142,209,216,223

Z

政党制　019,060,074-078,080-083,086-087,090,099,101,129,

政治文化基因　026，029

治理程度（degree of government）　232

治理形式或政体（form of government）　232

州权（states' rights）　019-020，068-069，076，096，131-132，134，136-137，176，180，187-188，225

自由　003-004，007-012，014-016，018，020，022-026，029-030，034-036，039-045，047-059，062，064，069-070，072，074，079，080，084-090，094，097，099-107，110-111，113-115，117-128，130-137，141-143，146，149-150，152-156，152-161，163-168，171，173-177，183，186-189，192-194，196，198-199，202-204，206，209-214，216-220，222-234，226-230，233，242，245，249-250

自由放任　143，150，154-155，159-160，173-177，187

自由劳动　149-150，157-158，174，224

自由主义（liberalism）　003，040，042，167-168，217，220，230

宗教文化基因　036